AtV

RALF HÖLLER, geb. 1960, studierte Anglistik und Geschichte und lebt heute als freier Journalist in Bonn.

Die bayerische Revolution von 1918/19 ist ein Wendepunkt deutscher Geschichte. Niemals gab es hierzulande einen entschlosseneren Versuch, eine neue Staatsform zu etablieren. München wurde in dieser Zeit zum Mekka der deutschen Progressiven. Demokratische Sozialisten, Liberale, Kommunisten und Anarchisten kamen in der bayerischen Hauptstadt zusammen, um dort ihre Ideale zu verwirklichen. Aber die Ereignisse überschlugen sich, nachdem Kurt Eisner am 7. November 1918 den Freistaat Bayern ausgerufen hatte. Binnen kurzem folgten drei verschiedene Regierungen aufeinander, in denen Literaten und Politiker eine ungewohnte Allianz eingingen. Ernst Toller, Gustav Landauer, Erich Mühsam und Felix Fechenbach nahmen nicht nur aktiv an der Revolution teil, sondern besetzten auch Regierungsämter. Oskar Maria Graf, Rainer Maria Rilke, die Gebrüder Mann und andere Schriftsteller verfolgten die Ereignisse mit ebenso großem Interesse – wenn auch aus sehr unterschiedlichen politischen Positionen. Ihre Aufzeichnungen und Tagebücher beleben das Bild dieser turbulenten historischen Phase, die aus dem Stadium eines Experiments nicht herauskam: Nach nur einem halben Jahr schlug die Gegenrevolution blutig nieder, was so verheißungsvoll begonnen hatte.

Ralf Höller

Der Anfang, der ein Ende war

Die Revolution in Bayern 1918/19

Aufbau Taschenbuch Verlag

Mit 22 Abbildungen

ISBN 3-7466-8043-3

1. Auflage 1999
Aufbau Taschenbuch Verlag, Berlin

Umschlaggestaltung Torsten Lemme
unter Verwendung eines zeitgenössischen Fotos
Druck Elsnerdruck GmbH, Berlin
Printed in Germany

INHALT

Kapitel 5: Bayern, Deutschland und die Welt

Kapitel 6: Krise und Ende der Regierung Eisner

Kapitel 7: Auf dem Weg zur Räterepublik

Kapitel 8: Die Republik der Anarchisten

Kapitel 9: Die Republik der Kommunisten

Kapitel 10: Der Sieg der Gegenrevolution

Wir wollen der Welt das Beispiel geben, daß endlich einmal eine Revolution, vielleicht die erste Revolution der Weltgeschichte, die Idee, das Ideal und die Wirklichkeit vereint.

Ministerpräsident Kurt Eisner in seiner Ansprache anläßlich der Revolutionsfeier in München am 17. November 1918.

Einleitung

Deutschland im November 1918: Die Armee kapituliert, der Kaiser dankt ab, das Reich ist politisch und wirtschaftlich am Ende. Für die Anhänger der Monarchie ist es eine Katastrophe, für die Demokraten eine Chance zu einem kompletten Neubeginn. Doch wie soll das neue Deutschland aussehen? Erhält es eine parlamentarische Demokratie westlicher Prägung, oder setzt sich, wie in Rußland, das kommunistische System durch?

Eine erste Antwort fällt in Bayern. Dort wird zwei Tage früher als in den übrigen deutschen Ländern der Monarch davongejagt und die Republik ausgerufen. Am 7. November 1918 läutet das Sterbeglöcklein für die 738 Jahre alte Dynastie der Wittelsbacher. Dieses Datum ist zugleich die Geburtsstunde des Freistaats, dessen Idee untrennbar mit dem modernen Bayern verbunden ist, auch wenn heute nur noch wenig an die revolutionären Zustände der Anfangszeit erinnert. Turbulent geht es zu in der neuen Ära der Räterepublik. Drei Regierungen wechseln sich während eines halben Jahres ab. In ihnen spielen Künstler, Schriftsteller und Freidenker eine zentrale Rolle. Die großen Parteien der Weimarer Republik, SPD, Zentrum, DDP, DVP und DNVP, bilden nur die Staffage.

Das Nachkriegs-München entwickelt sich zum Mekka der deutschen Progressiven. Demokratische Sozialisten, Liberale, Kommunisten und Anarchisten wollen dort ihre Ideale verwirklichen; Intellektuelle, Schwärmer, Abenteurer und Bohemiens suchen ihr Glück. Oft kreuzen sich die Wege von Kunst und Politik. So besetzen Ernst Toller, Erich Mühsam und Gustav Landauer höchste Ämter in der bayerischen Regierung. Oskar Maria Graf, Heinrich Mann und Rainer Maria Rilke nehmen die Entwicklung wohlwollend zur Kenntnis und wirken sporadisch bei politischen Ereignissen mit. Ludwig Thoma, Oswald Spengler und Thomas Mann wenden sich mit Entsetzen ab. Sie alle haben ihre Erlebnisse in Erzählungen, Tagebuchaufzeichnungen und Lebenserinnerungen dokumentiert, um der Nachwelt ein Zeugnis dieser denkwürdigen Epoche zu hinterlassen.

Das halbe Jahr der bayerischen Revolution bildet ein richtungsweisendes Kapitel deutscher Geschichte. Zu keiner Zeit ist ein fortschrittlicherer Versuch unternommen worden, die gesellschaftlichen Verhältnisse in Deutschland neu zu gestalten. In diesen Monaten blickt die ganze Welt auf Bayern. Die Räteregierungen in Rußland und Ungarn hoffen auf einen Siegeszug des Kommunismus in Europa. Österreich und Süddeutschland machen ihre politische Zukunft von der Entscheidung in Bayern abhängig. Die Berliner Regierung unter den SPD-Reichskanzlern Ebert und Scheidemann schöpft dagegen alle Machtmittel aus, um die revolutionäre Entwicklung in Bayern zu unterdrücken. Dabei greift sie sogar zum äußersten Mittel: dem Bürgerkrieg.

Bayern wird zum Schlachtfeld der Ideologien. Die Revolutionäre versuchen unbeirrt ihre utopischen Ideale zu verwirklichen und sind zu großen persönlichen Opfern bereit. Auf der anderen Seite stehen nicht nur die Vertreter des bürgerlichen Lagers, sondern auch rechtsextreme Nationalisten. Berlin mobilisiert Reichswehrtruppen und Freikorpssoldaten – mehr als 30000 Mann – gegen Bayern. In ihren Reihen finden sich bereits die späteren Nazi-Größen Rudolf Heß, Heinrich Himmler und Ernst Röhm. Ein anderer Prominenter lebt während der gesamten Revolutionszeit in München und rührt sich nicht: Es ist Adolf Hitler, der noch seine Lehrjahre absolvieren muß, bevor seine Stunde als Diktator schlägt.

KAPITEL 1

DAS ENDE EINES ZEITALTERS

Das letzte Kriegsjahr

Im August 1914 trat das Deutsche Reich in den Ersten Weltkrieg ein. Die Kriegsbegeisterung im ganzen Land war riesengroß, und sie vereinte alle Schichten. Der Ausspruch Kaiser Wilhelms II., er kenne keine Parteien mehr, sondern nur noch Deutsche, führte dazu, daß die Woge des Patriotismus alle Bevölkerungsschichten ergriff. Täglich meldeten sich Tausende zum freiwilligen Kriegsdienst an die Front. Geblendet durch die Überschätzung der eigenen Kräfte und getragen durch die Anfangseuphorie, waren Kaiser, Regierung und Oberste Heeresleitung davon überzeugt, daß der an zwei Fronten geführte Krieg innerhalb weniger Monate siegreich beendet sein würde. Kritische Stimmen waren kaum zu hören; schließlich hatten sich sogar die widerspenstigen Sozialdemokraten auf ihre staatsbürgerlichen Pflichten besonnen und für die Bewilligung der deutschen Kriegskredite gestimmt.

Zu Beginn des Jahres 1918 war von Kriegsbegeisterung in Deutschland nichts mehr zu spüren. Trotz der günstigen Lage an der Ostfront aufgrund des Zusammenbruchs der russischen Armee war immer noch kein Ende der militärischen Auseinandersetzung abzusehen. Im Westen hatte die deutsche Armee seit dem Kriegseintritt der Vereinigten Staaten sogar einen zusätzlichen Gegner erhalten. Mit jedem Transport frischer, unverbrauchter amerikanischer Soldaten über den Atlantik sanken die Chancen des deutschen Heeres, doch noch den entscheidenden Vorstoß in Richtung Paris setzen zu können. Nur unverbesserliche Optimisten konnten auf deutscher Seite weiter hoffen, den Krieg zu gewinnen. Ihre Zahl war zwar nicht sehr groß, aber sie saßen an den entscheidenden Stellen.

Der letzte, überaus harte Kriegswinter hatte die Stimmung an der Front wie in der Heimat auf den Nullpunkt sinken lassen. Immer deutlicher bekam die Zivilbevölkerung die Folgen des Krieges zu spüren. Die Versorgung mit Lebensmitteln war längst nicht mehr gewährleistet, das Brennmaterial wurde knapp, die meisten Konsumgüter waren nur noch auf dem Schwarzen Markt erhältlich. Die Durchhalteparolen der Reichsregierung stießen allenthalben nur mehr auf Unverständnis. Eines war klar: Einen fünften Kriegswinter würde das deutsche Volk nicht durchstehen; die Entscheidung im Krieg – egal mit welchem Ausgang – mußte im Verlauf des Jahres 1918 fallen.

Am 3. März 1918 wurde in Brest-Litowsk der Friedensvertrag mit Rußland unterzeichnet. Militärisch bedeutete der Wegfall der zweiten Front einen Vorteil; immerhin konnten eine Million zusätzlicher Soldaten auf die Schlachtfelder im Westen geworfen werden. Die Reichsregierung versäumte es jedoch, die neue Situation auch politisch zu nutzen. Durch cinen maßvollen Frieden mit Lenins Revolutionsregierung hätte das Deutsche Reich den Ententemächten signalisiert, daß eine Verständigung mit den Mittelmächten möglich war und ein rasches Ende der Kriegshandlungen herbeigeführt werden konnte. Allerdings zielte der Diktatfriede von Brest-Litowsk darauf ab, das unterlegene Rußland zu demütigen. Somit wurde die letzte Chance zu einem für alle Beteiligten akzeptablen Frieden vertan.

Statt dessen setzte die Oberste Heeresleitung alles auf eine Karte und versuchte, das Unmögliche wahr zu machen. General Erich Ludendorff blies zu einer großen Frühjahrsoffensive auf den Schlachtfeldern in Flandern und der Champagne.

Sein Ziel war es, die verbündeten Franzosen, Briten und Amerikaner so weit zurückzudrängen, daß er, wenn er schon nicht Paris einnahm, so doch aus einer Position der Stärke heraus spätere Friedensverhandlungen aufnehmen konnte. Nach einigen Anfangserfolgen stand die deutsche Armee wieder dort, wo sie zu Beginn des Krieges schon einmal gestanden hatte: am Ufer der Marne. Weiter Richtung Westen war man auch in den erfolgreichen ersten Kriegswochen im Herbst 1914 nicht vorgerückt. Doch glückte weder ein entscheidender Durchbruch Richtung Kanalküste durch die Reihen der Briten noch durch die mit Amerikanern verstärkten Stellungen der Franzosen in der Champagne. Zudem stellten sich immer häufiger Nachschubprobleme ein. Im Juni 1918 mußte Ludendorff sich eingestehen, daß die deutsche Offensive endgültig im Sande verlaufen war. Spätestens jetzt hätte er einlenken und den Kaiser ersuchen müssen, umgehend mit den Alliierten zu verhandeln.

Einen Monat später setzten die Franzosen und Amerikaner zum Gegenangriff an und drängten die Deutschen binnen Tagen wieder zum Ausgangspunkt ihrer Offensive zurück. Am 8. August erlitten die ermüdeten deutschen Truppen durch einen Tankangriff der Briten ihre bislang schwerste Niederlage. Ludendorff sprach gegenüber Wilhelm II. vom »schwarzen Tag« des deutschen Heeres. Er teilte dem Kaiser mit, daß der Krieg aus seiner Sicht nicht mehr zu gewinnen sei, doch er forderte den Monarchen nicht auf, die entsprechenden Maßnahmen einzuleiten.

Nur noch ein sofortiger Friedensschluß hätte das Deutsche Reich vor der Kapitulation bewahren können. Dennoch unternahm keiner der Verantwortlichen einen Schritt in diese Richtung. Anstatt die Initiative zu ergreifen und zu retten versuchen, was noch zu retten war, versagten alle: Ludendorff und Generalfeldmarschall Paul von Hindenburg gaben wider besseres Wissen Durchhalteparolen aus, daß es gelingen würde, durch ein Stehenbleiben auf französischem Boden die Kriegsgegner zum Einlenken zu zwingen. Kaiser Wilhelm stellte sich bedingungslos hinter seine Militärs, anstatt sie zur Ordnung zu rufen und ihre Niederlage auch öffentlich eingestehen zu lassen. Die Parteien, vor allem die Sozialdemokraten und die Liberalen, versäumten es, rechtzeitig Einfluß auf die Politik zu nehmen und den Kaiser zu drängen, den Weg zu einer parlamentarischen Demokratie in Deutschland zu bereiten. So verstrichen wertvolle Monate, an deren Ende vom Deutschen Reich nur noch ein politischer und wirtschaftlicher Trümmerhaufen übrigbleiben sollte.

Die Situation in Bayern

Ein Jahr vor Ausbruch des Ersten Weltkriegs bestieg der 68jährige Ludwig III. den bayerischen Thron. Er sollte der letzte Monarch sein, der in Bayern das Zepter schwang. Sein Regierungsstil war weniger spektakulär als der seiner Vorgänger. Ludwigs Hauptaugenmerk galt der Wirtschaft seines Landes. Sein Verdienst war es, daß sich durch die Ansiedlung neuer Rüstungskonzerne, vor allem der Firma Krupp, die Hauptstadt München in den ersten Kriegsjahren zu einem bedeutenden Industriezentrum entwickelte. Auch der Ausbau des Rhein-Main-Donau-Kanals mit direkter Anbindung der bayerischen Binnenhäfen an die Nordsee lag Ludwig am Herzen und wurde vom neuen Landesherrn entsprechend gefördert.

Die meisten seiner Untertanen konnten mit solchen Plänen nicht viel anfangen. In Friedenszeiten wünschten sie sich einen König, der mehr Glanz verbreitete, von dem dann auch ein kleines Stück auf sie abgefallen wäre. Gemessen an der Verschwendungssucht seines populären Vorfahren Ludwig II. verdiente die Hofhaltung des neuen Throninhabers das Prädikat ›spartanisch‹. Ludwigs Sparsamkeit kam allenfalls der Staatskasse, nicht aber seinem Image zugute: Wenn sie schon einen König hatten, wollten die Bayern einen Monarchen, für den sie schwärmen und dem sie öffentlich zujubeln konnten. Die Bayern waren zwar weiter königstreu, aber diese Loyalität lag eher in der Institution begründet als in der Person: Als zu nüchtern und ökonomisch denkend empfand das Volk seinen Monarchen. So kam Ludwig bald in den Ruf, ein alter Knauser zu sein. Vermutlich hätten die Bayern Ludwig sogar ein zweites Neuschwanstein verziehen, aber ein König, der geizig war, paßte überhaupt nicht ins Bild einer heilen Voralpenmonarchie.

Die Kriegsgeschehnisse erhöhten keineswegs das Ansehen Ludwigs im Volk. Im Krieg zählen allein die militärischen Erfolge – und mit solchen konnte Ludwig nicht aufwarten. Seine Autorität als Oberster Feldherr des Königlich-Bayerischen Heeres wurde mit anhaltendem Kriegsverlauf immer mehr untergraben. Anfangs operierte die bayerische Armee noch als unabhängige Einheit; nach dem Stillstand der Offensive im Westen wurde sie jedoch in die Reichsarmee integriert und kam unter preußischen Oberbefehl. Von einer Million bayerischer Soldaten, die ausschließlich an der Westfront eingesetzt wurden, verloren bis zum Beginn des letzten Kriegsjahres 130 000 ihr Leben auf den Schlachtfeldern. Dieser hohe Blutzoll weckte bei einem Großteil der bayerischen Bevölkerung antipreußische Ressentiments: Sie warfen der Berliner Regierung vor, ihre Landessöhne als ›Kanonenfutter‹ zu mißbrauchen.

Ebenso schwer wie die Verluste von Angehörigen wirkte sich die wirtschaftliche Not in der Heimat aus. Die Hoffnung auf einen kurzen Kriegsverlauf hatte die Regierungen im Reich und in Bayern davon abgehalten, größere Vorräte an Lebensmitteln und Brennmaterial anzulegen. Erste Versorgungsengpässe stellten sich bereits 1916 in den bayerischen Großstädten ein. In München kam es zu ersten Unruhen in der Bevölkerung. Im dritten Kriegswinter, der besonders hart ausfiel, wurden Brot und Kartoffeln, seit langer Zeit ohnehin die einzigen ständig verfügbaren Nahrungsmittel, knapp. Die Mehlration wurde auf täglich 200 Gramm pro Kopf gekürzt. Zwar ordnete die bayerische Regierung als Ersatzmaßnahme die verstärkte Schlachtung von Schweinen an, aber da keine ausreichende Anzahl von Fleischmarken an die Bevölkerung ausgegeben worden war, gingen viele leer aus. Unzulänglichkeiten in der Bürokratie führten dazu, daß Lebensmittel oft tagelang kreuz und quer durchs Land transportiert wurden, so daß sie verdarben, bevor sie an den Abnehmer gelangten.

In den Jahren 1917 und 1918 konnte die Versorgungsfrage in Bayern trotz guter Ernteerträge nie auch nur annähernd gelöst werden. So fehlte es in der Landwirtschaft an Arbeitskräften, weil in den letzten beiden Kriegsjahren alle verfügbaren Männer zum Heeresdienst eingezogen wurden. Von der Regierung festgesetzte Höchstpreise hielten viele Bauern davon ab, ihre Produkte zu verkaufen. Vor allem die Städter waren gezwungen, sich ihre Nahrungsmittel auf dem Schwarzmarkt zu besorgen.

Im Verlauf des Krieges änderte sich die Bevölkerungsstruktur in den bayerischen Städten. Die Ankurbelung der Rüstungsindustrie sorgte für Firmenneugründungen der Krupp-Werke in München-Freimann und für eine beträchtliche Vergrößerung der Bayerischen Flugzeugwerke und der Rapp-Motorenwerke, des heutigen BMW-Konzerns. Bald herrschte in München Arbeitskräftemangel. Im ersten Kriegsjahr hatte die Beschäftigungslage noch ganz anders ausgesehen; neben der allgemeinen Kriegsbegeisterung war dies ein weiterer Grund, weshalb sich viele arbeitslose Bayern freiwillig an die Front meldeten. Diese konnten im weiteren Verlauf des Krieges nicht wieder abberufen werden, so daß die Rüstungsbetriebe mit zwangsumgesiedelten Arbeitern aus dem Ruhrgebiet und aus Sachsen aufgefüllt wurden.

Die Hoffnung auf eine Verbesserung der Lebensverhältnisse erfüllte sich nicht; im Gegenteil: Je länger der Krieg dauerte, desto schwieriger wurde es für die Bevölkerung, sich mit Nahrungsmitteln und Kleidung zu versorgen. Von Kriegsbeginn bis November 1918 zogen die Preise wesentlich stärker an als die Löhne. Der Wochenlohn eines bayerischen Facharbeiters in der Rüstungsindustrie betrug 1914 durchschnittlich 31,92 Mark, der eines Textilarbeiters 24,36 Mark; bis Oktober 1918 stiegen ihre Löhne auf 69,85 Mark beziehungsweise 40,14 Mark. Der auf das Preis-Leistungs-Verhältnis bezogene Reallohn sank allerdings in diesem Zeitraum um 43 Prozent! Vor allem in den letzten Kriegsmonaten kletterten die Preise in für Arbeitnehmer (die Rüstungsindustrie ausgenommen) und Kleinbürger unzumutbare Höhen, da sämtliche Produkte nur noch auf dem Schwarzmarkt erhältlich waren. In München betrugen im Oktober 1918 die Ladenpreise für ein Kilo Rindfleisch 5,28 Mark (1914 waren es noch 1,96 Mark), ein Kilo Butter 5,40 Mark (2,84 Mark), ein Kilo Weizenmehl 1,01 Mark (50 Pfennig), ein Liter Milch 42 Pfennig (22 Pfennig) und ein Ei 24 Pfennig (9 Pfennig). Schon bald waren auch diese Preise Makulatur, da es die Waren im Laden nicht mehr zu kaufen gab; die Schwarzmarktpreise beliefen sich auf das Zwei- bis Dreifache. Nur der Kartoffelpreis blieb stabil bei 18 Pfennig für ein Kilo, dafür stiegen die Preise für Kleidung und Schuhe von Kriegsbeginn bis Kriegsende um 250 Prozent.

Aufgrund der Mehlknappheit bestanden die Brotlaibe im letzten Kriegsjahr zu einem Drittel aus Kartoffeln. Kaffee wurde aus Eicheln gebrüht, und als Tabakersatz diente getrocknetes Buchenlaub. Kohle wurde nur noch an die Industrie abgegeben; Tannenzapfen und Pferdemist waren als Brennmaterial heiß begehrt.

Die seit dem Kriegseintritt der Amerikaner rigoros durchgeführten Rekrutierungen des Heeres ließen die Garnisonen der bayerischen Städte stark anwachsen. Allein in München waren 52000 Soldaten stationiert, in Nürnberg 20000, in Augsburg, Würzburg und Ingolstadt jeweils zwischen 10000 und 15000. Die Soldaten, die ihre Grundausbildung in den Kasernen absolvierten, mußten oft hungern, da fast die gesamte Verpflegung als Nachschub für die Front vorgesehen war. Immer häufiger starteten die Kasernierten wahre Raubzüge aufs flache Land. In Horden fielen sie auf Bauernhöfen ein und zwangen die Inhaber, ihnen Lebensmittel zu verkaufen. Während der Erntezeit legten Flugzeugbesatzungen Zwischenlandungen auf Kartoffeläckern ein, um ihre Maschinen schnell mit den begehrten Nahrungsmitteln vollzustopfen. In vielen Garnisonen war die Stimmung im letzten Kriegswinter noch schlechter als an der Front.

Ein Großteil der städtischen Bevölkerung konnte die Schwarzmarktpreise nicht mehr bezahlen. Arbeiter- und Kleinbürgerfamilien unternahmen Hamsterfahrten auf das Land, um sich mit dem Nötigsten zu versorgen. Der Münchner Lehrer und Schriftsteller Josef Hofmiller beschreibt eine solche Hamsterfahrt: »Das Reisen ist fürchterlich geworden. Alle die Züge vollgestopft mit Menschen. Die Leute stehen nicht nur im Mittelgang, sondern sogar zwischen den Sitzbänken. Die Gepäckbretter voll Kisten, Eierschachteln, Honigdosen, Tuch- und Kleiderballen, kleinen Fässern, Blechkanistern, Körben, vor allem aber den schwersten und unförmigsten Rucksäcken. Wer überhaupt in den Wagen hineinkommt, ist glücklich. Auf beiden Seiten sitzen die Reisenden auf den Trittbrettern und halten sich an den Griffen, da auf den Plattformen kein Platz mehr. Man hört fortwährendes Streiten um Plätze, Schimpfen, Fluchen, Drohungen. Jede Bahnhofdisziplin ist verschwunden. Die Bediensteten lassen sich so wenig wie möglich sehen.«

Als Hofmiller und seine Mitreisenden nach vielen Mühen endlich ihr Ziel erreicht hatten, bot sich den Städtern ein schier unfaßbarer Anblick: Alles, was sie daheim nicht oder nur nach tagelangem Umherspüren und Schlangestehen bekommen konnten, schien auf dem Land im Überfluß vorhanden zu sein:

»Im Chiemgau merkt man vom Krieg in dieser Beziehung nichts. Eine Woche draußen – und man fühlt sich wie neugeboren. Dreimal im Tag Malzkaffee mit Milch, soviel man nur will; und welche herrliche Milch im Vergleich mit der wässerigen blauen Brühe hier in München! Zucker in Mengen: in München gibt's nur Süßstoff. Honig in Hülle und Fülle: in München gibt's nur den Dreck von Kunsthonig. Butter, soviel man will: hier gibt's fast keine. Eier wurden mir bei jedem Bauer angeboten, ich habe 150 Stück mit heimgebracht. Vor allem aber dies wundervolle Brot, verglichen mit dem grauen Kriegsbrot, das an den Zähnen klebt, und sogar dies ist rationiert. Semmeln, weiße Wecken – lauter Dinge, die hier seit Jahren unbekannt sind. Fleischspeisen hätte ich in Fülle essen können, aber ich war vorsichtig: unser Magen verträgt es nicht mehr in größeren Quantitäten. Wie gehaltvoll und würzig das Bier, wenn auch ebenfalls Dünnbier, verglichen mit dem elenden Gesöff hier in München! Die Provinz hat keine Ahnung, wie wir hungern; und die Städter haben keine Ahnung, wie das Land in Überfluß schwelgt. Ich fürchte, die Lebensmittel-Rationierung ist ein riesiger Unsinn. Das einzige, was sie bewirkt, ist eine von Woche zu Woche zunehmende Gereiztheit in den großen Städten.«[1]

Bayern mußte als agrarisches Überschußland in großem Umfang Lebensmittel an die norddeutschen Bundesstaaten abgeben. Da die Berliner Zentralbehörden bei der Festlegung der Abgabequoten die Interessen der Konsumenten stärker berücksichtigten als die der Produzenten, zogen sich die preußischen Beamten den Zorn der bayerischen Bauern zu. Der Haß auf die Preußen wurde durch die zahlreichen wohlhabenden Touristen aus dem Norden verstärkt, die ihre Ferien auf dem Land in Bayern verbrachten. Dabei waren sie von keinerlei Rationierungen betroffen und konnten es sich leisten, märchenhafte Preise für Produkte zu zahlen, deren Genuß der ortsansässigen Bevölkerung versagt blieb. Die Gäste zogen geradezu den Haß der Einheimischen auf sich, indem sie die aufgekauften Waren zu riesigen Paketen verpackten und an ihre Lieben daheim verschickten.

Am meisten litten das Bildungs- und Kleinbürgertum und die Arbeiterschaft unter den Kriegsfolgen. Die unteren Bevölkerungsschichten verfügten über immer weniger Geld und ernährten sich von Monat zu Monat schlechter. Längst hatten sie das Vertrauen in König und Regierung verloren. Doch trotz Mißwirtschaft, hoher Verluste an Menschenleben und zunehmender Verarmung weiter Teile der Bevölkerung blieb die Lage – abgesehen von örtlichen Hungerdemonstrationen verzweifelter Arbeiter und Hausfrauen – sowohl in der bayerischen Provinz als auch in der Hauptstadt München äußerlich ruhig. Dies sollte sich erst im Verlauf des letzten Kriegsjahres ändern.

Der Untergang der Monarchie

Im Herbst 1918 war das Ende des Krieges, mittlerweile gleichbedeutend mit der militärischen Kapitulation des Deutschen Reichs, abzusehen. Erst als alles zu spät war, bemühte sich der letzte vom Kaiser eingesetzte Reichskanzler, Prinz Max von Baden, um Verhandlungen mit den Alliierten. Zu diesem Zeitpunkt waren alle Verbündeten bereits vom Deutschen Reich abgefallen.

Am 14. September hatte Österreich den Ententemächten Friedensverhandlungen angeboten, doch bestanden vor allem die Amerikaner auf einer vollständigen Kapitulation. Zwei Wochen später erklärten sich die Bulgaren zu einem von den Alliierten diktierten Waffenstillstand bereit. Ende Oktober schließlich gab die Türkei als letzter der mit Deutschland und Österreich verbündeten Balkanstaaten auf. Der endgültige Zusammenbruch der Front in Südosteuropa und die erfolgreichen Unabhängigkeitsbestrebungen der Ungarn, Tschechen und Slowaken sorgten für weitere Auflösungserscheinungen innerhalb der Donaumonarchie.

Am 3. Oktober wandte sich Max von Baden an den amerikanischen Präsidenten Woodrow Wilson und ersuchte ihn um einen sofortigen Waffenstillstand. Dieser sollte auf der Basis der vierzehn Punkte ausgearbeitet werden, die Wilson zu Beginn des Jahres 1918 als Friedensbedingungen genannt hatte. Die Vereinigten Staaten lehnten jedoch jede Art von Übereinkunft mit dem Deutschen Reich ab, solange dessen Staatsoberhaupt Kaiser Wilhelm hieß. Wilson kleidete in seine Note vom 23. Oktober eine deutliche Botschaft: Die Amerikaner würden nur mit einer vom Volk gewählten Regierung verhandeln. Offenbar setzte er darauf, daß jeder zusätzliche Kriegstag die Position des Deutschen Reichs und seiner Verbündeten weiter schwächen und die Friedensbedingungen für sein Land positiver gestalten würde.

Die bedingungslose Kapitulation Österreichs erfolgte am 3. November. Noch bevor die Reichsregierung einen ähnlichen Schritt unternehmen konnte, war sie bereits von den politischen Entwicklungen überholt worden. Auch das Staatsoberhaupt konnte oder wollte nicht einsehen, daß seine letzte Stunde geschlagen hatte. Erst als auf dem Berliner Schloß bereits die rote Fahne gehißt war, dankte Wilhelm II. am 9. November als deutscher Kaiser und König von Preußen ab und schlich sich als Privatmann ins niederländische Exil davon.

Der November wurde zum schwarzen Monat für Deutschlands Fürstenhäuser. Allen 22 Monarchen des 1871 gegründeten Deutschen Reichs hatte das letzte Stündlein geschlagen; 17 von ihnen dankten offiziell ab, die übrigen verließen klammheimlich ihren Thron.

Nachdem Kaiser und Militärs sich kläglich aus der Verantwortung gestohlen hatten und auch die deutschen Fürsten als Friedensstifter nicht mehr in Frage kamen, oblag es dem Staatssekretär im Auswärtigen Amt, Matthias Erzberger, als Anführer einer nur aus Zivilisten bestehenden deutschen Verhandlungsdelegation, den letzten Schritt zu vollziehen. Am 11. November unterzeichnete er in einem Eisenbahnwaggon im Wald von Compiègne bei Paris das von den Alliierten diktierte Waffenstillstandsabkommen. Damit war die Kapitulation des Deutschen Reichs perfekt.

In Bayern waren die Würfel zu diesem Zeitpunkt längst gefallen. Seine Nibelungentreue zum Kaiser von Deutschland und König von Preußen sollte Ludwig III. wie kurz darauf auch den anderen deutschen Fürsten zum Verhängnis werden. Ebensowenig wie Wilhelm II. hatte der Bayernkönig die Zeichen der Zeit erkannt und es versäumt, zum richtigen Zeitpunkt abzudanken.

Kurt Eisner

* 14. 5. 1867 Berlin
† 21. 2. 1919 München

Eisners Vater, ein jüdischer Kaufmann, besaß ein Militärbekleidungsgeschäft in Berlin Unter den Linden und brachte es zum Hoflieferanten. Seine Mutter, eine geborene Lewenstein, war ebenfalls jüdischer Abstammung. Eisner besuchte das vornehme Askanische Gymnasium und studierte anschließend Philosophie und Germanistik an der Berliner Universität. Nach acht Semestern brach er das Studium ab, wahrscheinlich aus Geldmangel, denn das Geschäft seines Vaters florierte nicht mehr.

Eisner arbeitete als Journalist, zunächst für das Korrespondenzbüro Herold. Einer seiner ersten Aufträge war ein Bericht über Bismarcks Entlassung. Im Juli 1892 heiratete er Elisabeth Hendrich. Ein Jahr später siedelte das Ehepaar nach Marburg über, wo Eisner das Politikressort der *Hessischen Landeszeitung* übernahm. Später machte er sich als freier politischer Essayist für verschiedene Blätter einen Namen – und landete für neun Monate wegen Majestätsbeleidigung im Gefängnis, weil er in seinem Artikel »Ein undiplomatischer Neujahrsempfang« Kaiser Wilhelms ungeschickte Politik attackiert hatte.

Der *Vorwärts* wurde auf ihn aufmerksam. Chefredakteur Wilhelm Liebknecht lud Eisner persönlich ein, als politischer Redakteur für das SPD-Parteiorgan zu arbeiten. Nach sieben Jahren beim *Vorwärts* kündigte Eisner zusammen mit fünf weiteren Redakteuren, die dem marxistischen Kurs des Blattes nicht mehr folgen wollten. Eisner ging nach Nürnberg und übernahm die Leitung der *Fränkischen Tagespost.* Seine Frau und fünf Kinder ließ er in Berlin zurück. Mit seiner neuen

Liebe, der Nürnberger Redaktionskollegin Else Belli, zog Eisner 1910 nach München. Das Paar ließ sich in Großhadern nieder, die Scheidung von Eisners Frau erfolgte aber erst 1918.

Eisner arbeitete für die *Münchner Post*, eine gemäßigte sozialdemokratische Zeitung. Er engagierte sich in der bayerischen SPD, ohne aber eine bedeutende Stellung in der Partei zu erlangen. Mit dem bayerischen SPD-Vorsitzenden Georg von Vollmar verband ihn die Abneigung gegen den Wilhelminischen Obrigkeitsstaat und das Preußentum.

Im August 1914 befürwortete Eisner die Bewilligung der Kriegskredite durch die Sozialdemokraten, weil er im russischen Zaren den Hauptkriegstreiber sah. Nach gründlichem Studium der Kriegsakten revidierte Eisner seine ursprüngliche Meinung und gab Deutschland die Mitschuld am Ausbruch des Krieges. Seitdem engagierte sich Eisner gegen eine Fortführung des Krieges und für einen sofortigen Friedensschluß. Anhänger fand er vor allem in der jüngeren Wählerschaft der Sozialdemokraten und beim Münchner Proletariat. In seinen politischen Anschauungen wurde er von Gustav Landauer, einem Freidenker und erklärten Gegner Marx', beeinflußt; nach Ausbruch der Revolution in Bayern lud er Landauer ein, nach München zu kommen und aktiv bei der Verwirklichung ihrer politischen Ideen mitzuarbeiten.

Noch während des Krieges verbüßte Eisner eine zweite Haftstrafe, dieses Mal wegen seiner führenden Beteiligung beim großen Streik der Münchner Arbeiter im Januar 1918. Am 14. Oktober wurde Eisner aus dem Gefängnis entlassen; dreieinhalb Wochen später war er bayerischer Ministerpräsident. Er blieb es bis zum 21. Februar 1919, dem Tag, als er einem Revolverattentat des rechtsnationalen Grafen Arco zum Opfer fiel. Eisner ging als Gründer des Freistaats Bayern in die Geschichte ein.

KAPITEL 2

BAYERN AM VORABEND DER REVOLUTION

Die Spaltung der bayerischen Sozialdemokratie

Der große alte Mann der bayerischen Sozialdemokratie hieß Georg von Vollmar. Mit zwei Reden, die er 1891 im Münchner Hotel Eldorado gehalten hatte, war er berühmt geworden – und hatte auf Jahrzehnte den Kurs der bayerischen Sozialdemokratie festgelegt. Anders als die deutschen Sozialdemokraten unter August Bebel und Wilhelm Liebknecht, die noch den Klassenkampf auf ihre Fahnen geschrieben hatten und sich weigerten, mit den staatstragenden Parteien zu kooperieren, verfolgte Vollmar einen gemäßigten Kurs. In seinen Eldorado-Reden beschwor er das Opportunitätsprinzip, das ihm erlaubte, die politische Taktik am Verhalten der Inhaber der Macht und an den übrigen Parteien auszulegen: Dem guten Willen wollte er die Hand, dem bösen die Faust entgegenstrecken.

Später entwickelte Vollmar die Idee der sozialdemokratischen Reform- und Realpolitik in Bayern fort. Mehr als ein halbes Jahrhundert vor der Verabschiedung des Godesberger Programms wollte er die SPD von einer Klassen- zur Volkspartei umfunktionieren. Da nur in den Großstädten München, Augsburg und Nürnberg ein nennenswertes Industrieproletariat vorhanden war, suchte er die künftigen SPD-Wähler auch in anderen sozialen Schichten, etwa im Kleinbürgertum oder bei den Bauern.

Unter Vollmar stimmte die SPD dem bayerischen Staatsbudget zu – ein Schritt, den Bebel als Anbiederung an die herrschenden Klassen verurteilte. Die Partei der Arbeiter ging

Wahlbündnisse mit dem Zentrum und den Liberalen ein. Innerhalb weniger Jahre gelang es ihr, die Zahl ihrer Mandate im Bayerischen Landtag von 12 (1905) auf 30 (1912) zu erhöhen, was einem Anteil von einem Fünftel aller Sitze entsprach.

Im August 1918 legte Vollmar, den ein Rückenleiden an den Rollstuhl gefesselt hatte, sein Landtagsmandat nieder und zog sich aus der aktiven Politik zurück. Sein Nachfolger wurde der Niederbayer Erhard Auer. Vollmar hatte den Neffen des bekannten SPD-Abgeordneten Ignaz Auer auf der Liste der Münchner Parteimitglieder entdeckt und seine politische Karriere gefördert. Auer wurde Vollmars persönlicher Sekretär und erlangte 1907 sein erstes Landtagsmandat für die SPD in Bayern. In allen politischen Fragen ging Auer stets mit seinem Ziehvater konform.

Auer kehrte 1916 aus dem Krieg, wo er nach zwei Jahren an der Front in Flandern verwundet worden war, nach München zurück. Dort berief ihn der König in den Ernährungsbeirat, dessen Einrichtung die prekäre Versorgungslage der Bevölkerung verbessern sollte. Auer war das einzige SPD-Mitglied, dem ein solcher Vertrauensbeweis zuteil wurde. Er sah dies als Bestätigung der Vollmarschen Maxime an, die eigenen Vorstellungen durch Kooperation mit den Staatsträgern in praktische Politik umzusetzen. Doch Auers Opportunismus war selbst in der eigenen Partei nicht unumstritten.

In der SPD-Reichstagsfraktion war es zum Streit über die Bewilligung der Kriegskredite gekommen, in dessen Folge eine Reihe Abgeordneter aus der Partei austrat und im April 1916 in Gotha die Unabhängige Sozialdemokratische Partei Deutschlands (USPD) gründete. Anders als die Mehrheits-SPD, die Veränderungen nur auf parlamentarischem Weg herbeiführen wollte, setzten die Unabhängigen auf einen politischen Umsturz in Deutschland. Beide sozialdemokratischen

Parteien traten für eine sofortige Beendigung des Krieges ohne Annexionen und Kontributionen ein.

Auch in München hatten abtrünnige Sozialdemokraten nach einer Auseinandersetzung mit der Mehrheits-SPD einen eigenen Diskussionszirkel gebildet. Jeden Montagabend traf sich die kleine Gruppe zum Gedankenaustausch in der Gaststätte *Goldener Anker*. Ihr hervorragender Kopf war der Journalist und Literaturkritiker Kurt Eisner.

Eisner wurde am 14. Mai 1867 als Sohn eines angesehenen jüdischen Ladenbesitzers in Berlin geboren. Dort ging er zur Schule, legte das Abitur ab und studierte Philosophie und Germanistik an der Humboldt-Universität. Kurz vor dem Examen brach er aus finanziellen Gründen sein Studium ab und arbeitete fortan als Journalist. Unter anderem war er sieben Jahre lang für den *Vorwärts* tätig, verließ diesen aber, weil ihm das SPD-Parteiorgan als zu revolutionär erschien. Noch 1914 befürwortete Eisner wie die meisten seiner Parteigenossen die Bewilligung der Kriegskredite und rechtfertigte Deutschlands Kriegseintritt als einzig mögliche Antwort auf den Angriff des russischen Zarismus.

In den Kriegsjahren änderte Eisner jedoch seine Meinung. Mehr und mehr gewann er die Überzeugung, daß Deutschland mitschuldig am Ausbruch des Krieges war. Er stellte intensive Nachforschungen an, die seine Vermutungen bestätigten. Schließlich wurde ihm der Einblick in das Weißbuch des deutschen Heeres gewährt. Nach Durchsicht der Unterlagen war Eisner sicher, daß Rußland zu Beginn der Kriegshandlungen nicht vollständig mobilisiert war. Dies bedeutete, daß der Zar keineswegs zielstrebig auf den Ausbruch des Krieges hingearbeitet hatte, wie es die deutsche Propaganda immer wieder behauptete.

Eisner revidierte endgültig seine Meinung über die Schuld am Kriegsausbruch und äußerte dies auch in verschiedenen

Presseartikeln, die jedoch sämtlich von der Zensur verboten wurden. Es kam sogar noch schlimmer für ihn: Eisner verlor seine Redakteurstelle als Parlamentsberichterstatter bei der *Münchener Post* und damit seine regelmäßige Verdienstmöglichkeit. Daraufhin zog sich Eisner völlig aus der Öffentlichkeit zurück. Er begann, Kierkegaard und Tolstoi zu lesen. Was seine politischen Anschauungen betrifft, geriet er zunehmend unter den Einfluß des radikalen Pazifisten und Sozialisten Gustav Landauer.

Im *Goldenen Anker* scharten sich die entschiedenen Kriegsgegner um Eisner. Verächtlich lehnten sie Vollmars Politik des »königlich-bayerischen Sozialismus« ab. Sie wollten einen kompletten Neuanfang der Politik in Bayern, keinen Obrigkeitsstaat, keinen König, keine preußische Bevormundung. Der Sozialismus stellte für sie die »Religion des Proletariats« dar, und Eisner hatten sie als ihren Apostel erkoren.

Der Schriftsteller Oskar Maria Graf über seine erste Teilnahme an den Zusammenkünften im *Goldenen Anker*:

»Entschlossen trat ich in die Wirtschaft. In der Meinung, solche Versammlungen müßten geheim und womöglich unter einem x-beliebigen Decknamen abgehalten werden, fragte ich vorsichtig den Wirt, der am Ofentisch mit einigen Gästen gemütlich Tarock spielte, und war erstaunt, als er ohne weiteres sehr laut sagte: ›Die Unabhängigen sind im Nebenzimmer. Hat schon angefangen.‹ Das kühlte mich schon wieder ein wenig ab. Diese Revolutionäre waren zu offen und schienen ein wenig harmlos zu sein. Rasch trat ich auf die Bretterwand zu, die das Nebenzimmer von der Wirtsstube trennte, und als ich öffnete, hoben sich an verschiedenen Tischen Köpfe. Man musterte mich ohne Mißtrauen. Einige bekannte Gesichter nickten mir grüßend zu. Syndikalisten und Leute aus der einstmaligen Gruppe ›Tat‹ waren es, Freidenker und einige Intellektuelle, ziemlich viel Arbeiterfrauen und vereinzelte Soldaten sah ich. Unerregt saß alles da und blickte auf einen Tisch vorne, hinter dem ein nicht sehr großer Mann mit wallendem grauem Haupthaar, einem ebensolchen Schnurr- und Spitzbart stand und eine Rede hielt. Einen Kneifer trug er, hinter dem sehr bewegliche kleine Augen saßen. Hin und wieder unterstrich er irgendeinen Satz mit einer kurzen Armbewegung oder streckte den Zeigefinger wie ein Schullehrer in die rauchige Luft. Er hatte eine ziemlich tonlose, etwas kratzende Stimme, sprach aber sehr flüssig. Seine Kleidung war lässig, und alles an ihm machte den Eindruck von einem pensionierten Schulrat oder Professor. Ich dachte nach und erinnerte mich an eine illustrierte Geschichte der deutschen Revolution von 1848. Da waren auch so ähnliche Gestalten abgebildet. ›Wer ist denn der Redner?‹ erkundigte ich mich leise bei meinem Nebenmann. ›Der Eisner‹, war die Antwort. Ich suchte in meinem Gedächtnis, ging alle Revolutionäre und Bekannten aus meiner Anarchistenzeit durch, nein, ich mußte mich geirrt haben. Liebknecht, Bebel, Rosa Luxemburg, Landauer, Mühsam, *die* gehörten zu den Radikalen, aber Eisner? Wo war ich denn hingeraten? Schon wurde ich wieder mißtrauisch. Ich hörte deutlich hin. Doch – der Mann sprach sehr revolutionär. ›Hört! Hört! Sehr richtig!‹ sagten da und dort Leute. Der Mann hob die Stimme und rief mit bewegtem Oberkörper: ›Neunzehnhundertvierzehn hat die Sozialdemokratie Deutschlands versagt. Das Proletariat wurde schändlich, erbärmlich verraten von seinen Führern. Das Blutbad begann. Jetzt aber zeigen sich die ersten Zeichen des Erwachens! Alle Drohungen, alles, was man so ausgiebig benützt, um jedes revolutionäre Wollen zu unterdrücken – Kriegsgesetze, Einkerkerungen, Füsilierungen und alle sonstigen Verordnungen werden diesen Willen der Massen nicht mehr aufhalten, nicht mehr ausrotten können! Die Herren von der Obersten Heeresleitung und die weisen

Richter am grünen Tisch der Reichskanzlei irren, wenn sie annehmen, die überall aufflackernden Meutereien, die Streiks und Demonstrationen des Proletariats seien nur eine Bewegung für den Frieden allein. Nicht um eine bloße Gegenbewegung, Genossen und Genossinnen, handelt es sich mehr – es handelt sich, darüber müssen wir uns alle klarwerden, um eine Fortbewegung in die Revolution hinein!‹«[1]

An den Treffen im *Goldenen Anker* nahmen Personen teil, die später in der Räterepublik bedeutende Rollen spielen sollten: die Schriftsteller Felix Fechenbach und Ernst Toller und der von Graf erwähnte Anarchist Erich Mühsam. Die Montagsrunde entwickelte sich zum Forum der Münchner USPD, die am 16. Mai 1917 gegründet wurde.

Eisner, der in Gotha die (Reichs-)USPD mit ins Leben gerufen hatte, ging es nicht so sehr darum, den von ihm wenig geschätzten Parlamentarismus durch eine weitere Partei zu bereichern. Vielmehr wollte er eine in seinen Augen durchaus zur Revolution bereite Arbeiterschaft nicht in die Hände der SPD fallen lassen. Eisner ging ganz bewußt in Opposition zur Partei Vollmars und Auers, gegen die »Regierungssozialisten, die die gesamte politische und gewerkschaftliche Organisation fest in Händen hielten, eine Camorra, die vor keinem Mittel zurückschreckten [*sic!*], um sich selbst in ihrer Stellung zu behaupten«.[2]

Anfang 1918 bildeten die beiden sozialdemokratischen Parteien in Bayern zwei verschiedene politische Lager. Während die SPD immer noch darauf hoffte, auf parlamentarischem Wege die nötigen Reformen zur Etablierung einer Demokratie zu erwirken, entschieden sich die bayerischen Unabhängigen für eine radikale, aber gewaltfreie Methode: Über Streiks und Demonstrationen wollten sie den Sturz des bestehenden Regimes herbeizwingen.

Die Rätebewegung

Rätesystem oder Parlamentarismus? Diese Frage stellte sich allen oppositionellen Kräften in Deutschland, als sich nach mehr als vier Jahren Krieg das Ende der Monarchie abzeichnete.

Dem Rätegedanken liegt die von Karl Marx entwickelte These zugrunde, die Arbeiterschaft könne einen Staat mit seinen Machtinstrumenten nicht einfach übernehmen, sondern müsse diesen zerschlagen. An die Stelle des Herrschaftsapparats tritt bei Marx eine neue Organisationsform, die von unten nach oben ausgerichtet ist. In ihr bestimmen die Arbeiter selbst alle Entscheidungen und kontrollieren die Ausführung.

Erstmals wurde eine solche Organisationsform, in der die Macht in den Händen von Arbeiter- und Soldatenräten konzentriert war, in der Pariser Kommune von 1871 praktiziert. Damals hatten die Pariser Arbeiter, unterstützt von der Nationalgarde, der Regierung vorgeworfen, im deutsch-französischen Krieg untätig den Sieg des Feindes zugelassen zu haben. Die Aufständischen verjagten die Nationalversammlung aus der Hauptstadt und bildeten ihre eigene, auf den Prinzipien des Föderalismus und der direkten Demokratie beruhende Regierung.

Im Deutschen Reich und in Bayern war im Verlauf des Jahres 1918 eine ähnliche Situation entstanden: Auf der einen Seite eine untätige Regierung, die sich nicht entschließen konnte, einen längst verlorenen Krieg zu beenden, auf der anderen Seite die unter unerträglichen Bedingungen leidende Bevölkerungsmehrheit, die ihr Vertrauen in Staat und Parteien verloren hatte und eine Veränderung ihrer Lebensumstände dringend herbeisehnte. Die Voraussetzungen für eine Revolution und die Einführung eines neuen politischen Systems waren also denkbar günstig.

Versammlungen und Demonstrationen bayerischer Arbeiter fanden im letzten Kriegsjahr immer häufiger statt. Doch anders als in den Jahren zuvor blieben die großen Herbstkundgebungen in den bayerischen Städten keine vorübergehende Erscheinung. Die Arbeiter schlossen sich in Betriebs- oder Arbeiterräten zusammen und entwickelten sich immer mehr zum bestimmenden Faktor während der Geburtswehen der neuen Republik.

In einem Rätesystem organisiert sich das Volk in vielen kleinen Einheiten. Gemäß dem Prinzip »von unten nach oben« artikuliert und bildet sich der politische Wille in der untersten Einheit. So werden auf Betriebs-, Gemeinde- oder Stadtteilebene in Urabstimmungen alle Entscheidungen getroffen. Auch die Vertreter der nächsthöheren Ebenen, der Kreis-, Bezirks-, Länder- und Staatsräte, werden durch direkte Wahl bestimmt. Gleiches gilt für Richter, Offiziere und Beamte. Die Wählerschaft übt auf alle ihre Vertreter das imperative Mandat aus, das heißt, sie kann diese jederzeit kontrollieren, zur Rechenschaft ziehen und gegebenenfalls abwählen. Korruption, Berufspolitikertum und Bürokratismus soll durch die Einrichtung des Ehrenamts sowie durch Ämterrotation vorgebeugt werden.

Das Rätesystem begreift sich als organisatorische Einheit und kennt keine Gewaltenteilung im Sinne des liberalen Politikverständnisses. Während die Mehrheits-SPD dem parlamentarisch-demokratischen Gedanken anhing, forderte der Spartakusbund unter Karl Liebknecht, der sich 1918 von der USPD abgespalten hatte, eine Rätediktatur, wie sie seit der Oktoberrevolution unter Lenin in Rußland praktiziert wurde.

Die USPD wollte einen dritten Weg einschlagen mit Räten und Parlament als gleichberechtigten Partnern in einem demokratischen System. Für Kurt Eisner dienten die Räte der politischen Willens- und Bewußtseinsbildung und schufen die Voraussetzungen für die Tätigkeit des Parlaments:

»Die Räte sollen die Schulen der Demokratie werden; daraus dann sollen die Persönlichkeiten emporsteigen zu politischer und wirtschaftlicher Arbeit. […] Die Räte sind die Grundmauer der Demokratie, die Nationalversammlung, der Landtag ist die Krönung des Gebäudes. Aber diese Krone würde genauso zusammenstürzen wie die monarchischen Kronen, wenn sie sich nicht stützen auf die Kraft und den Willen jener Arbeiterräte … «[3]

Mit seiner idealistischen Einschätzung der Funktion der Räte begab sich Eisner in einen bewußten Widerspruch zu den Kommunisten. Eisner lehnte Gewalt zur Durchsetzung politischer Ziele strikt ab und konnte sich mit dem Modell einer durch einen gewaltsamen Umsturz herbeigeführten Zwangsherrschaft keineswegs anfreunden. Doch war Eisners Vorstellung einer Rätedemokratie überhaupt realistisch? Beinhaltete nicht der Begriff an sich schon einen Widerspruch? Hieß die Alternative nicht vielmehr: Rätesystem *oder* Demokratie? So jedenfalls sahen es nicht nur die Gegner des Rätegedankens, unter ihnen auch der rechte Flügel der SPD, sondern auch dessen entschiedenste Befürworter, die Kommunisten.

Eisner ließ sich von solchen Auslegungen nicht beirren. Er wollte in Bayern einen »menschlichen Sozialismus« einführen, in dem Methoden wie Parteiräson und Dogmatismus keinen Platz hatten. Als Legitimation seines dualistischen Herrschaftsprinzips betrachtete er den sehnlichen Wunsch des Volkes nach politischer und wirtschaftlicher Veränderung.

Eisners Idealismus geht zurück auf Gustav Landauer, der in seinem 1911 erschienenen Hauptwerk *Aufruf zum Sozialismus* seine Vorstellungen einer modernen Gesellschaft veröffentlicht hatte. Landauer war ebenfalls ein Verfechter des Rätegedankens, lehnte aber den Parlamentarismus nicht grundsätzlich ab:

» […] ich bin durchaus … fürs Delegationswesen; aber ich bin nicht für das Vertretersystem in dem Sinne, daß das Volk abdankt, nachdem es seine Vertreter gewählt hat. Ich bin dafür, daß die, die das Mandat bekommen, und die, die das Mandat erteilt haben, in dauernder Verbindung miteinander bleiben müssen. Ich bin dafür, daß das Mandat erteilt wird zu bestimmten Gesetzesvorlagen, die dem Volke vorher bekannt sein müssen. Ich bin dafür, daß, wenn die entsandten Delegierten etwas tun, was gegen das Interesse und gegen den Wunsch derer ist, die sie entsandt haben, sie sofort zurückgezogen und durch andere ersetzt werden können.«[4]

Die bayerischen Mehrheitssozialdemokraten nahmen in der Rätefrage keine einheitliche Haltung ein. Während die in der Tradition Vollmars stehende Münchner und oberbayerische SPD – angeführt von Auer – den Parlamentarismus als einzig gangbaren Weg der Demokratie ansah, waren die Genossen in Mittelfranken, Schwaben und den Industrieregionen der Oberpfalz dem Rätegedanken gegenüber sehr aufgeschlossen.

Erstes Aufbegehren

Der letzte Kriegswinter stellte sich als der bislang härteste heraus. Völlig deprimierend auf die ohnehin notleidende Bevölkerung wirkte sich die Erkenntnis aus, daß das Kriegsende noch nicht in Sicht war. Zwar stand ein Friedensvertrag mit Rußland unmittelbar vor dem Abschluß; doch machten die harten Bedingungen der Reichsregierung bezüglich der Gebietsabtretungen nur allzu deutlich, daß mit dem Deutschen Reich kein Verständigungsfrieden möglich war. Die Entscheidung über ein Kriegsende konnte demnach nur auf dem Schlachtfeld fallen: Erst ein militärischer Sieg oder eine Niederlage würde endgültig den langersehnten Frieden bringen. So lange wollten die Sozialdemokraten nicht warten. Wie aber ließ sich das Kriegsende auf innenpolitischem Wege beschleunigen? Durch Reformen von oben, forderte Auer; durch die Mobilisierung der Massen, hielt Eisner dagegen.

Als Reaktion auf die Friedensverhandlungen in Brest-Litowsk plante die USPD einen dreitägigen Generalstreik in Berlin, dem sich die Arbeiter möglichst vieler deutscher Großstädte anschließen sollten. Durch den Druck von unten sollte die Reichsregierung dazu bewegt werden, mit allen am Krieg teilnehmenden Mächten sofortige Friedensverhandlungen ohne Annexionsansprüche aufzunehmen. Eine weitere Forderung der Streikenden war die Einführung einer demokratischen Verfassung mit garantierter Presse- und Versammlungsfreiheit.

Der Streik in Berlin begann am 28. Januar 1918, einem Montag, und dauerte eine volle Woche. Eine halbe Million Arbeiter in der Hauptstadt nahmen daran teil. Es folgten Streiks und Demonstrationen in Kiel, Braunschweig, Halle, Magdeburg, Leipzig, Breslau, Köln und Mannheim. Auch in Österreich streikten die Arbeiter in der Hauptstadt Wien und in den Industriezentren Linz und Graz.

In Bayern blieb es zunächst ruhig. Auer war sich darüber im klaren, daß die SPD ihren Anspruch auf alleinige Vertretung der Arbeiterschaft verlieren würde, wenn es ihm nicht gelänge, sie mit Hilfe der Gewerkschaften unter Kontrolle zu halten und den Ausbruch eines ›wilden‹ Streiks zu verhindern. Er berief die Belegschaften der großen Rüstungsbetriebe, in denen die Streikbereitschaft am ausgeprägtesten war, zu getrennten Versammlungen in Festsälen von Münchner Brauereien ein, um mit beschwichtigenden Reden auf die Arbeiter einzuwirken.

Eisner besuchte am Montag und Dienstag als Gast die Versammlungen der Firma Krupp und der Rapp-Motorenwerke.

Die dort tagenden Arbeiter forderten vehement ein Rederecht für Eisner. Auer versuchte zunächst, einen Auftritt Eisners zu verhindern; als er sah, daß seine Taktik beim Publikum nicht ankam, ließ er seinen Rivalen gewähren.

Eisner kam direkt auf den Punkt und rief die Anwesenden für Donnerstag, den 31. Januar, zum Streik auf. Es war ohnehin die erklärte Absicht der meisten Anwesenden, die Arbeit niederzulegen; deshalb war es für Eisner kein Problem mehr, die Versammlung hinter sich zu bringen. Von den Vertrauensleuten erhielt er die Streikzusage für den Donnerstag. Darüber hinaus forderte Eisner von der bayerischen Arbeiterschaft, sich in einer Resolution an die Arbeiter aller übrigen kriegführenden Nationen mit der Bitte zu wenden, ihre jeweiligen Regierungen um eine sofortige Beendigung des Krieges zu ersuchen. Auch diese Forderung wurde bewilligt. Zu Auers großem Entsetzen war die Resolution mit »Kurt Eisner« unterzeichnet. Dies bedeutete nichts anderes, als daß die bayerische Arbeiterklasse dem abtrünnigen Eisner den Auftrag gegeben hatte, sie vor aller Welt zu vertreten. Die SPD lief Gefahr, endgültig die Kontrolle über ihre ureigene Klientel zu verlieren.

Am 31. Januar streikten und demonstrierten 4000 Arbeiter der Krupp- und Rapp-Werke; am Freitag kamen auch die Belegschaften der Bayerischen Flugzeugwerke und einer Reihe kleinerer Betriebe hinzu, so daß die Gesamtzahl der Streikenden auf mehr als 8000 anstieg. Damit setzten die bayerischen Arbeiter ein deutliches Zeichen. Es konnte durchaus als Erfolg für Eisner und die USPD verbucht werden.

Eisner selbst konnte diesen Triumph nur bedingt auskosten. An den Aktionen des ersten Streiktages durfte er noch persönlich teilnehmen. Doch in der Nacht zum Freitag wurde er als einer der Rädelsführer verhaftet. Anderen Teilnehmern erging es ähnlich: Ernst Toller kam ins Militärgefängnis, Felix Fechenbach wurde zu einer Einheit in der Provinz strafversetzt.

Eisner vermutete, daß er aufgrund einer gezielten Denunziation verhaftet wurde. Ihm war aufgefallen, daß sich Auer während seiner Reden fleißig Notizen gemacht hatte. Beweise für ein verräterisches Verhalten Auers konnte Eisner nicht vorbringen; aber allein der Verdacht reichte aus, um für alle Zukunft die Atmosphäre zwischen den beiden Kontrahenten zu vergiften.

Während Eisner im Gefängnis saß, verfolgte Auer ungehindert seine Strategie, das Aufbegehren der Arbeiter als einmalige Unzufriedenheitsbekundung darzustellen und den Aktionen ihre politische Wirksamkeit zu nehmen. Es gelang ihm, den Streik in die von ihm gewünschten ruhigen Bahnen zu lenken – oder, wie Eisner es ausdrückte, ihn »ins Leere laufen« zu lassen.

Auch in Nürnberg wurde in der Zeit vom 28. bis zum 31. Januar gestreikt und demonstriert. Anders als in München einigten sich die fränkischen Sozialdemokraten auf einen gemeinsamen Streikaufruf. Dieser war von der Nürnberger SPD auch als Seitenhieb auf den Opportunismus der Münchner Genossen gedacht. Mit einem Auge schielten die Nürnberger aber weiterhin auf München, und als sich in der Hauptstadt überdies nichts ereignete, kehrten am Montag, den 4. Februar, auch in der Frankenmetropole alle Streikenden an ihre Arbeitsplätze zurück.

In Bayern schien dem äußeren Anschein nach die Ruhe wiederhergestellt. Aber es war nur die Ruhe vor dem Sturm. Die bayerische Regierung konnte sich nicht lange darüber freuen, daß aus der Spaltung der Sozialdemokraten ein tiefer Bruch und aus der gegenseitigen Abneigung der beiden Führer eine persönliche Feindschaft geworden war.

Zeichen des Sturms

Die Situation in Bayern blieb nach den turbulenten Ereignissen der ersten Wochen bis zum Herbst 1918 äußerlich ruhig. Eisner saß im Gefängnis; somit war die USPD ihres wichtigsten Führers beraubt. Auer unternahm nichts, um die bayerische Monarchie zu destabilisieren; er schien überzeugt, daß den Sozialdemokraten die Regierungsmacht in den Schoß fallen würde. Doch hier irrten Auer und seine Anhänger. Schon bald sollten sie von der neuen Entwicklung überrollt werden.

Noch vor der letzten Wilson-Note an die Reichsregierung, in der die Amerikaner jede Verhandlung mit dem alten Regime ablehnten, wurde in der Presse der Ruf nach Abdankung des Kaisers laut. Die *Fränkische Tagespost* war die erste Zeitung in Deutschland, die den Monarchen unverblümt zum Rücktritt aufrief. Ihr Chefredakteur, Adolf Braun, wiederholte diese Forderung auf dem Münchner Parteitag der SPD am 13. Oktober. Unterstützt wurde er vom Nürnberger SPD-Landtagsabgeordneten Ernst Schneppenhorst, der den Abgang des bayerischen Königs gleich mitverlangte. Dagegen versuchte Auer seine Parteigenossen zu beschwichtigen. Er plädierte auf ein Abwarten, bis die Zeit reif sei für einen Regierungswechsel auf legalem Weg.

Seine zögerliche Haltung brachte Auer den Unmut vieler Sozialdemokraten ein. Bei der Wahl zum Nachfolger des als Reichstagsabgeordneter zurückgetretenen Georg von Vollmar trat Eisner auf den Wunsch vieler Genossen als Gegenkandidat Auers an. Um am Wahlkampf teilnehmen zu können, wurde Eisner am 14. Oktober aus dem Gefängnis entlassen.

Zehn Tage später griff Eisner seinen alten Widersacher auf der ersten Veranstaltung nach seiner Haftstrafe scharf an, als er über das ketzerische Thema »Regierungssozialisten oder Sozialistenregierung« sprach. Eisner warf dem Auer-Flügel vor, nicht das Interesse des Volkes, sondern nur dasjenige der Regierung im Auge zu haben. Auer erwiderte, es sei nicht angebracht, mit radikalen Mitteln vorzugehen:

»Die Sozialdemokratie ist keine Sekte, die ihren Zukunftstempel nach unabänderlichen Plänen baut, sie ist keine Schule, die sich anmaßt, den notwendigen Gang der wirtschaftlichen Entwicklung in die Richtung von Lehrmeinungen zwingen zu können. Sie ist keine Organisation von Illusionären, die glauben, mit Putschen, Gewalt und Gepolter von heute auf morgen aus dem Jammertal einen Himmel für alle machen zu können.«[5]

Auer setzte auf die bevorstehende Kabinettumbildung, mit der König Ludwig die Krise in seinem Land beheben wollte. Er rechnete damit, daß der Monarch und sein ebenfalls angeschlagener Ministerpräsident Otto von Dandl erstmals in der Geschichte Bayerns auch Sozialdemokraten in ihr Kabinett berufen würden.

Eisner zog seine Konsequenzen aus der abwartenden Haltung der Mehrheitssozialdemokraten und begann seinerseits zu taktieren. Da die SPD die Gewerkschaften kontrollierte und ein Zugang zu den Arbeitern über die Betriebsorganisationen verbaut schien, setzte Eisner nicht mehr allein auf die Arbeiterschaft als revolutionäres Potential. Er suchte neue Bundesgenossen unter den bayerischen Bauern. Hier war der Bayerischen Volkspartei (BVP), der Schwesterpartei des Zentrums, in den letzten Kriegsjahren im Bayerischen Bauernbund eine ernsthafte Konkurrenz erwachsen. Führer des Bauernbundes war der blinde Ludwig Gandorfer, ein Sozialist und enger Freund Karl Liebknechts; sein Bruder Karl saß seit 1912 für die Partei im bayerischen Landtag.

Die bayerischen Bauern waren patriotisch und königstreu. Doch König Ludwigs preußenfreundliche Politik und die immer höheren Ablieferungen, die die Berliner Zentralstelle für Kriegswirtschaft von ihnen forderte, ließen sie nicht nur an den persönlichen Fähigkeiten ihres Monarchen zweifeln. Nicht wenige stellten sogar die Institution selbst in Frage. Hinzu kam nach dem Zusammenbruch Österreichs die Angst vor einem Einfall fremder Truppen in Bayern. Wie die städtische Bevölkerung sehnten sich auch die bayerischen Bauern nach Frieden – und der ließ sich in den Augen vieler am ehesten durch eine Revolution herbeiführen.

So sprach Eisner in seinen Versammlungen zunehmend auch die ländliche Bevölkerung an. Ihm schwebte neben der Errichtung eines Arbeiterrates auch die Gründung eines Bauernrates vor. Die dritte Säule, auf die sich Eisner bei einer möglichen Regierungsübernahme stützen wollte, waren die Soldaten. Sie waren von allen revolutionsbereiten Schichten im Volk die weitaus unzufriedensten. Als am 29. Oktober die Matrosen in Kiel und Wilhelmshaven meuterten, war dies das Signal für ihre Kameraden in den bayerischen Kasernen. Sie warteten nur noch auf den geeigneten Moment, bis die Revolution endlich auch in München und in den anderen bayerischen Garnisonsstädten losgehen würde.

Erhard Auer

* 22. 12. 1874 Dommelstadl, Landkreis Passau
† 22. 5. 1945 Giengen an der Brenz

Der Neffe des bekannten Berliner SPD-Parteiführers und Reichstagsabgeordneten Ignaz Auer hatte eine schwere Kindheit. Seine Mutter starb, als er zwei Jahre alt war; seinen Vater hatte er nie gekannt. Auer kam als Dorfarmenkind unter die Fürsorge der Gemeinde. Die Schule durfte er nur bis zu seinem zwölften Lebensjahr besuchen, anschließend mußte er als Hütejunge und Knecht arbeiten.

Mit 16 Jahren kam er zum ersten Mal ins Gefängnis. Auer hatte einen Bauernknechtverein gegründet, um eine bessere Verpflegung für landwirtschaftliche Arbeiter durchzusetzen. Dies legte ihm das Bezirksamt als Aufwiegelung aus und sperrte ihn ein. Auer ließ sich nicht beirren; fortan engagierte er sich in der lokalen Politik für den Bauernbund, gegen das katholische Zentrum.

Während seines zweijährigen Militärdienstes, den er in der Münchner Türkenkaserne beim Infanterie-Leibregiment absolvierte, machte er Bekanntschaft mit den Ideen der Sozialdemokratie. Er schloß sich der SPD an. Georg von Vollmar, der große alte Mann der bayerischen Sozialdemokratie, wurde auf ihn aufmerksam, allein schon wegen des berühmten Namens. Er besorgte Auer einen Ausbildungsplatz beim Kaufhaus Hermann Tietz (Hertie) in München. Nach seiner Lehre heiratete Auer Sophie Doyle und arbeitete als selbständiger Kaufmann bei der Münchner Ortskrankenkasse.

Nebenbei diente Auer seinem politischen Ziehvater Vollmar als persönlicher Sekretär. Er wuchs immer mehr in Vollmars Rolle hinein, der sich krankheitsbedingt allmählich aus der Politik zurückzog. 1907 wurde Auer Landtagsabgeordneter,

1908 gab er seinen Kaufmannsberuf auf und war hauptamtlich als Erster Landessekretär für die SPD tätig.

Den Weltkrieg verbrachte Auer an der Front in Flandern, wurde dort verwundet und kehrte 1916 nach München zurück. Obwohl Auer Vorsitzender der Mehrheitssozialdemokraten war, verlor er den Kampf um die Unterstützung durch die Arbeiterschaft gegen Kurt Eisner. Eisner rief in München die Revolution aus, Auer blieb nur die Rolle des Statisten; Eisner wurde Ministerpräsident, Auer nur Innenminister.

Seine Intrigen gegen Eisner kosteten Auer fast den Kopf. Der Metzgergeselle Alois Lindner feuerte im Landtag mit dem Revolver auf Auer, weil er ihn für den Drahtzieher des Attentats auf Eisner hielt. Auer wurde schwer verletzt, kam aber mit dem Leben davon. Ein Jahr lang blieb Auer außer Gefecht, erst im Frühjahr 1920 kehrte er in die aktive Politik zurück.

Zu diesem Zeitpunkt spielte die SPD in Bayern bereits keine Rolle mehr. Bei den Landtagswahlen erreichte sie mit Auer als Spitzenkandidat nur 16 Prozent der Stimmen. Auers weitere Karriere verlief unspektakulär. Er blieb Landtagsabgeordneter, konnte politisch aber nichts mehr bewegen. Im Mai 1933 wurde er von den Nationalsozialisten verhaftet. Erst auf Fürsprache des ehemaligen Freikorpsführers Epp, eines Sozialistenhassers, der Auer wegen seines Widerstandes gegen Eisner respektierte, kam er wieder frei.

Auer zog sich aus der Politik zurück. Das letzte Lebensjahrzehnt verbrachte er in Karlsruhe, wo er wieder als Kaufmann arbeitete. Auer war schwer zuckerkrank; 1944 mußte ihm ein Bein amputiert werden. Als kurz vor dem Einmarsch der Amerikaner die Alten und Kranken aus Karlsruhe evakuiert wurden, starb Auer auf dem Transport nach Bayern.

KAPITEL 3

REVOLUTION

Letzte Vorbereitungen für den Umsturz

Am 2. November kündigte König Ludwig die erwartete Kabinettsumbildung an, die sechs Tage später stattfinden sollte. Auer hatte recht behalten: Zur neuen bayerischen Regierung gehörten erstmals zwei SPD-Minister. Mit einer solchen Zusage gab sich vor allem die USPD nicht zufrieden. Sie rief für den 7. November zu einer Friedenskundgebung auf der Theresienwiese auf. Um die gesamte Münchner Arbeiterschaft für diese Demonstration zu gewinnen, schlug Eisner den Gewerkschaften und der SPD die Mitorganisaton der Veranstaltung vor. Auer willigte ein. Es war die erste gemeinsame Aktion der beiden sozialdemokratischen Parteien seit der Spaltung.

In der bayerischen Bevölkerung wuchs die Angst vor einem Überfall feindlicher Truppen. Österreich hatte kapituliert, die Dynastie Habsburg existierte nicht mehr. Die Übergangsregierung gestand den Ententemächten im Waffenstillstandsvertrag von Villa Giusti das Durchmarschrecht durch österreichisches Staatsgebiet zu. Damit lag ein Einmarsch der Alliierten in Bayern jederzeit im Bereich des Möglichen.

In München kam es in der ersten Novemberwoche beinahe täglich zu Demonstrationen, auf denen die sofortige Beendigung des Krieges verlangt wurde. Als am 5. November die Nachricht von den meuternden Matrosen in Kiel und Wilhelmshaven die bayerische Hauptstadt erreichte, wurde die Forderung nach Revolution immer lauter. Eisner versammelte seine Anhänger im Münchner Hackerkeller und prophezeite:

»Ich verpfände meinen Kopf, daß München sich schon in den nächsten Tagen erhebt.«[1]

Am Vorabend der geplanten sozialdemokratischen Massenkundgebung berief Ministerpräsident von Dandl sein zukünftiges Kabinett zu einer außerplanmäßigen Sitzung ein. Neben den beiden SPD-Ministern in spe, Martin Segitz und Johannes Hoffmann, war auch Auer eingeladen. Die bürgerlichen Minister äußerten Bedenken, die Demonstration könne den Organisatoren aus der Hand gleiten.

Ernst Müller-Meiningen von der Deutschen Demokratischen Partei warnte davor, Eisner zu unterschätzen: »Ich muß sagen, Eisner erscheint mir in seiner Kopierung von Christus mit der langen Propheten-Mähne außerordentlich gefährlich.« Daraufhin konterte Auer in überlegenem Ton: »Reden Sie doch nicht immer von Eisner; Eisner ist erledigt. Sie dürfen sich darauf verlassen. Wir haben unsere Leute in der Hand. Ich gehe selbst mit dem Zug. Es geschieht gar nichts.«[2]

Zur gleichen Zeit berieten sich Eisners engste Freunde, darunter Felix Fechenbach, Ernst Toller und Ludwig Gandorfer, in Eisners Wohnung in Großhadern, um einen Aktionsplan für den kommenden Tag zu entwerfen. Dieser Plan wich in einigen wesentlichen Punkten von dem ab, was Eisner ursprünglich mit Auer vereinbart hatte: Nach der Verabschiedung einer Resolution der Münchner Arbeiterschaft über den sofortigen Abschluß eines Waffenstillstandsvertrages sollte Auer einen Teil der Demonstranten von der Theresienwiese weg durch die Innenstadt zum Friedensengel an der Isar führen und nach einer letzten Ansprache die Veranstaltung beenden; Eisner hatte Order, die auf der Theresienwiese verbleibenden Demonstranten nach einigen weiteren Reden ebenfalls nach Hause zu schicken. Doch am folgenden Tag sollte alles ganz anders kommen …

Der 7. November

Der 7. November war ein schöner, warmer Herbsttag, wie geschaffen für die Straße. So beschreibt ihn Ernst Müller-Meiningen, der eher aus Neugier als aus Überzeugung an der Demonstration auf der Theresienwiese teilnahm und, da sich nichts Besonderes ereignete, diese gegen 16 Uhr wieder verließ. Er hatte noch eine Beratung im Ministerkreis bezüglich der immer noch nicht gesicherten Kartoffelversorgung der Landeshauptstadt vor sich.

Müller-Meiningen hatte sich dem Teil der Demonstranten angeschlossen, die unter Auers Führung in die Innenstadt gezogen waren. So war ihm entgangen, was sich während dieser Zeit am anderen Kundgebungsort abspielte. Auf der Theresienwiese war es der Unteroffizier Felix Fechenbach, Eisners Adjutant, der mit einigen wenigen wohlgesetzten Worten den Stein der Revolution ins Rollen brachte. Er selbst beschreibt die Szenerie in seinem Buch:

»Aber dort, wo auf der Wiese die Soldaten standen, war nicht alles so programmäßig verlaufen. Drei Redner sprachen an dieser Stelle. Zuerst Kurt Eisner, kurz und bündig. Es sei jahrelang geredet worden, man müsse jetzt handeln! Der Bauernführer Ludwig Gandorfer verspricht, daß das Landvolk die Arbeiter nicht im Stiche lassen werde. Dann trete ich vor in Uniform, die rote Fahne in der Hand, erinnere daran, daß die Soldaten in den Kasernen zurückgehalten werden. Und dann: ›Soldaten! Auf in die Kasernen! Befreien wir unsere Kameraden! Es lebe die Revolution!‹ Das war das Signal. Brausender Jubel setzt ein, und im Sturmschritt gehts zu den Kasernen, voran die rote Fahne. In der Guldeinschule waren Landstürmer untergebracht. Sie standen mit scharfer Munition in Bereitschaft. Das Tor ist verschlossen. Man schlägt

Fenster ein. Mit noch einem Soldaten steige ich durchs Fenster. Mit den draußen Wartenden war vereinbart worden, nach fünf Minuten zu stürmen, wenn das Tor nicht geöffnet würde. Im Zimmer des Bataillonskommandanten verhandeln wir wegen Übergabe der Schule. Der Major weigert sich. Die vereinbarten fünf Minuten verstreichen. Draußen fürchtet man für das Schicksal der beiden Kameraden. Das Tor wird gesprengt. Die bewaffnete Bereitschaft geht zu den Stürmenden über. Waffen und Munition werden mitgenommen, und weiter geht's zur großen Kaserne auf dem Marsfeld. Dort standen im Hof Truppen in feldmarschmäßiger Ausrüstung. Sie sollten gegen die ›Ordnungsstörer‹ eingesetzt werden, gingen aber sofort zu uns über, als hätten sie nur darauf gewartet, daß wir kommen. So ging's fast in allen Kasernen.«[3]

Um 18 Uhr vertagten die Minister im Landtag ihre Besprechung über die Kartoffelversorgung. Noch immer hatten sie keine Ahnung von den revolutionären Ereignissen, deren Schauplatz nur wenige Straßen entfernt lag. Dagegen hatte der König am eigenen Leib erfahren müssen, wie prekär die Lage für ihn und seine Regierung geworden war. Am Nachmittag war er auf seinem gewohnten Spaziergang durch den Englischen Garten von Passanten angepöbelt worden. Ein einfacher Arbeiter hatte daraufhin den Monarchen respektlos beiseite genommen und ihm geraten, doch schleunigst nach Hause zu gehen.

Vor der Residenz hatte sich in den letzten Stunden eine Menschenmenge versammelt. Flüche wurden ausgestoßen, Drohungen wurden laut. Über der Wache wehte eine rote Fahne. Ludwig gelang es mit Mühe, sein Domizil über den Lieferanteneingang zu erreichen. Drinnen beriet er sich mit seinen Ministern, was zu tun sei. Man kam überein, daß es das beste wäre, München so schnell wie möglich zu verlassen.

Der Schriftsteller Oskar Maria Graf, der in Eisners Gefolge mitmarschierte, beschreibt, was unterdessen in der Stadt geschah:

»Der Marsch hatte begonnen und war unaufhaltsam. Keine Gegenwehr kam. Alle Schutzleute waren wie verschwunden. Aus den vielen offenen Fenstern der Häuser schauten neugierige Menschen auf uns herunter. Überall gesellten sich neue Trupps zu uns, nun auch schon einige Bewaffnete. Die meisten Menschen lachten und schwatzten, als ging's zu einem Fest. Hin und wieder drehte ich mich um und schaute nach rückwärts. Die ganze Stadt schien zu marschieren. (...) Die meisten Kasernen übergaben sich kampflos. Es kam auch schon ein wenig System in dieses Erobern: Eine Abordnung stürmte hinein, die Masse wartete. In wenigen Minuten hing bei irgendeinem Fenster eine rote Fahne heraus, und ein mächtiger Jubel erscholl, wenn die Abordnung zurückkam.«[4]

Um 21 Uhr waren sämtliche Kasernen in der Hand der Aufständischen. Eine Stunde später hatten die Revolutionäre auch alle Ministerien, das Polizeipräsidium, den Bahnhof, die Post, das Telegrafenamt und die wichtigsten Zeitungsredaktionen besetzt. Eisner hatte jetzt keine Zeit zu verlieren. Bevor von irgendeiner Seite Maßnahmen gegen die Revolution ergriffen werden konnten, wollte er vollendete Tatsachen schaffen. Er begab sich zum Mathäserbräu am Stachus. Dort tagten bereits die neugebildeten Arbeiter- und Soldatenräte, die ihn stürmisch begrüßten. Sofort wählten sie Eisner zu ihrem Vorsitzenden.

Unmittelbar darauf gingen alle Versammelten zum Landtag und besetzten dort den verwaisten Sitzungssaal. Eisner hielt eine kurze Ansprache. Anschließend ließ er sich zum Ministerpräsidenten des Landes Bayern ausrufen. Noch in derselben Nacht verfaßte Eisner eine Erklärung, in der er der Öffentlichkeit mitteilte, daß der König abgesetzt sei und die bayerische

Proklamation.

Volksgenossen!

Um nach jahrelanger Vernichtung aufzubauen, hat das Volk die Macht der Zivil- und Militärbehörden gestürzt und die Regierung selbst in die Hand genommen. Die Bayerische Republik wird hierdurch proklamiert. Die oberste Behörde ist der von der Bevölkerung gewählte Arbeiter-, Soldaten- und Bauernrat, der provisorisch eingesetzt ist, bis eine endgültige Volksvertretung geschaffen werden wird. Er hat gesetzgeberische Gewalt.

Die ganze Garnison hat sich der Republikanischen Regierung zur Verfügung gestellt. Generalkommando und Polizeidirektion stehen unter unserem Befehl. Die Dynastie Wittelsbach ist abgesetzt.

Hoch die Republik!

Der Arbeiter- und Soldatenrat.

Kurt Eisner.

Regierung zukünftig vom Volk gewählt werde. Auf einem knallroten Plakat prangte die amtliche Mitteilung seit den frühen Morgenstunden an fast jeder Litfaßsäule im Land.

Der König verließ noch in der Nacht mit seinen letzten Getreuen die Stadt. Drei Automobile wurden benötigt, um alle Familienmitglieder samt einiger unverzichtbarer Bediensteter unterzubringen. Es war nicht einfach, auch drei Fahrer zu finden, die sich für das gefährliche Unternehmen bereitstellten. Ludwigs Chauffeur, der mit den Aufständischen sympathisierte, hatte sich rundweg geweigert, seinen ehemaligen Dienstherrn zu befördern.

Die kopflose Flucht verlief nicht ohne Zwischenfälle. Im dichten Nebel verloren die Autos den Kontakt untereinander. In der Nähe von Rosenheim kam der Wagen, in dem der König saß, von der Strecke ab und landete auf einem Kartoffelacker. Erst mit viel Überredungskunst konnte ein Bauer dazu bewegt werden, mit seinen Pferden das königliche Gefährt wieder aus dem Morast zu ziehen. Schließlich traf die ehemalige Herrscherfamilie völlig erschöpft um 4 Uhr morgens in Schloß Wildenwarth am Chiemsee ein.

In der folgenden Nacht ging die Flucht weiter zu einem Jagdhaus in der Nähe von Berchtesgaden. Dort verschnauften die königlichen Hoheiten ein paar Tage, bevor sie sich über die österreichische Grenze nach Schloß Anif im Salzburger Land davonmachten.

Am 12. November 1918 unterzeichnete Ludwig, noch ganz unter dem Eindruck seiner unrühmlichen Flucht stehend, seine Abdankungserklärung:

»Zeit meines Lebens habe ich mit dem Volk und für das Volk gearbeitet. Die Sorge für das Wohl meines geliebten Bayern war stets mein höchstes Streben. Nachdem ich infolge der

Ereignisse der letzten Tage nicht mehr in der Lage bin, die Regierung weiter zu führen, stelle ich allen Beamten, Offizieren und Soldaten die Weiterarbeit unter den gegebenen Verhältnissen frei und entbinde sie des mir geleisteten Treueides.«[5]
In Bayern war nach 738 Jahren Regentschaft die Ära des Hauses Wittelsbach beendet.

Rote Fahnen über München

Als Ernst Müller-Meiningen am Morgen des 8. November erwachte, wußte er noch nicht, was sich in der Nacht abgespielt hatte. Er war aus der nachmittäglichen Landtagssitzung sofort nach Hause gegangen, wohl wissend, daß auf ihn und seine Abgeordnetenkollegen in den nächsten Tagen schwere Prüfungen zukommen würden. Doch dann wurde Müller-Meiningen vor vollendete Tatsachen gestellt:

»Am 8. November, früh 7 Uhr, telefonierte mich eine bekannte Dame in meiner Wohnung mit folgenden Worten an: ›Nun, was sagen Sie denn nun?‹ Ich: ›Was denn?‹ Sie: ›Ja, wissen Sie denn nichts? Heute nacht ist die Republik erklärt und der König abgesetzt worden.‹ Ich: ›Reden Sie doch nicht so wirres Zeug daher. Sie wollen sich wohl über mich lustig machen. Es ist doch nicht 1. April.‹ Sie: ›Fragen Sie doch einmal in den Münchner Neuesten Nachrichten. Was ich Ihnen sage, ist Tatsache.‹ Ich: ›Das alles ist ja Blödsinn. Lassen Sie sich doch solchen Klatsch nicht weismachen. Schluß!‹ Eine Viertelstunde darauf wußte ich, daß das Unglaubliche wahr sei. Der Coup war glänzend gelungen. Die Überraschung war für uns trotz des Vorspiels eine gänzliche. Wir hatten ahnungslos verschlafen.«[6]

So wie Müller-Meiningen erging es vielen Münchnern an diesem Tag. Sie verließen, sofern sie nicht bereits die *Münchner Neuesten Nachrichten* gelesen hatten, ahnungslos ihre Wohnungen, um auch an diesem Freitag zur Arbeit zu gehen. Die Geschäfte waren geöffnet, die Straßenbahnen fuhren nach Plan, und die Polizisten leiteten wie immer den Verkehr. Die Erzählerin Marie Amelie von Godin beschreibt die Stimmung am Tag eins nach der Revolution:

»Gutmütig und behäbig schritten immer noch die meisten Bürger durch die sauberen Gassen; derbfreundlich und breithüftig versahen die Frauen ihre Käufe, als sei in Honolulu Umsturz und nicht in München.«[7]

Ungewöhnlich waren die vielen Lastwagen, die – vollbeladen mit Soldaten – durch die Straßen ratterten. Überall patrouillierten bewaffnete Arbeiter und Soldaten, alle mit roten Armbinden versehen. An vielen Kaufhäusern und Geschäften wurde das königliche Wappen entfernt und die Aufschrift ›Hoflieferant‹ überpinselt. Von beiden Türmen der Frauenkirche hingen weithin sichtbar riesige rote Fahnen. Alle Litfaßsäulen waren mit den Plakaten und Erlassen der neuen Regierung vollgeklebt. Die Zeitungshändler wurden belagert, doch längst war ihnen der Nachschub ausgegangen. Auf den Plätzen bildeten die Passanten kleine Gruppen und diskutierten die Ereignisse der letzten Nacht.

Die meisten Hauptstädter waren froh, daß endlich eine Entscheidung gefallen war. So war die Stimmung keineswegs gedrückt, vielmehr hatte sich die gereizte Atmosphäre spürbar gelockert, wie Josef Hofmiller berichtet, der sich nach anfänglichen Bedenken aus dem Haus traute:

»Während bisher noch jedem, der von auswärts kam, der mürrische, geradezu finstere Gesichtsausdruck der meisten Leute auf der Straße auffiel, sehen die Leute jetzt entspannt aus, beinahe vergnügt.«[8]

Doch hielt Hofmillers Zuversicht nicht lange an. Schon in den nächsten Tagen sollte der Münchner Gymnasiallehrer unerbittlich mit dem Geist der neuen Zeit konfrontiert werden:

»Am Max-Gymnasium ist ein Schülerrat gebildet worden; seine erste Verfügung ist: Professoren werden außerhalb der Schule nicht mehr gegrüßt.«[9]

In den Zeitungen war nicht mehr die Rede von König und Kronprinz; die ehemaligen Regenten hießen nunmehr schlicht Ludwig Wittelsbach und Rupprecht Wittelsbach. Der Name des neuen Ministerpräsidenten war außer den revolutionären Arbeitern und Soldaten den wenigsten Münchnern ein Begriff. Selbst Hofmiller kann mit dem Namen Kurt Eisner nichts anfangen:

»Bayern wird augenblicklich nicht von Ludwig III. regiert, sondern von Kurt Eisner, dem früheren literarischen Mitarbeiter der Münchener Post und Führer der Münchner Unabhängigen. […] Kurt Eisner ist, wie ich eben aus Kürschner ersah, 51 Jahre alt und hat bisher vorwiegend literarische und sozialpolitische Kampfschriften veröffentlicht. Ein Kollege beschrieb ihn mir als blaß, dunkelbärtig, mit langen Locken und einer großen Glatze. Er spielt ein gewagtes Spiel. Wie lange kann er es spielen?«[10]

Eisners Bilanz des ersten Tages war durchaus positiv. Gegenüber seinem Pressereferenten, dem Schriftsteller Wilhelm Herzog, äußerte er sich befriedigt: »Ist es nicht etwas Wunderbares, wir haben eine Revolution gemacht, ohne einen Tropfen Blut zu vergießen! So etwas gab es noch nicht in der Geschichte.«[11]

Tatsächlich war der Umsturz völlig gewaltfrei verlaufen. Die Zeit war einfach reif gewesen für eine Revolution: so reif – fand Rainer Maria Rilke – daß man sie kneten konnte.[12]

Einen ganz anderen Schluß zog Thomas Mann für sich. In seinen während des Krieges geschriebenen und unmittelbar vor der Revolution veröffentlichten *Betrachtungen eines Unpolitischen* hatte er sich als kaisertreuer Anhänger einer elitären, nicht auf demokratischen, sondern oligarchischen Prinzipien beruhenden Gesellschaftsordnung zu erkennen gegeben und zudem die deutsche Kriegspolitik verteidigt. In den ersten Revolutionstagen plagten ihn Befürchtungen, er werde von den neuen Machthabern für sein Verhalten während des Krieges zur Rechenschaft gezogen. Am 8. November vertraute er seine düsteren Gedanken seinem Tagebuch an:

»München, wie Bayern, regiert von jüdischen Literaten. Wie lange wird es sich das gefallen lassen? […] Die Diktatur ist komplet [*sic!*]. Und wer darf sie ausüben. […] Bei uns ist Mitregent ein schmieriger Literaturschieber wie Herzog, der sich durch Jahre von einer Kino-Diva aushalten ließ, ein Geldmacher und Geschäftsmann im Geist, von der großstädtischen Scheißeleganz des Judenbengels, der nur in der Odeonbar zu Mittag aß, aber Ceconi's [*Zahnarzt auch der Familie Mann*] Rechnungen für die teilweise Ausbesserung seines Kloakengebisses nicht bezahlte. Das ist die Revolution! Es handelt sich so gut wie ausschließlich um Juden.«[13]

Antisemitische Äußerungen dieser Art waren nicht nur in den Kreisen des konservativen Großbürgertums in der Zeit unmittelbar nach dem Ersten Weltkrieg durchaus üblich. Noch hatte sich keine bürgerliche Opposition organisiert; und auch die äußerste Rechte mußte sich erst vom Schock des Sturzes der Monarchie erholen. So blieb all denen, die mit der bayerischen Revolution nicht einverstanden waren, zunächst nur die niederschmetternde Erkenntnis, die der als gemäßigt-liberal geltende Müller-Meiningen ausdrückt:

»Der Pöbel herrschte unumschränkt. München war nicht mehr zu kennen. Es war, als wenn über Nacht die sämtlichen menschlichen Kloaken geöffnet worden wären, männliche und weibliche. […] Undankbarer, tragischer hat noch niemals in der Weltgeschichte ein großes weltgeschichtliches Drama geendet als dieser entsetzliche Krieg.«[14]

Wenn auch Müller-Meiningens Kritik an der neuen Regierung derjenigen der Rechten in Schärfe kaum nachsteht, so schien er sich doch mit der Revolution als vollendeter Tatsache abzufinden. Von der äußersten Rechten abgesehen, hatten alle Parteien erkannt, daß sich das Rad der Geschichte nicht mehr zurückdrehen ließ. Eine Rückkehr der Wittelsbacher oder der Hohenzollern auf den Thron war ausgeschlossen; Bayern und Deutschland schienen wenige Wochen nach Kriegsende endgültig ihre neue Staatsform gefunden zu haben: die demokratische Republik, zu der sich sogar die Konservativen und Deutschnationalen, wenn auch zähneknirschend, bekannten.

Zu einer Revolution gehört auch eine Revolutionsfeier. Sie fand am 17. November im Münchner Nationaltheater statt. Schon der äußerliche Rahmen dokumentierte den Anbruch einer neuen, ganz anderen Zeit:

»Keine festliche Auffahrt, keine rauschenden Toiletten, keine blinkenden Ordenssterne und Diademe. Die Karten waren durch das Los verteilt worden, so daß das äußerliche Bild ganz anders war als bei den Festaufführungen der Vergangenheit. Die Minister saßen nicht wie sonst nebeneinander, sondern das Los hatte sie im Hause verteilt. […] Der Soldaten-, Arbeiter- und Bauernrat hatte so ziemlich alle Schichten und Kreise mit Einladungen bedacht, so daß auch das geistige München zahlreich vertreten war. Anstelle der Orden und Diademe sah man diesmal als einzige Auszeichnung rote Armbinden oder rote

Schleifen. Die Leonoren-Ouvertüre in schlechthin vollendeter Wiedergabe (dirigiert von Bruno Walter) leitete die Revolutionsfeier ein. Der Vorhang teilte sich, und vor geschlossener Bühne stand Kurt Eisner, vom Beifall umrauscht.«[15]

In seiner Ansprache forderte Eisner die im Saal Versammelten auf, aktiv an der Revolution mitzuwirken und ihr demokratisches Mitspracherecht nicht auf das Ankreuzen der Stimmzettel bei Parlamentswahlen zu beschränken. Er bekannte sich zur deutschen Kriegsschuld, sagte sich aber gleichzeitig von der Vergangenheit los. Die bayerische Revolution sollte als Beitrag zur Verwirklichung der demokratischen Ideale in einer neuen, auf Frieden und Kooperation aufgebauten Welt dienen:

»Vergessen wir, was war, und vertrauen wir dem, was wird. Eine neue Zeitrechnung beginnt, und wir, die wir mitgeholfen haben, bekennen in demütiger Ehrfurcht vor dem dunklen Schicksal, das die Menschheit geleitet: Wir danken diesen geheimnisvollen Mächten, daß wir mithelfen dürfen, die Welt zu befreien. Die Freiheit erhebt ihr Haupt, folgt ihrem Rufe!«[16]

Während die Münchner Arbeiterschaft nahezu einmütig hinter Eisner stand – selbst Auer und die gemäßigten Mehrheitssozialdemokraten hatten sich vom ersten Tag an in den Dienst der Revolution gestellt –, war das Bürgertum gespalten. Schriftsteller wie Ernst Toller, Gustav Landauer, Erich Mühsam, Felix Fechenbach, Wilhelm Herzog und Ret Marut (der später unter seinem Pseudonym B. Traven berühmt wurde) nahmen aktiv an der Revolution teil und besetzten sogar Regierungsämter. Andere in der bayerischen Hauptstadt lebende Literaturschaffende, darunter Lion Feuchtwanger, Oskar Maria Graf, Rainer Maria Rilke und Annette Kolb, waren von den Münchner Ereignissen ebenfalls begeistert.

Der Wirtschaftswissenschaftler Max Weber, der Ingenieur und Begründer des Deutschen Museums, Oskar von Miller, der Philosoph Martin Buber, der Dirigent Bruno Walter und der Historiker Karl-Alexander von Müller, allesamt Münchner Bürger, hatten zwar Vorbehalte gegenüber der Revolution, hegten aber durchaus Sympathien für Eisner und einzelne Regierungsmitglieder.

Andere Münchner Berühmtheiten waren der neuen Entwicklung gegenüber äußerst skeptisch eingestellt: Für den bayerischen Heimatdichter Ludwig Thoma bedeutete die Revolution nichts anderes als die Herrschaft des Pöbels; der in München praktizierende Chirurg Ferdinand Sauerbruch war erklärter Gegner der ›Roten‹, der Pädagoge Georg Kerschensteiner versteckte rasch seine Habseligkeiten vor möglichen Plünderern, und Oswald Spengler fühlte sich in seiner Vision vom Untergang des Abendlandes bestätigt:

»Ich habe nicht schreiben können«, schrieb er einem Freund, »weil Ekel und Scham über die schmachvollen Ereignisse der letzten Zeit mich so angegriffen haben, daß ich manches Mal dachte, es nicht überstehen zu können. […] Ich habe die widerlichen Szenen vom 7. November zum Teil aus der Nähe erlebt und bin vor Ekel beinahe erstickt. […] Ich weiß sehr wohl, daß der Pöbel in anderen Ländern über alle Maßen gemein ist, aber ob er uns in seiner Gemeinheit erreicht?«[17]

Exemplarisch für den Keil, den die Revolution durch manche Familien trieb, stehen die unterschiedlichen Reaktionen der Gebrüder Mann. Heinrich, der ältere und in seiner Münchner Zeit schriftstellerisch erfolgreichere von beiden, übernahm den Vorsitz des ›Politischen Rates der geistigen Arbeiter‹ und stellte sich der Revolution zur Verfügung.

Thomas Mann zog sich völlig aus der Öffentlichkeit zurück. Er schloß sich tagelang in seinem Haus ein und traf Vorkehrungen für den Fall, daß übereifrige Revolutionäre in sein Haus eindrangen:

»Katja hörte heut in der Tram ein Gespräch konfiszierter [*sic!*] Burschen, die offenbar Plünderungen im Herzogpark im Falle neuer Unruhen verabredeten. Ich nahm mir für solchen Fall vor, zu sagen: ›Hört, ich bin weder ein Jude noch ein Kriegsgewinner, noch sonst etwas Schlechtes, ich bin ein Schriftsteller, der sich dies Haus von seinem Gelde gebaut hat, das er mit seiner geistigen Arbeit verdient. In meiner Schublade habe ich 200 Mark, ich schenke sie euch, teilt sie und macht mir dafür meine Sachen und Bücher nicht entzwei.‹«[18]

Klaus Mann, der am 18. November 12 Jahre alt wurde, stand damals noch auf der Seite seines Vaters – und war dennoch stolz auf die Entwicklung, die seine Heimatstadt in den letzten Wochen genommen hatte:

»Kurt Eisner ist Präsident – zu lächerlich. Und trotzdem schmeichelt es einem zu denken, in hundert Jahren rede man von der Bayerischen wie von der Französischen Revolution.«[19]

Die Revolution in der Provinz

Die Revolution in München war möglich gewesen, weil der überwiegende Teil der Arbeiter und der in der Stadt stationierten Soldaten sie wirklich gewollt hatte. Bereits seit Oktober hatten die Parteiführer von USPD und SPD die Massen auf sich eingeschworen. Gerade die Konkurrenz unter den beiden sozialdemokratischen Parteien in der Hauptstadt zwang deren Anhänger, sich intensiv mit der politischen Situation auseinanderzusetzen. Eisner hatte die Lage richtig eingeschätzt: von Kundgebung zu Kundgebung wurde die Bevölkerung zunehmend radikalisiert. Die Münchner USPD besaß das nötige Maß an Organisation und verfügte über ausreichend erfahrene Mitglieder, um die revolutionäre Stimmung zu nutzen und im geeigneten Moment mit der nötigen Entschlossenheit loszuschlagen.

In den Monaten vor der Revolution hatte Eisner durch seine spektakulären Aktionen, aber auch durch seine Haftzeit so viel Ansehen bei den Arbeitern erworben, daß sie ihn uneingeschränkt als ihren Führer akzeptierten. Als Ministerpräsident konnte sich Eisner von der ersten Stunde an der Unterstützung des überwiegenden Teils der Münchner Bevölkerung gewiß sein. Seine Position sollte auf längere Zeit unangetastet bleiben.

Anders in der Provinz. Hier waren die Kasernen der Ausgangspunkt der revolutionären Bewegung. In den Garnisonsstädten strömten die Soldaten in die Stadtzentren, um sich der Revolution zur Verfügung zu stellen. In den Dörfern und Kleinstädten warteten die Parteigänger einer demokratischen Erneuerung erst einmal ab. Aber worauf? Sollten etwa aus der Hauptstadt München einige Berufsrevolutionäre herbeieilen, um die Revolution vor Ort in die Hand zu nehmen? Wo waren denn die Revolutionäre in den Provinzstädten und -gemeinden?

Zwar herrschte überall in Bayern eine höchst revolutionäre Stimmung, und die meisten Arbeiter, Bauern und Soldaten waren bereit, auf die Straße zu gehen. Aber es fehlte an praktischer Erfahrung und vor allem an der nötigen Organisation, um das revolutionäre Potential zu aktivieren. Die SPD war die einzige Partei auf dem flachen Land, die über die notwendigen Strukturen verfügte. Doch wenn es selbst der Zentrale in Berlin an Vorstellungskraft mangelte, wie die Revolution in die Tat umzusetzen sei, wie sollte dann ein Parteifunktionär in der bayerischen Provinz wissen, welche Schritte einzuleiten waren, um in seiner Gemeinde den Umsturz vom königlichen Obrigkeitsstaat zur pluralistischen Demokratie einzuleiten!

Während in München die Revolution bereits am ersten Tag fest etabliert schien, waren in der Provinz die Würfel längst noch nicht gefallen. Eine Niederschlagung der Revolution von außerhalb Münchens lag immer noch im Bereich des Möglichen.

Den einzigen ernsthaften Versuch einer militärischen Intervention unternahm der königlich-bayerische Kriegsminister Philipp von Hellingrath. Er kommandierte eine in Landsberg am Lech stationierte preußische Division in die Hauptstadt ab. Hellingrath selbst übernahm die Truppe bei Pasing vor den Toren Münchens. Doch schon beim ersten Zusammentreffen mit einer revolutionären Einheit verweigerten die preußischen Soldaten den Befehl. Statt zu schießen legten sie die Waffen nieder und verbrüderten sich mit den Bayern.

Alle übrigen in Bayern stationierten Militärbefehlshaber mußten befürchten, daß es ihnen ebenso ergehen würde wie Hellingrath in Pasing. So beschlossen die Weitsichtigen unter ihnen, sich mit den Sozialdemokraten zu verständigen, um von vornherein ein Chaos in den Kasernen zu vermeiden. In der Provinz waren es meist die Garnisonen, die zuerst von den Ereignissen in der Hauptstadt erfuhren. In der Regel brachen die Soldaten auf Erhalt einer solchen Nachricht in spontanen Jubel aus und zogen anschließend in Scharen in die Innenstädte, um sich aktiv an der Revolution zu beteiligen.

Der Umsturz in München, die Flucht des Königs und die Ernennung Kurt Eisners als Ministerpräsident dienten als Signal für viele Städte und Gemeinden in Bayern, auch in ihrem Heimatort die Revolution einzuleiten. Die Machtübernahme durch die Arbeiter- und Soldatenräte verlief durchweg friedlich, wenn auch nicht einheitlich. In einigen Städten übernahmen die Räte komplett das Ruder, in anderen mußten sie sich die Macht mit dem Bürgermeister und der bisherigen Stadtverwaltung teilen.

In Augsburg erfuhr Ernst Niekisch, der Redakteur der sozialdemokratischen *Schwäbischen Volkszeitung*, bereits am 8. November in aller Frühe von den Münchner Ereignissen. Sofort informierte er die Führer der SPD und der Gewerkschaften, doch keiner von ihnen wagte es, in die Kasernen zu gehen und sich an die Spitze der Revolution zu stellen. Schließlich begab sich Niekisch selbst zum Augsburger Divisionskommandeur. Dieser sah die Ausweglosigkeit seiner Lage ein und war damit einverstanden, daß Niekisch einen provisorischen Soldatenrat wählen ließ. Nachdem sich die Augsburger Mehrheitssozialdemokraten davon überzeugt hatten, daß die neue Regierung in München fest im Sattel saß und keine Gefahr einer Konterrevolution drohte, beriefen sie eine Massenversammlung der Arbeiter ein, auf der Niekisch zum Vorsitzenden des Arbeiter- und Soldatenrates gewählt wurde.

Die Übernahme der Kasernen durch die Mannschaften verlief reibungslos. Auch die Zusammenarbeit mit dem Augsburger Magistrat warf keine Probleme auf. Der Bürgermeister ordnete sich mit seinen Beamten dem Arbeiter- und Soldatenrat als höchster Vollzugsgewalt bedingungslos unter. Die Machtübernahme in Augsburg durch die Revolutionäre war komplett; sie hatte keine 48 Stunden gedauert.

In Nürnberg war für den 10. November eine Großdemonstration geplant, ähnlich der auf der Münchner Theresienwiese drei Tage zuvor. Doch wurden die Sozialdemokraten in der Frankenmetropole von den Ereignissen im Süden überrollt. Am 8. November traf gegen Mittag ein Zug mit Soldaten aus der Hauptstadt ein. Sie verbündeten sich mit den in Nürnberg stationierten Einheiten und besetzten alle Kasernen und öffentlichen Gebäude. Im Stadtzentrum machten Soldaten Jagd auf Offiziere und rissen ihnen die Reichskokarde und die Achselstücke, in ihren Augen Embleme für Krieg und Militarismus, von den Uniformen. Die Situation drohte außer Kontrolle zu geraten.

Der SPD-Landtagsabgeordnete Schneppenhorst verständigte sich mit der Nürnberger USPD auf ein gemeinsames Vorgehen. Mit vereinten Kräften gelang es den Sozialdemokraten, die Soldaten zu beruhigen. Sie ließen einen Arbeiter- und Soldatenrat wählen und übernahmen den Oberbefehl über die Kasernen vom königlichen Generalkommandeur, der vor den aus München anrückenden Soldaten Hals über Kopf geflohen war.

In Nürnberg war die Machtübernahme zwar nicht ganz ohne Gewalt, aber doch ohne Blutvergießen abgelaufen. Die Nürnberger SPD, angeführt vom Chefredakteur der *Fränkischen Tagespost*, Adolf Braun, besaß sogar ein klares revolutionäres Konzept. Zwar war Braun kein Revolutionär, doch nachdem der Umsturz einmal begonnen war, wollte er den Weg konsequent fortsetzen und den Obrigkeitsstaat restlos beseitigen. Am 25. November schrieb Braun in der *Fränkischen Tagespost*:

»Der Stamm der alten Macht darf nicht nur gefällt werden, er muß entwurzelt sein. So ergibt sich die Diktatur des Proletariats nach dem revolutionären Sieg der Arbeiterklasse als eine Notwendigkeit, so vieles auch gegen die Diktatur vom Standpunkte der Demokratie aus eingewandt werden kann. Die Diktatur des Proletariats ist nicht Zweck, sie ist Mittel zur Erhaltung und Sicherung der Revolution.«[20]

Dies war nicht die Sprache der bayerischen SPD! Braun und seine Genossen Schneppenhorst und Süßheim zählten zum linken Flügel der Mehrheitssozialdemokraten. Als Anhänger der reinen Lehre Marx' lag Braun viel daran, die Einheit der Partei zu wahren und eine Abkehr der USPD zu verhindern.

Hinzu kam, daß die SPD in einer Stadt wie Nürnberg, deren Bevölkerung zu 85 Prozent der Arbeiterklasse zuzurechnen war, eine ganz andere Politik gemacht werden mußte als beispielsweise in Regensburg oder in Würzburg.

In Nürnberg blieb den Mitgliedern der bürgerlichen Parteien der Weg in die Arbeiter- und Soldatenräte versperrt. Zur Konsolidierung der Revolution und der zu erwartenden gesellschaftlichen Reformen wurden die Räte mit viel mehr Vollmachten ausgestattet, als es in anderen bayerischen Städten der Fall war. Allerdings wurde die Arbeit der Räte von vornherein befristet: Sobald die Nationalversammlung einberufen war, sollten sie von der politischen Bühne verschwinden. Bis dahin, so hoffte Braun, würde in den Köpfen der Bevölkerung bereits ein Umdenken eingesetzt haben, das eine Rückkehr des Obrigkeitsstaates für alle Zeiten unmöglich machen sollte.

Hinsichtlich der Übernahme des politischen Geschäfts einigten sich die Nürnberger auf einen Kompromiß: Der Oberbürgermeister Otto Geßler blieb im Amt; er behielt die alleinige fachliche Weisungsbefugnis gegenüber seinen Beamten. Dieses Zugeständnis schien den Sozialdemokraten notwendig, um die wirtschaftliche Versorgung Nürnbergs, die Aufrechterhaltung des Verkehrs in der Stadt und die reibungslose Durchführung der Demobilisierung der Truppen zu gewährleisten.

Dem Magistrat wurde als Kontrollorgan der Arbeiter- und Soldatenrat zur Seite gesetzt. Alle Beamten, die sich dem Geist der neuen Zeit widersetzten, mußten mit ihrer Entlassung rechnen. Um ein entsprechendes Zeichen zu setzen, verlangte der neue Arbeiter- und Soldatenrat die unverzügliche Absetzung des verhaßten Nürnberger Polizeireferenten, der in der Kriegszeit wahre Hetzjagden auf Sozialdemokraten veranstaltet hatte. Geßler kam diesem Wunsch ohne Zögern nach.

In der Nachbarstadt Fürth war es während der turbulenten ersten Tage zu vereinzelten Schießereien gekommen, die jedoch keinen Schaden anrichteten. Die Revolutionäre besetzten das Rathaus, die Post und den Bahnhof und wählten aus ihren Reihen einen Arbeiter- und Soldatenrat. der sofort die Amtsgeschäfte übernahm und dem sich Bürgermeister und Magistrat ohne Widerspruch unterordneten.

Nicht ganz so problemlos lief die Revolution in Würzburg ab. In der viertgrößten Stadt Bayerns waren der Generalkommandeur Ludwig von Gebsattel und der Regierungspräsident von Unterfranken, Julius von Henle, zum Widerstand bereit und schreckten auch vor der Anwendung von Gewalt nicht zurück. Gebsattel ließ die Mannschaften in den Kasernen einsperren. Erst die Intervention von Oberbürgermeister Andreas Grieser, einem liberalen Zentrumsmann, verhinderte Schlimmeres. Am Abend des 9. November gab Gebsattel nach und entließ seine Soldaten.

Eisner entsandte Georg Friedrich Hornung von der Münchner USPD nach Würzburg, der dafür sorgen sollte, daß die Revolution in Unterfranken nicht im Sande verlief. Die Würzburger SPD – eine USPD war in Unterfranken nur in Ansätzen vorhanden – mißtraute Hornung und zog es vor, sich mit dem Oberbürgermeister zu einigen. So übernahmen zwei Mehrheitssozialdemokraten den Arbeiterrat, und Hornung wurde als Vorsitzendem des Soldatenrates ein SPD-Mann als Wachhund zur Seite gestellt.

In Würzburg übte der Arbeiter- und Soldatenrat nur eine Beratungs- und keine Kontrollfunktion aus. Der starke Mann blieb Oberbürgermeister Grieser. Fast widerspruchslos setzte er seine Forderung durch, daß das Recht auf städtische Selbstverwaltung unberührt blieb und die Beamten allein dem Oberbürgermeister verantwortlich waren.

In der Oberpfalz nahm die Revolution eine unterschiedliche

Entwicklung. So wurden in der Hauptstadt Regensburg zwar Arbeiter- und Soldatenräte gebildet, doch erlangten sie kaum Bedeutung. In der nur schwach industrialisierten Donaustadt regierte Oberbürgermeister Bleyer fast unumschränkt. Der einzige Rat, der ein gewisses Mitspracherecht erlangte, war der am 10. November gebildete Bauernrat. Den Vorsitz hatten zwei Konservative: Georg Heim und Sebastian Schlittenbauer, die kurz darauf als Mitbegründer der Bayerischen Volkspartei in Erscheinung treten sollten.

Hochburg der Radikalen in der Oberpfalz war das Städtchen Burglengenfeld, auf dessen Gebiet sich die Maxhütte befand. Zwei Tage nach der Revolution in München wurde der USPDler Joseph Schmid zum Vorsitzenden des Arbeiter- und Soldatenrates gewählt. Kurze Zeit später erfolgte die Bildung eines vom Bayerischen Bauernbund dominierten Bauernrates.

In einer Resolution forderte der Arbeiter- und Soldatenrat die umgehende »Einführung sozialistischer Produktion, was gleichbedeutend ist mit Beseitigung der kapitalistischen Wirtschaft. Die Arbeiter des Maxhüttengebietes verlangen ferner die Gründung einer Zivilordnungsmannschaft zur Aufrechterhaltung der Ordnung und zum Schutz gegen den kapitalistischen inneren Feind, Abschaffung des volksverdummenden Lehrstoffes und Einführung internationalsozialistischen Weltbürgergeistes in der Volksschule«.[21]

Der Arbeiter- und Soldatenrat begab sich mit dieser Forderung in schärfsten Gegensatz zu Bürgermeister Hubmaier und seinem Magistrat. Letzten Endes setzten sich die Räte durch; Burglengenfeld wurde zu einem Musterbeispiel im Eisnerschen Sinn der Räteherrschaft in der Provinz. Der Ministerpräsident zeigte sich Schmid und seinen Genossen erkenntlich: Seinen Antrittsbesuch in der Oberpfalz stattete Eisner nicht etwa Regensburg, sondern Burglengenfeld ab.

Überall in der bayerischen Provinz war die Revolution unblutig verlaufen. Die maroden alten Machtstrukturen waren auf den ersten leisen Ansturm hin einfach zusammengebrochen. Nur die kommunalen Verwaltungsapparate funktionierten noch; und in manchen Orten gelang es den Bürgermeistern, nachdem sie sich zum neuen System bekannt hatten, sich gegenüber den Räten zu behaupten.

Die Vertreter der alten Ordnung verschwanden einfach. Niemand weinte ihnen nach, doch mußten sie auch nicht um ihr Leben fürchten: zu unbedeutend waren sie, als daß sie den Haß der Bevölkerung auf sich gezogen hätten.

Ernst Niekisch erinnert sich an den Herzog von Braunschweig, den es gegen Ende des Krieges mit seiner Gattin, einer Tochter Kaiser Wilhelms II., und seinen Kindern nach Braunschweig verschlagen hatte. Dort lebte er in großer materieller Not im vierten Stock eines Hinterhauses bei einem Frisör. Als Ortsfremder erhielt er keine Lebensmittelkarte; nach vorsichtiger Anfrage beschied ihm der Augsburger Arbeiter- und Soldatenrat, er müsse sich wie jeder Bürger bei der Behörde anmelden und seine Lebensmittelkarte persönlich abholen; wenn ihm dies zu umständlich erscheine, stünde ihm der Wegzug aus der Stadt jederzeit frei. Schließlich faßte sich der Herzog ein Herz und sprach bei Niekisch als Vorsitzendem des Arbeiter- und Soldatenrates vor:

»Er zitterte am ganzen Körper, im buchstäblichen Sinne des Wortes klapperte er vor Angst mit den Zähnen. Ich beruhigte ihn, niemand wolle ihm oder seiner Familie etwas zuleide tun. Ich händigte ihm die Lebensmittelkarten aus ...«[22]

Gustav Landauer

* 7. 4. 1870 Karlsruhe
† 2. 5. 1919 München

Gustav Landauer war der Sproß einer jüdischen Kaufmannsfamilie. Vater Hermann und Mutter Rosa betrieben einen Schuhladen in Karlsruhe. Nach seinem Abitur 1888 studierte Landauer acht Semester Germanistik, Anglistik, Philosophie und Nationalökonomie in Heidelberg, Berlin und Straßburg. Nach dem Sommersemester 1892 unterbrach Landauer das Studium. Bereits während des Studiums hatte Landauer seine Liebe zum Theater entdeckt. Zusammen mit einigen Freunden gründete er 1892 die *Neue Freie Volksbühne*. Ein Jahr später veröffentlichte er seinen Roman *Der Todesprediger*. Politisch engagierte er sich im *Verein Unabhängiger Sozialisten*, einer Gruppe von Anarchisten, die sich von der SPD, die ihnen zu wenig revolutionär erschien, abgespalten hatten. Eine Rückkehr an die Universität war für Landauer nicht mehr möglich: Wegen seiner politischen Tätigkeit wurde er von allen preußischen Universitäten ausgeschlossen.

Im Dezember 1892 heiratete Landauer die Schneiderin Grete Leuschner. Als Delegierte der Berliner Anarchisten nahmen beide 1893 am Internationalen Sozialistenkongreß teil, auf dem die Anarchisten aus der sozialistischen Bewegung ausgeschlossen wurden. Kurz nach ihrer Rückkehr wurde Landauer verhaftet und wegen »Aufforderung zum Ungehorsam gegen die Staatsgewalt« zu zwei Jahren Gefängnis verurteilt. Die Strafe wurde um ein Jahr verlängert, weil sich Landauer nicht einsichtig zeigte. Nach seiner Haftentlassung übernahm Landauer die Redaktion der anarchistischen Zeitschrift *Sozialist*, die er bis Ende 1899 herausgab.

Landauer hielt weiter Vorträge über Anarchismus, Literaturgeschichte, philosophische und religiöse Themen. Er engagierte sich für den wegen nicht erwiesenen Mordes an seiner Frau verurteilten Albert Ziethen. Die Veröffentlichung seiner Schrift *Der Fall Ziethen. Ein Appell an die öffentliche Meinung* brachte ihm erneut eine Gefängnisstrafe ein. Nach seiner Haftzeit arbeitete er in der *Neuen Gemeinschaft* mit, einem sozialistischen Siedlungsprojekt, bei dem der Privatbesitz aufgelöst und das Land von Kommunen gemeinsam bewirtschaftet wurde. Aus dieser Zeit stammt Landauers lebenslange Freundschaft mit Ernst Mühsam.

Im März 1903 ließ sich Landauer von seiner Frau scheiden. Bei einem Literaturabend hatte er die Lyrikerin Hedwig Lachmann kennengelernt, die er wenig später heiratete. Im Mai 1908 gründete Landauer den *Sozialistischen Bund* zur Verwirklichung einer libertären, von unten nach oben organisierten Gesellschaft. Der *Bund* lehnte die Autorität des Staates ab; an seine Stelle sollten dezentrale Gruppen treten, die basisdemokratisch organisiert waren und untereinander Tauschhandel mit den von ihnen erwirtschafteten Produkten betrieben. Landauers große Abrechnung mit dem Marxismus erfolgte in seinem 1911 erschienenen, immer wieder neuaufgelegten Hauptwerk *Aufruf zum Sozialismus*.

Die Marokko-Krise im gleichen Jahr führte zur intensiven Beschäftigung Landauers mit den Ursachen des Krieges, den er bereits zu diesem Zeitpunkt heraufziehen sah. Unermüdlich warnte er vor übertriebenem Nationalismus. Auch nach dem Kriegsausbruch blieb Landauer radikaler Pazifist. Im Mai 1917 siedelte Landauer mit seiner Familie ins schwäbische Krumbach über, ein Jahr später starb seine Frau. Das Angebot, die Leitung des Matinéewesens am Düsseldorfer Schauspielhaus zu übernehmen, schlug Landauer aus, als ihn der Ruf Eisners erreichte, im neuen bayerischen Freistaat mitzuarbeiten. Landauer engagierte sich im Arbeiterrat und wurde in der Ersten Räterepublik Volksbeauftragter für Kultur und Erziehung. Nach dem Einmarsch der Weißen Truppen in München wurde Landauer von Freikorpssoldaten brutal ermordet.

KAPITEL 4

BAYERN WIRD REPUBLIK

Die Geburtsstunde des Freistaats Bayern

Gleichzeitig mit der Proklamation der neuen bayerischen Regierung ließ Eisner in den *Münchner Neuesten Nachrichten* einen Aufruf abdrucken, mit dem er die Bevölkerung informierte, daß in Kürze Wahlen zu einer konstituierenden Nationalversammlung abgehalten würden, zu der alle mündigen Männer und Frauen das Wahlrecht erhielten. Noch größere Bedeutung als diese Ankündigung sollte ein im selben Aufruf kursiv hervorgehobener Satz erlangen: »*Bayern ist fortan ein Freistaat.*«[1]

Mit der Schöpfung des Freistaats wollte Eisner das neue Bayern nicht nur in einen ausdrücklichen Gegensatz zur abgeschafften Monarchie stellen. Er strich auch den föderativen Charakter des Begriffs heraus: Ein politisch emanzipiertes, von preußischer Bevormundung freies Bayern sollte in einem demokratischen, dezentralisierten Deutschland seine Position – Seite an Seite mit den anderen Bundesstaaten – gegenüber der Regierung in Berlin behaupten können. Als Vorbild sah Eisner die USA mit ihrer föderalen Demokratie an; in seinem Regierungsprogramm vom 15. November sprach er ausdrücklich von den Vereinigten Staaten von Deutschland.

Die Revolution von 1918/19 möchten manche Bayern am liebsten für immer aus ihrem Gedächtnis streichen, aber auf den Freistaat sind die meisten von ihnen heute noch stolz. Ministerpräsident Stoiber läßt kaum eine Gelegenheit aus, dies zu betonen, und reklamiert die mit dem Freistaat-Image verbundenen Eigenschaften wie Unabhängigkeit und Heimatverbundenheit gerne für die seit 1957 als eine Art Staatspartei regierende Christlich-Soziale Union. Die im Gegensatz zur Weimarer Zeit eher konservative Färbung des aktuellen Freistaatbegriffs unterstreicht auch die Tatsache, daß sich die CDU-regierten Bundesländer Sachsen und Thüringen kurz nach der Wiedervereinigung ebenfalls dafür entschieden, den Titel eines Freistaats (den sie bereits in der Weimarer Republik trugen) in ihrem Wappen zu führen.

Auch wenn Edmund Stoiber es nicht gerne hören mag[2]: der Begriff ›Freistaat Bayern‹ geht eindeutig auf Kurt Eisner zurück. Vor dem Aufruf in den *Münchner Neuesten Nachrichten* war diese Wendung in Deutschland nicht gebräuchlich; in der Folgezeit wurde sie von fast allen deutschen Ländern in der Weimarer Republik übernommen, die mit dem Hinweis auf den Freistaat den antimonarchischen Charakter ihrer neuen Staatsform betonen wollten.

Endgültigen Einzug in den Sprachgebrauch hielt der Begriff ›Freistaat‹ mit der vorläufigen Verabschiedung des bayerischen Staatsgrundgesetzes am 17. März im bayerischen Landtag. Inhaltlich wollten sich die Abgeordneten mit der Gründung des ›Freistaats‹ sowohl vom Wilhelminischen Staatsgedanken als auch von der Räterepublik sowjetischer Prägung absetzen.

In beiden Fällen gingen sie mit Eisner, der diesen Tag ja nicht mehr erleben sollte, in dieser Sache konform. Eisner hatte zwar in seiner Regierungszeit immer wieder vom ›Volksstaat‹ Bayern gesprochen.[3] Damit bezeichnete er allerdings nur die Regierungsform; als Staatsbezeichnung favorisierte er weiterhin den ›Freistaat‹. Auch Eisner lag der Gedanke einer ausschließlich von revolutionären Räten beherrschten bayerischen Sowjetrepublik sehr fern. In seinem demokratisch-sozialistischen Regierungsmodell spielte das Parlament eine ebenso große Rolle wie die Räte.

Der Freistaat Bayern wurde also in der Nacht zum 8. November 1918 geboren; seine ›Taufe‹ erfolgte drei Monate später. Eisner gab die Geburt des Freistaats sofort über die Presseagenturen bekannt. Am folgenden Tag erschien die Meldung in 15 Tageszeitungen im gesamten Reichsgebiet.

Die neue Regierung

Eisner konnte in Bayern nicht an den Sozialdemokraten vorbei regieren, obwohl diese die Revolution nicht gewünscht und teilweise sogar gegen sie Front gemacht hatten. In der Hauptstadt wurde verbreitet, Auer sei noch in der Revolutionsnacht persönlich beim soeben abgesetzten Innenminister Friedrich von Brettreich erschienen und habe diesen gebeten, ihm 500 Mann der königlichen Garde zur Verfügung zu stellen, um Ordnung zu schaffen und die Revolutionäre aus allen besetzten Gebäuden wieder zu vertreiben. Diese Darstellung, die der Münchner Geschichtsprofessor Michael Doeberl am 8. November öffentlich bekanntgab und später sogar unter Eid wiederholte, wurde von Auer vehement bestritten. Obwohl diese Angelegenheit später vor Gericht verhandelt wurde, konnte die Wahrheit nie herausgefunden werden. Brettreich selbst bestätigte, daß Auer in der fraglichen Nacht bei ihm war; dieser habe ihm jedoch lediglich vorgeschlagen, daß mit 500 zuverlässigen Soldaten gegen die Revolutionäre vorgegangen werden sollte.[4] Das Gerücht, Auer habe einen Putschversuch unternommen, wollte jedoch nicht verstummen und sollte einige Monate später noch eine tragische Bedeutung erlangen.

Trotz aller persönlicher Abneigung kam Eisner zu der Überzeugung, daß es besser wäre, Auer mit einem Ministerposten auszustatten, anstatt ihn außen vor zu lassen. Letzteres hätte nur dazu geführt, Auer und mit ihm den gesamten rechten Flügel der bayerischen Sozialdemokraten direkt in die Arme des politischen Gegners zu treiben. Mit den Räten als seiner eigentlichen Machtbasis im Rücken glaubte Eisner leichtes Spiel mit Auer zu haben.

Auer wiederum mußte einsehen, daß der überwiegende Teil der Arbeiterschaft hinter der Revolution und hinter Eisner stand. Bereits am Morgen nach der Revolution hatte der neue Ministerpräsident durch sein entschlossenes Handeln vollendete Tatsachen geschaffen. Auer konnte die Revolution nicht mehr aufhalten. Vor die Wahl gestellt, entweder der Revolution oder der Reaktion zu dienen, entschied sich Auer für die erste Lösung. Als Minister blieb ihm noch die Möglichkeit, eine – aus seiner Sicht – Politik der Schadensbegrenzung zu betreiben. Auf diese Weise konnte er sowohl sein Gesicht als auch den letzten Rest von Einfluß bei der sozialdemokratischen Basis wahren.

Als Eisner am 8. November vormittags auf seinen alten Widersacher zutrat und ihm die Mitarbeit in der neuen Regierung anbot, willigte Auer ein. Der seit zwei Jahren anhaltende Bruderzwist unter den Sozialdemokraten schien fürs erste beendet.

Einen zuverlässigen Bundesgenossen und zudem noch einen persönlichen Freund hatte Eisner im Führer des Bayerischen Bauernbundes, Ludwig Gandorfer. Dem begnadeten Redner war es im Verlauf des Krieges gelungen, einen großen Teil der Bauern vor allem in den südbayerischen Regierungsbezirken hinter sich zu bringen. Die Landbevölkerung, traditionell konservativ und königstreu, war durch die Kriegsereignisse radikalisiert worden. Viele Bauern sahen ihre politische Heimat längst nicht mehr in der katholischen, reichstreuen Zentrumspartei. Sie strebten nach einer möglichst raschen Veränderung ihrer untragbar gewordenen Lebensumstände.

So erwarb der Bauernbund die gleiche Bedeutung für die Landbevölkerung wie die USPD für die Arbeiter in den großen Städten. In ihren politischen Programmen unterschieden sich beide Parteien kaum voneinander. Eine weitere Gemeinsamkeit war die starke Abhängigkeit von ihren charismatischen Führern, ohne die sie wohl kaum eine tragende Rolle in der bayerischen Politik gespielt hätten. Mit ihrer Persönlichkeit machten Eisner und Gandorfer den Mangel an Tradition ihrer kleinen, erst während des Krieges gegründeten Parteien wett. Eisner und Gandorfer bildeten als Politikerpaar die ideale Ergänzung, um sowohl die Stadt- als auch die Landbevölkerung für die revolutionäre Sache zu begeistern.

Von einer nur aus Demokraten und überzeugten Gegnern des alten Regimes zusammengesetzten Regierung erhoffte sich Eisner, den Bayern das Schicksal Österreichs zu ersparen. Im Nachbarland, das über keine funktionsfähige Regierung verfügte, herrschten seit der Kapitulation chaotische Zustände. Die Frage der zukünftigen Staatsform war immer noch nicht entschieden. Angesichts des drohenden Einmarschs der Alliierten in Bayern spielte Eisner mit dem Gedanken, auf eigene Faust und ohne Abstimmung mit Berlin Verhandlungen mit dem amerikanischen Präsidenten Wilson aufzunehmen. Dieser, so Eisners Kalkül, würde eine vom Volk eingesetzte Regierung als Verhandlungspartner akzeptieren und möglichst rasch einen separaten Verständigungsfrieden mit Bayern abschließen.

Am Nachmittag des 8. November berief Eisner den Provisorischen Nationalrat (ein endgültiger sollte erst nach der Landtagswahl, für die noch kein Termin feststand, gebildet werden) zur konstituierenden Versammlung ein. Das vorläufige Parlament bestand aus Vertretern der Arbeiter- und Soldatenräte und den Fraktionen des Bauernbundes sowie beider sozialdemokratischer Parteien. Hinzu kamen einige liberale Abgeordnete. Der Provisorische Nationalrat bestätigte den neuen Ministerpräsidenten und das von ihm vorgeschlagene Kabinett mit folgenden Posten:

Außenministerium:	*Kurt Eisner (USPD)*
Kultusministerium:	*Johannes Hoffmann (SPD)*
Ministerium für militärische Angelegenheiten:	*Albert Roßhaupter (SPD)*
Justizministerium:	*Johannes Timm (SPD)*
Innenministerium:	*Erhard Auer (SPD)*
Verkehrsministerium:	*Heinrich von Frauendorfer (parteilos)*
Finanzministerium:	*Edgar Jaffé (USPD)*
Ministerium für soziale Angelegenheiten:	*Hans Unterleitner (USPD)*

Eisner hatte im Kabinett den Mehrheitssozialdemokraten nicht nur eine numerische Übermacht eingeräumt (Frauendorfer als ehemaliges Zentrumsmitglied war bereits unter König Ludwig Verkehrsminister gewesen und daher eher den konservativen Sozialdemokraten zugeneigt), sondern ihnen gleich die Schlüsselministerien überlassen. Er selbst wollte sich in erster Linie um die Außenpolitik kümmern, da er den raschen Abschluß eines Friedensabkommens als die vordringlichste Aufgabe der neuen Regierung ansah. So konnten Auer und Roßhaupter auf den Gebieten der Innen- und Militärpolitik nach Belieben agieren. Als Kontrollorgan wurde ihnen zwar der Arbeiter- und Soldatenrat zur Seite gestellt, doch fanden sie bald geeignete Mittel, diese Organe auszuschalten.

Professor Jaffé, der bekannte Münchner Nationalökonom, hatte die undankbarste Aufgabe übernommen und war mit der Ordnung der zerrütteten Finanzen vollauf beschäftigt. Hans Unterleitner, Eisners Schwiegersohn, war als einfacher Arbeiter noch zu unerfahren in politischen Dingen, um Auer und Roßhaupter Paroli bieten zu können. In seinen Bereich fielen die äußerst schwierig zu handhabenden Aufgabenfelder der Nahrungsmittelversorgung und der Wohnraumbeschaffung. In beiden Fällen war Unterleitner auf die Kooperation der alten königlichen Beamtenschaft angewiesen. Auf ihre Loyalität konnte er kaum zählen, denn die von Eisner gezwungenermaßen im Amt belassen Staatsdiener hatten den Treueid auf den neuen Ministerpräsidenten schlicht verweigert.

Eisners geplante Gründung eines Landwirtschaftsministeriums traf bei Auer auf energischen Widerspruch. Der von Eisner für dieses Amt vorgesehene Kandidat war Ludwig Gandorfer. Seine Einsetzung hätte die Machtverhältnisse im Kabinett wieder zuungunsten der SPD verschoben. In dieser Situation kam Auer ein tragischer Zufall zu Hilfe. Gandorfer starb am 10. November bei einem Verkehrsunfall in der Nähe von Schleißheim, als der Wagen, in dem der blinde Bauernführer chauffiert wurde, von der Strecke abkam und eine Böschung hinunterstürzte. Gandorfers Bruder Karl übernahm daraufhin den Vorsitz des Bauernbundes und des neugegründeten Bauernrates. Ein selbständiges Ministerium wurde Karl Gandorfer jedoch nicht zugebilligt; der Bereich Landwirtschaft fiel ins Ressort des Innenministeriums.

Eisners schmale Machtbasis sowohl im Kabinett als auch im vorläufigen Parlament sollte sich als Hemmschuh für die Verwirklichung seines Ideals eines demokratischen Sozialismus in Bayern erweisen. Die Gefahr, die ihm von seiten Auers und der rechten Sozialdemokraten drohte, glaubte Eisner durch das politische Gewicht, das er den Arbeiter-, Bauern- und Soldatenräten gegenüber seinen Ministern einzuräumen beabsichtigte, mehr als wettmachen zu können.

Zur Unterstützung seiner Politik suchte Eisner geeignete Persönlichkeiten, die bereit waren, führende Positionen in den

Räten zu übernehmen. Er fand Gustav Landauer und Ernst Toller. Landauer war durch seinen *Aufruf zum Sozialismus* zu Ansehen gelangt und hatte bereits in der Kriegszeit einen starken Einfluß auf Eisner ausgeübt. Sein Freund Ernst Niekisch beschreibt ihn als »hager und etwa zwei Meter groß. Lang wallten tiefschwarze Haare über seinen Nacken, ein merkwürdiges altmodisches rundes Hütchen saß auf dem Kopf. Dieser Kopf war groß, das Gesicht blaß und lang, es war von einem großen, tiefschwarzen Vollbart umrahmt. Ein verschossener uralter Havelock hing an seiner dürren Gestalt.«[5] Toller war ein Schüler des Sozialwissenschaftlers Max Weber und schrieb bereits Dramen; mit dem Stück ›Die Wandlung‹ sollte er bald einen Riesenerfolg haben. Eisner war auf Toller durch dessen Mitwirkung beim Januarstreik aufmerksam geworden. Landauer übernahm eine führende Position im Revolutionären Arbeiterrat, Toller wurde stellvertretender Vorsitzender des Zentralen Arbeiter-, Bauern- und Soldatenrates.

Der von Eisner angestrebte Dualismus einer Regierung durch Parlament *und* Räte wurde durch die Mehrheitssozialdemokraten immer wieder wirkungsvoll torpediert. Auer wollte keine sowjetischen Verhältnisse und war strikt gegen politische Experimente. Ihm lag in erster Linie daran, daß in Bayern wieder Ruhe und Ordnung einkehrten.

Die Sammlung der bürgerlichen Opposition

Für die rechtsliberalen und konservativen Parteien in Bayern bedeutete der Erste Weltkrieg eine tiefe Zäsur. Vor allem nachdem sich herausgestellt hatte, daß die großdeutschen Kriegsziele nicht zu verwirklichen waren und auch Bayerns Stellung im Reich gegenüber der Vorkriegszeit eine deutliche Schwächung erlitten hatte, machte der Nationalismus in breiten bäuerlichen und bürgerlichen Schichten einem rasch wachsenden föderalistischen Gedankengut Platz.

Diese Tendenz schlug sich auch in den Neugründungen der bayerischen Parteien im November und Dezember 1918 nieder. So wenig Übereinstimmungen die konservativen Parteien auch aufwiesen; waren ihnen doch einige Eckpunkte gemeinsam: Alle lehnten die neue bayerische Republik als ihnen von einer radikalen Minderheit aufgezwungenes System inhaltlich ab – stellten sich aber formal auf den Boden der neuen, noch im Entwurf befindlichen Verfassung. Alle Parteien forderten ein vom Reich unabhängiges, wiedererstarktes Bayernland. Generell läßt sich bei allen bürgerlichen Parteien der Nachkriegszeit eine kontinuierliche Entwicklung nach rechts feststellen.

Als erste konservative Partei wurde am 12. November 1918 die Bayerische Volkspartei (BVP) in Regensburg gegründet. Dies geschah ohne Absprache mit der Zentrumspartei im Reich. Die BVP, offen unterstützt von der katholischen Kirche, verstand sich als Sammelbewegung des Bauern- und Kleinbürgertums gegen die rote Regierung in München, unterstützte gleichzeitig bayerische Autonomiebestrebungen und bemühte sich um die deutschnationale Klientel. Sie akzeptierte die Revolution als fait accompli, unternahm jedoch andererseits alle nur möglichen Anstrengungen, diese zu bekämpfen. Dabei lehnte die BVP, ihre Loyalität gegenüber einer zukünftigen Verfassung unterstreichend, jede illegale Tätigkeit ab.

Die Parteigründer Georg Heim und Sebastian Schlittenbauer waren zugleich Führer der größten bayerischen Bauernorganisation, des Christlichen Bauernvereins. Sie erkannten in Eisner ebenfalls einen Vertreter des bayerischen Föderalismus und boten diesem sogar ihre Mitarbeit in der Regierung an. Eisner lehnte das Angebot, das ihm persönlich große Vorteile gebracht hätte, schweren Herzens ab: Er wollte seinen Koalitionspartner, den Bauernbund, nicht vor den Kopf stoßen.

Die politischen Parolen der BVP lauteten »Los von Berlin!« und »Bayern den Bayern!«. Letztere Maxime richtete sich nicht nur gegen Preußen, sondern vor allem gegen die Juden, die in der Regierung Eisner wie auch in den späteren bayerischen Räteregierungen zahlreich vertreten waren. So traten bereits drei Wochen nach der Gründung im Parteiblatt *Bayerischer Kurier*, dem Vorläufer des CSU-Organs *Bayernkurier*, antisemitische Tendenzen klar zutage:

»Für die BVP spielt auch die Rassenzugehörigkeit keine Rolle. [Ihre Mitglieder] achten und ehren jeden ehrlichen Juden… . Was aber bekämpft werden muß, das sind die zahlreichen atheistischen Elemente eines gewissen internationalen Judentums mit vorwiegend russischer Färbung … «[6]

Die BVP sollte sich in den Jahren nach der Revolution zur stärksten politischen Kraft in Bayern entwickeln. Ihre Nachfolgepartei, die CSU, hat die Betonung der bayerischen Eigenständigkeit in einem föderalen Deutschland als festen Bestandteil ihrer Politik übernommen.

Zwei Tage nach der BVP wurde in Nürnberg die Bayerische Mittelpartei (BMP) gegründet. Die BMP, die sich kurz darauf mit der Nationalliberalen Partei zusammenschloß, galt als bayerischer Ableger der Deutschnationalen Volkspartei (DNVP) und fand ihren Platz am äußersten rechten Rand des Parteienspektrums. Ihre Wählerschaft suchte sich die Partei im protestantischen Bürgertum, in der Bauernschaft Nordbayerns und bei den Deutschnationalen. Wie die DNVP im Reich lehnte die Mittelpartei die Republik aus tiefstem Herzen ab, forderte aber nicht den gewaltsamen Umsturz. Die BMP trat wie fast alle übrigen Parteien in Bayern gegen den preußischen Zentralismus ein, betonte jedoch, daß dies nur so lange gelte, wie die ›Roten‹ in Berlin regierten.

In der BMP waren antisemitische Vorbehalte deutlich zu erkennen. Die Partei wandte sich »entschieden gegen die Vorherrschaft des Judentums, die seit der Revolution immer verhängnisvoller hervortritt«, und forderte »Maßnahmen gegen die Zuwanderung des kulturell tief unter dem deutschen Volk stehenden Ostjudentums«.[7] Wie schon in der Reichs-DNVP setzte sich in der bayerischen Schwesterpartei bald der antisemitische Flügel mit seiner Forderung durch, keine Juden mehr als Mitglieder aufzunehmen.

Das linksliberale bayerische Bürgertum fand sich in der Deutschen Volkspartei (DVP) wieder. Die am 17. November 1918 gegründete und später in Deutsche Demokratische Partei (DDP) umbenannte Partei arbeitete in der Anfangsphase sowohl der Weimarer als auch der bayerischen Republik eng mit der SPD zusammen. Einziger nennenswerter Unterschied zu den Sozialdemokraten war das entschiedene Eintreten der Liberalen für die Einheit des Reichs. Der Sprecher der DDP, der Münchner Universitätsprofessor Ludwig Quidde, hielt es für eine ausgemachte Torheit, eine eigenständige bayerische Politik zu betreiben. Diese Spitze richtete sich in erster Linie gegen Eisner, den die führenden Liberalen entschieden ablehnten. Einig war sich die DDP mit beiden sozialdemokratischen Parteien in dem Bemühen, die Vorherrschaft des Katholizismus in Bayern zu brechen. Dies ging sogar so weit, daß die DDP, die Verstaatlichungen prinzipiell ablehnend gegenüberstand, Eisners Sozialisierungsprogramm in Teilen akzeptierte.

Antisemitisches Gedankengut hielt sogar in die DDP Einzug, die von der äußersten Rechten selbst als ›Judenpartei‹ beschimpft wurde. So bekannte der Fraktionsführer der DDP im Bayerischen Landtag, Ernst Müller-Meiningen, ungeniert in aller Öffentlichkeit: »Wir lassen uns nicht von einem Galizier aus Berlin regieren!«[8] ›Galizier‹ war eine zu jener Zeit übliche, gleichwohl abwertende Bezeichnung für Juden.

Wenn auch die konservativen und deutschnationalen Kräfte in Bayern der neuen Republik fürs erste ihre Mitarbeit in der Politik in Aussicht stellten, so hofften sie doch, daß das gegenwärtige System in nicht allzu ferner Zukunft zusammenbrechen und einer neuen Ära Platz machen würde. Oswald Spenglers Gedanken sind typisch für einen Konservativen seiner Zeit:

» [...] wir brauchen eine Züchtigung, gegen die die vier Kriegsjahre noch harmlos sind, bis die Zeit für die kleine Gruppe gekommen ist, die 1813 wie 1870 zur Führung berufen war: preußische Adlige und preußisches Beamtentum [...]; bis vor allem auch der Terror eine solche Empörung und Verzweiflung angesammelt hat, daß eine Diktatur, irgend etwas Napoleonisches, allgemein als Erlösung empfunden wird. Aber dann muß Blut fließen, je mehr, desto besser; eine lächerliche Nachgiebigkeit in Form von Mehrheitsregierungen und Duldung aller Meinungen, wie sie unsere lächerlichen Literaten von der Nationalversammlung erträumen, ist gar nicht möglich. Erst Gewalt, dann Aufbau, und zwar nicht durch den politischen Dilettantismus von Mehrheiten, sondern durch die überlegene Taktik weniger, die für Politik geboren und berufen sind.«[9]

Anfänge des organisierten Antisemitismus in Bayern

Der Antisemitismus trat als Phänomen nicht nur in Bayern, sondern überall in Deutschland unmittelbar nach dem Zusammenbruch des Kaiserreichs auffallend stark in Erscheinung und war seitdem aus dem politischen Bild der Weimarer Republik nicht mehr fortzudenken. Nichts schien leichter, als den Juden die Schuld an der Niederlage im Weltkrieg anzulasten. Die

Tatsache, daß vor allem in der bayerischen Politik erstmals in der deutschen Geschichte Juden eine führende Position einnahmen, verschaffte den Antisemiten und Deutschnationalen zusätzliche Munition. Konservative Politiker wie Graf Kuno von Westarp, Hugenbergs Vorgänger als Führer der DNVP und eher dem gemäßigten Parteiflügel zuzurechnen, spielten den latenten Antisemitismus als besonderen politischen Trumpf aus: Jedesmal, wenn Westarp auf einer Versammlung Kritik an den bestehenden Verhältnissen übte, kam aus dem Publikum der zustimmende Ausruf, dies sei nur den Juden zu verdanken; drohten seine Zuhörer bei der Behandlung eines beliebigen Themas einzuschlafen, brauchte er nur die Judenfrage anzuschneiden, um das Publikum zu wecken und Beifall einzuheimsen.

Ein typisches Beispiel für den weit verbreiteten Antisemitismus auf dem flachen Land in Bayern ist ein Artikel im Buchloer Anzeigenblatt vom 10. Dezember 1918. Der Redakteur, Cölestin Rabis, war Mitbegründer der BVP in dem schwäbischen Marktflecken. Seine Kritik an der Revolution und an der Person des Ministerpräsidenten machte Rabis in erster Linie an der Herkunft Eisners fest. Ihm schwebte sogar bereits eine »Endlösung« vor:

»Der Jude Eisner spielt Diktator und beschwindelt das Volk wie vordem unsere Diplomaten ... Politik ist und bleibt ein Geschäft, und Jude bleibt Jude ... Die Judenfrage ist ein Problem für sich, welches das deutsche Volk endlich einmal mit gerechter Strenge zu lösen hat, aufgefaßt als Rassenfrage und nicht als Religionsproblem.«[10]

Eisner, obwohl Berliner von Geburt und in der Hauptstadt aufgewachsen, wurde von den Rechtsextremen stets als ›galizischer Jude‹ bezeichnet, der aus Osteuropa stamme und dessen Name in Wirklichkeit Salomon Kosmanowsky sei. An dieser Legende wurde auch seitens der bürgerlichen und konservativen Presse fleißig gestrickt.

Eine organisierte rechtsextremistische Opposition, die offen für den Umsturz des neuen Systems eintrat, machte sich anders als im übrigen Reich bereits in den ersten Tagen der bayerischen Republik bemerkbar. Überhaupt war die Landeshauptstadt München während der gesamten Zeit des Ersten Weltkriegs und danach ein Aktivzentrum der nationalen und völkischen Bewegung. Und es sollte nicht lange dauern, bis die ersten Nationalsozialisten aus dem Untergrund auftauchten.

Den Anfang machte am 9. November 1918 der Vorsitzende der Thule-Gesellschaft, Rudolf von Sebottendorf, auf einer Versammlung seiner Organisation:

»Wir erlebten gestern den Zusammenbruch alles dessen, was uns vertraut, was uns lieb und wert war. An Stelle unserer blutsverwandten Fürsten herrscht unser Todfeind: Juda. Was sich aus dem Chaos entwickeln wird, wissen wir noch nicht. Wir können es ahnen. […] Die gestrige Revolution, gemacht von Niederrassigen, um den Germanen zu verderben, ist der Beginn der Läuterung. […] Jetzt heißt es kämpfen … bis das Hakenkreuz siegreich aufsteigt.«[11]

Die Thule-Gesellschaft wurde 1912 unter dem Namen ›Germanenorden‹ als Geheimloge gegründet, der nur bis ins dritte Glied reinblütige Deutsche angehören durften und die zum Ziel hatte, im Falle einer jüdischen Machtübernahme gleich zu Beginn die Gegenrevolution zu organisieren und die führenden Köpfe zu liquidieren. Eine solche Situation sahen die Anhänger der äußersten Rechten mit dem Ausbruch der bayerischen Revolution gekommen.

Um Vollmitglied des Germanenordens zu werden, mußten Bewerber ein Blutbekenntnis ablegen und einen Bewerbungsbogen mit Bild ausfüllen und einsenden. Nach Überprüfung auf rassische Reinheit und Ablegung eines Treueschwurs auf den Ordensmeister erwarb der Kandidat den Freundschaftsgrad und wurde nach einem Jahr Probezeit als Vollmitglied aufgenommen. Das Emblem des Ordens war das germanische Hakenkreuz; die Mitglieder begrüßten sich untereinander mit der Formel ›Sieg und Heil‹.

Im Ersten Weltkrieg war die Aktivität des Ordens auf Reichsebene etwas eingeschlafen. Um neue Mitglieder zu werben und alte zu reorganisieren, ging Sebottendorf im Frühjahr 1918 nach München. Er beschloß die Umbenennung des Germanenordens in Thule-Gesellschaft. Der neue Name sollte Außenstehenden gegenüber geheimnisvoll klingen und andererseits Eingeweihten sofort sagen, daß es sich bei der Organisation um einen Anlaufpunkt für völkisch Gesinnte handelte. (Thule, ein alter Name für Island, war der Zufluchtsort der Germanen, die sich der Bekehrung zum Christentum widersetzten.)

Die Mitglieder der Thule-Gesellschaft waren in erster Linie Kleinbürger: Beamte, Angestellte, Akademiker und Offiziere; aber auch Angehörige des Großbürgertums, die sich durch die militärische Niederlage und den politischen Umsturz ihrer Existenz beraubt sahen, und einige völkisch gesinnte Arbeiter. Prominenteste Mitglieder der Thule-Gesellschaft waren der zukünftige Stellvertreter Hitlers, Rudolf Heß, der spätere Generalgouverneur von Polen, Hans Frank, und der NSDAP-Chefideologe Alfred Rosenberg.

Im Sommer 1918 kaufte Sebottendorf den *Münchener Beobachter*, eine bis dahin unauffällige Lokal- und Sportzeitung, und machte ihn zum Kampforgan der Thule-Gesellschaft. Später wurde das Blatt von den Nationalsozialisten übernommen und in *Völkischer Beobachter* umbenannt.

Diesem ersten Schritt in die Öffentlichkeit folgte am 10. November ein zweiter mit der Gründung des paramilitärischen Thule-Kampfbundes, der ganz offen die gewaltsame Niederwerfung der Revolution zum Ziel hatte. Die Leitung des Kampfbundes übernahm Oberleutnant Heinz Kurz. So wurde die Thule-Gesellschaft bereits unmittelbar nach Kriegsende der Vorläufer der nationalsozialistischen Bewegung in Deutschland. Sebottendorf schreibt nach der Machtergreifung der Nationalsozialisten rückblickend:

»Wir erkennen das Verdienst, die Größe und die Kraft Adolf Hitlers. Er hat geschaffen, was wir erstrebten; wir sammelten, er führte ans Ziel. Als wir vor fünfzehn und mehr Jahren anfingen, vom Deutschtum und Sozialismus zu sprechen, wurden wir verlacht. Hitler war es, der dem Deutschen die Einheit dieser beiden Begriffe einhämmerte. Wenn wir von Reinheit des Blutes sprachen, wurden wir verhöhnt. Hitler war es, der diesen Gedanken in Millionen deutscher Menschen lebendig machte. Wenn wir vom alten Deutschen Recht träumten, davon sprachen, daß das Römische durch das Deutsche ersetzt werden müsse, stießen wir auf Verständnislosigkeit. Dieser Gedanke ist durch Hitler endlich Allgemeingut des deutschen Volkes geworden. Aber unsere Arbeit war damals nicht vergeblich, sie war die Aussaat, sie schmiedete die Werkzeuge, mit denen Hitler arbeiten konnte und nach seiner Bestimmung arbeiten mußte.«[12]

Unverständlich bleibt, warum Polizei und Regierung in München die Völkischen gewähren ließen. Gefahr für die neue Republik ging in jenen Wochen nicht von den bürgerlichen Parteien aus, die vom Untergang der Monarchie zu sehr geschockt und viel zu schwach waren, um politisch etwas bewegen zu können. Anders die Thule-Gesellschaft: Sie half den nach der Revolution darniederliegenden rechtsnationalen und völkischen Vereinen wieder auf die Beine und sorgte mit dafür, daß aus dem revolutionären Bayern bald die

»Ordnungszelle« Bayern hervorgehen würde, aus der heraus die völkisch-nationale Bewegung die Umgestaltung des gesamten Reiches in Angriff nahm:

»In der Thule-Gesellschaft ging es zu wie in einem Taubenschlage: hier konstituierte sich von neuem die Nationalliberale Partei unter Hans Dahn, hier tagten die Alldeutschen unter Verlagsbuchhändler Lehmann, der Deutsche Schulverein unter Rohmeder, die Fahrenden Gesellen, der Hammerbund, dessen aktivstes Mitglied Dannehl war, kurz, es gab keinen Verein in München, der irgendwelche nationalen Belange vertrat, der nicht in der Thule Unterkunft fand.«[13]

Rudolf von Sebottendorf

* 9. 11. 1875 Hoyerswerda
? (verschollen)

Das Leben des Rudolf von Sebottendorf war so rätselhaft wie sein Tod. Wann und wo er gestorben ist, weiß niemand genau. Glaubt man einem ehemaligen Agenten des Deutschen Geheimdienstes, verbrachte er seine letzten Lebensjahre in der Türkei und stürzte sich am 9. Mai 1945 aus Verzweiflung über die deutsche Kapitulation in die Fluten des Bosporus. Doch hatte der Agent die Türkei im Sommer 1944 bereits wieder verlassen. Beweise für Sebottendorfs Tod konnte er nicht vorlegen. Andere Zeugen wollen Sebottendorf in Südamerika gesehen haben. Wieder andere Quellen berichten, Sebottendorf sei beim »Röhm-Putsch« ums Leben gekommen. Letzteres zumindest ist falsch. Der »Röhm-Putsch« fand am 30. Juni 1934 statt; das letzte Lebenszeichen Sebottendorfs datiert vom 16. Juli 1934: eine Nachricht an Reichsinnenminister Frick mit seiner neuen Adresse: Haus Dux, Schaan, Fürstentum Liechtenstein.

Bei seiner Geburt hieß Sebottendorf Adam Rudolf Glauer, Sohn des Lokomotivführers Ernst Rudolf Glauer. Vermutlich lernte er Schlosser; als er im Jahre 1902 für kurze Zeit in München gemeldet war, gab er als Beruf Monteur an. 1908 wurde er in Berlin wegen Urkundenfälschung verurteilt. Eigenen Angaben zufolge wurde er 1911 türkischer Staatsbürger. Ein Jahr zuvor soll ihn Baron Heinrich von Sebottendorf, ein deutscher, in der Türkei lebender Offizier nach türkischem Recht adoptiert haben.

1913 tauchte Glauer-Sebottendorf wieder in Deutschland auf. In Dresden und Berlin machte er mit Hochstapeleien von sich reden. Die Behörden untersagten ihm die Führung des Namens »von Sebottendorf«. Zwei Jahre später heiratete er in Wien Bertha Iffland, mit der er im Frühjahr 1918 nach München kam.

Dort baute er die Thule-Gesellschaft auf und arbeitete als Schriftleiter der völkischen Zeitung *Münchener Beobachter*.

Nach seiner Flucht aus München Ende April 1919 hielt Sebottendorf sich noch einige Jahre mit ständig wechselndem Wohnsitz in Deutschland auf, vor allem in Kurorten, deren mondäne Atmosphäre ihm gefiel. In Bad Sachsa führte er verschiedene Prozesse wegen seines Adelstitels. Seit 1923 lebte er wieder in der Türkei; 1929 ging er angeblich nach Mexiko und von dort aus in die USA. Nach der Machtübernahme der Nationalsozialisten kehrte er nach Deutschland zurück.

Sebottendorf versuchte sich bei den alten Weggefährten in Erinnerung zu bringen, um in München wieder Fuß zu fassen. Doch wollten diese nichts mehr von ihm wissen. Im November 1933 wurde Sebottendorf auf eine Denunziation hin wegen politischer Umtriebe zu drei Monaten Haft verurteilt. Die Anzeige stammte von jenem Leutnant Edgar Kraus, der im Frühjahr 1919 so erfolgreich die bayerischen Kommunisten und die Rote Armee bespitzelt hatte. Sebottendorf brauchte die Haftstrafe jedoch nicht mehr anzutreten. Als Gegenleistung mußte er sich verpflichten, Deutschland auf dem schnellsten Wege zu verlassen.

Am 24. Februar traf Sebottendorf in Bregenz ein; im Juni beklagte er sich in einem aus Wien abgeschickten Brief an Frick über die ihm in Deutschland widerfahrene Behandlung. Sein Buch *Bevor Hitler kam* wurde sofort nach der Veröffentlichung in Deutschland von den Behörden beschlagnahmt. Sebottendorf war endgültig zur unerwünschten Person geworden. Danach verliert sich seine Spur.

KAPITEL 5

BAYERN, DEUTSCHLAND UND DIE WELT

Revolutionärer Alltag

In den ersten Wochen nach der Revolution genoß die neue Regierung, vor allem aber ihr Ministerpräsident, eine ungeheure Popularität, die quer durch alle Bevölkerungsschichten lief. Ansichtskarten mit Eisners Porträt fanden reißenden Absatz, die Arbeiterschaft feierte ihn auf Versammlungen als Retter des Proletariats, und selbst das Bürgertum, das der Revolution kritisch gegenüberstand, bewunderte den Edelmut des auf Ausgleich und Versöhnung bedachten Idealisten, der sich nicht scheute, auch Bürgerlich-Liberale (wie den Verkehrsminister Frauendorfer, den Nationalökonomen Lujo Brentano oder den Historiker Karl-Alexander von Müller) mit wichtigen Posten im neuen Volksstaat zu bekleiden. Kritik an Eisner wurde, wenn überhaupt, nur an seiner Religionszugehörigkeit geübt, die für ihn selbst kaum eine Rolle spielte, zu der er sich aber – um dem aufkeimenden Antisemitismus zu trotzen – stets offen bekannte.

Die Münchner schienen stolz zu sein auf ihre Revolution, und noch stolzer machte sie die Tatsache, daß sie dem Reich und allen übrigen Einzelstaaten noch um einige Tage zuvorgekommen waren. Dies unterstreicht ein Aufruf in der *Bayerischen Staatszeitung* vom 20. November, in dem an alle Bürger appelliert wurde, alles über die Revolution zu sammeln und in einem extra zu diesem Zweck hergerichteten Zimmer des Landtagsgebäudes zur Aufbewahrung für kommende Generationen abzuliefern.

Schon rein äußerlich hatte sich das Erscheinungsbild der bayerischen Hauptstadt gegenüber der grauen Kriegszeit gewandelt. Überall machte sich eine Aufbruchsstimmung bemerkbar, die alle Bevölkerungsschichten erfaßt hatte:

»Zum ersten Mal erlebten wir in München die tägliche Massensuggestion der Aufrufe, der Anschläge, der Proklamationen. In ihnen war der Anarchist ebenso zur Hilfe aufgefordert wie der Schutzmann, der urtümliche Preußenhaß der Bauern wie der kosmopolitische Idealismus der Pazifisten, der Klassenneid wie der ehrliche Aufbauwille und die tiefe Sehnsucht des erschöpften Volkes nach Frieden. […] Tolle erste Tage! Die ganze Stadt war auf den Beinen, am Stachus wie am Marienplatz drängten sich manchmal tausendköpfige Mengen. Überall in der Altstadt stieß man auf politische Straßenredner, rundum lauschten die Zuhörer und stritten miteinander.«[1]

Das gesellschaftliche Leben in München kam allmählich wieder in Gang. Die Opern- und Theateraufführungen wurden nicht mehr nur von Angehörigen des Bürgertums besucht; zunehmend mischten sich schlicht gekleidete Proletarier und einfache Soldaten in Uniform unter das Publikum. Besonders beliebt in den ersten Wochen nach dem Umsturz waren die Tanzveranstaltungen, auf die man in den langen Kriegsjahren schweren Herzens hatte verzichten müssen.

Auch im Bereich der Politik belebte sich die Szenerie in München. Die Zensur war mit dem Umsturz abgeschafft worden. Die Erlaubnis, endlich frei die Meinung zu äußern, sorgte in der Hauptstadt zumindest für ein bunteres Straßenbild:

»Plakate über Plakate, in allen Farben, besonders viel Rot. In Haidhausen ganz andere als in Schwabing. Angeklebt wird überall, an den unwahrscheinlichsten Stellen, besonders gern an öffentlichen Denkmälern an den Sockeln; z. B. die auf dem Promenadeplatz sind über und über verpflastert; dann die vier vor der Staatsbibliothek. Von mehreren Seiten Anschläge, die zur Bildung eines Bürgerrats auffordern, aber wieder in verschiedenen Stadtteilen von verschiedenen Einberufern unterzeichnet. An der Feldherrnhalle kleine Handzettel gegen Eisner, gegen die Juden. An der Residenz besonders groß die knallroten Plakate. Manche sind acht Tage alt, manche schon vierzehn Tage. Kein Mensch kennt sich aus, da viele kein Datum tragen. Viele hängen in Fetzen, andere sind mit Bleistift durchgestrichen und mit Glossen versehen.«[2]

Ein ganz anderes Bild bot sich dem Betrachter in der Provinz. Bei einem Besuch in seinem Heimatort Berg am Starnberger See mußte Oskar Maria Graf feststellen, daß die Revolution auf dem Lande kaum Eindruck hinterlassen hatte:

»Auf dem Dorf war es wie immer. Jeder arbeitete, die Erlasse hingen zerregnet im Gemeindekasten, kein Mensch sah sie an. Niemand kümmerte sich hier um die Ereignisse. Keiner sagte auch nur ein Wort davon. Meine Mutter lachte uns an, als wir in die niedere Küche traten, mein Bruder Maurus, der erst kurz vom Feld heimgekommen war, hackte Holz im Hof, Theres nähte in der Stube. Wir tranken Kaffee, und alle schauten das schreiende Kind an. […] ›Geht's in der Stadt drinnen recht zu?‹ fragte Maurus gleichgültig. Ich wollte erzählen. Er lächelte ironisch. ›Die Hauptsach' ist, daß der Krieg aus ist. Die machen auch nichts besser.‹ ›Aber jetzt regieren wir!‹ prahlte ich dumm. Er sah mich hämisch an und rief: ›Ihr? Da wird gewiß was Gescheites draus! Da heraußen kümmert sich ja doch keiner was drum.‹ Und weil ich schwieg, fing er abermals an: ›Das sind ja lauter Esel. Da hat keiner einen Dunst vom Land. Und so naiv wie die Kerle sind! Jeder Bauer hat jetzt sein Militärgewehr im Haus. Da paß' auf, wie's da kracht, wenn die kommen und was wollen! Sollen nur so fortmachen!‹ Er schüttelte den Kopf: ›Solche Esel! So verrückte Deppen!‹«[3]

In vielen Provinzgemeinden waren zwar Arbeiter-, Bauern- und Soldatenräte eingerichtet worden, doch konnten sie sich gegen die gewachsenen dörflichen Strukturen nicht durchsetzen. Meist blieben die Bürgermeister im Amt, und die Stellung der örtlichen Honoratioren war ebenso unangetastet wie vor dem Krieg. Die Räte, denen nicht nur Sozialdemokraten, sondern auch Bürgerliche angehörten, beschränkten sich darauf, Ruhe und Ordnung aufrechtzuerhalten. Eine Revolution wollte kaum jemand. Deshalb funktionierte die Zusammenarbeit der Gemeindeverwaltungen mit den Räten reibungslos; die Bürgermeister, die gegen die Einführung der revolutionären Gremien gewettert hatten, fanden bald keinen Grund mehr, sich über diese zu beschweren. Bezeichnend ist eine Bekanntmachung des Lindauer Arbeiter- und Soldatenrates bezüglich der Beflaggung der Maxkaserne:

»… Um aber jeden Zweifel endgültig zu beseitigen, können wir mitteilen, daß der A.- und S.- Rat es nicht übelnimmt, wenn statt einer roten die bisherige bayrische, deutsche oder sonst eine Flagge vom Hause hängt.«[4]

In Bayreuth war die USPD gänzlich ohne Einfluß geblieben. Als einzige Neuerung beschloß der SPD-dominierte Arbeiter- und Soldatenrat die Umwandlung des Neuen Schlosses in eine Volksbücherei und die Nutzbarmachung der Exerzierplätze der Garnison als Kartoffeläcker. Die Bayreuther Mehrheitssozialdemokraten waren stolz darauf, die erweiterte Möglichkeit zur Mitverantwortung auszunutzen, aber nicht gegen, sondern für und mit der bestehenden Ordnung:

»Ruhe, Ordnung, Sicherheit des Eigentums und der Person, das waren die Schlagworte, mit denen Bayreuths Bevölkerung, von den ›Revolutionären‹ bis zu deren ›Gegenspielern‹, der Stadtverwaltung, der Umwälzung entgegentraten. […] diese schon fast panische Angst, Ruhe und Ordnung könnten einmal gestört werden, und vor allem das Zurückdrängen dieser Überzeugungen, um Ruhe und Ordnung dafür einzutauschen, das wirkt schon fast spießerhaft.«[5]

Hoffnungen auf bessere Zeiten in Bayern wechselten sich mit Befürchtungen ab, daß ein Einmarsch der Alliierten oder ein Gegenputsch reaktionärer Kräfte das zarte Pflänzchen der Demokratie, das seit einigen Wochen sproß, zerstören könnte. Josef Hofmiller, ein Parteigänger der Liberalen und scharfer Kritiker Eisners, war dennoch optimistisch:

»Jetzt wäre Gelegenheit, bayerische Politik zu treiben, die sich im Laufe der nächsten Jahrhunderte zu einer deutschen Politik auswachsen könnte. Der gleichzeitige Wegfall der Häuser Habsburg, Hohenzollern und Wittelsbach ist eine Konstellation, wie sie in der Geschichte nicht mehr so rasch vorkommt.« Ein Kollege Hofmillers beurteilte die Lage etwas anders:

»Der Rektor von der Realschule ließ sogleich am Freitag vor acht Tagen früh die Büsten des Kaisers, Königs und der Königin entfernen, am Samstag ließ er sie wieder aufstellen, da er auf Gegenrevolution hoffte, aber Samstag mittag waren der Kaiser und der König entfernt, nur die Landesmutter thronte noch einsam zwischen zwei dunklen Flecken an der Wand.«[6]

Es dauerte nicht lange, bis sich auch die hartnäckigsten Monarchisten mit der Tatsache abfinden mußten, daß Bayern wie auch das gesamte Reich eine Republik geworden war. Nach erfolgter Verzichterklärung des Wittelsbachers Ludwig im Salzburger Land setzte am 28. November auch der Hohenzoller Wilhelm im niederländischen Amirong seinen Namenszug unter die Abdankungsurkunde.

Die Veränderungen, die die Revolution mit sich gebracht hatte, machten sich allmählich in allen gesellschaftlichen Bereichen bemerkbar. Gefördert wurde das politische Leben der Republik vor allem durch den Rätegedanken, in dem Eisner ein Instrument zur politischen Bewußtseinserweiterung des Volkes sah. Neben Arbeiter-, Soldaten- und Bauernräten entstanden auch Räteorganisationen von Schriftstellern, Professoren, Studenten, Lehrern und Schülern. Auch vor den Eliteanstalten des Landes machte diese Entwicklung nicht halt, wie Josef Hofmiller, selbst Lehrer von Beruf, zu berichten weiß:

»Im königlichen Albertinum haben die Zöglinge … einen Zöglings-Rat gegründet. Erste Forderung: Nicht nur ins Schauspiel, sondern auch in die Oper gehen zu dürfen. Genehmigt. Zweite Forderung: Den Werktag nicht mehr in die Schulmesse gehen zu müssen, ›weil es so kalt ist‹. Zur Hälfte genehmigt: Am Mittwoch und Samstag bleibt die gesungene Messe. Dritte Forderung: Freier Ausgang für solche Schüler, deren Eltern ihn befürworten. Nicht genehmigt. Weitere Forderungen: Auch andere Zeitungen lesen zu dürfen als den ›Bayerischen Kurier‹. Im Sommer nicht schon um ½ 9 Uhr ins Bett zu müssen. Noch nicht vorgebracht.«[7]

Es fällt auf, daß die Revolution zwar von oberster Stelle her konsequent betrieben wurde, daß aber – im Gegensatz zu Berlin – alles mit einer gewissen Behäbigkeit, mit einer bayerischen Bierruhe und Gemütlichkeit vor sich ging. Vielleicht war auch diese äußere Gelassenheit der Grund dafür, daß in Bayern bis zu diesem Zeitpunkt noch kein Blut vergossen wurde.

Karl-Alexander von Müller, Geschichtsprofessor an der Münchner Universität, beschreibt die neue Situation an seiner Lehranstalt:

»Erst mehrere Tage nach der allgemeinen Umwälzung brach die Revolution auch im Beamtenkörper der wissenschaftlichen Staatssammlungen aus. Wegen der zunehmenden Unsicherheit in der Stadt beschlossen wir, einen ständigen Wachdienst einzurichten. Direktoren, wissenschaftliche, mittlere und untere Beamte waren versammelt, um das einzelne zu bereden. Ein Werkmeister der Zoologie, ein kleiner, vollblütiger Magdeburger, einstmals Wachtmeister bei den Halberstädter Kürassieren, verlangte mit einer cholerischen Rede, daß alle Vorstände künftig gewählt und die unbeliebten sofort zum Teufel gejagt werden sollten – jedenfalls müßten die Direktoren auf der Stelle im Turnus den neuen Wachdienst mitexerzieren: ›Herr Direktor Zimmer (sein unmittelbarer Vorgesetzter) übernimmt um fünf Uhr heute sofort die erste Wache!‹ – ›Warum nicht‹, erwiderte dieser gelassen, ›wenn Sie dafür meine zoologische Vorlesung übernehmen, die um fünf ein Viertel beginnt.‹ Schallendes Gelächter, vor allem aus den Reihen der Kollegen des Werkmeisters. Er wurde aber trotzdem in den nächsten Wochen der Vertreter der mittleren und unteren Beamten ...«[8]

In der neuen Republik wurde den Frauen nicht nur das aktive und passive Wahlrecht eingeräumt, sie sollten auch aktiv an der Umgestaltung der Gesellschaft teilnehmen. In München schaffte die Frauenrechtlerin Anita Augspurg als eine der wenigen den Einzug in den Zentralen Arbeiterrat. Ermutigt durch diesen Erfolg, beschloß sie, für die anstehenden Landtagswahlen zu kandidieren. Der Verlauf ihrer Kampagne machte deutlich, wie schwierig es für Frauen war, sich in der dörflichen Männerwelt durchzusetzen. Die Freundin und Lebensgefährtin Anita Augspurgs, Lida Gustava Heymann, ebenfalls eine Frauenrechtlerin, beschreibt die Schwierigkeiten, einen Wahlkampf im ländlichen, von der katholischen Kirche geprägten Oberbayern erfolgreich zu gestalten:

»Männer- wie Frauenversammlungen waren überfüllt, aber ihr Verlauf war ein sehr verschiedener. In ersteren herrschten Tabaksqualm, Bierdunst, Lärm, Pfeifen und Schreien; den durch den Krieg verrohten Männern gebrach es an Selbstbeherrschung, Anstand und dem erforderlichen Denkvermögen. Anders die Frauen. Sie zeigten großes Interesse, richteten sachliche Fragen an die Rednerinnen, über Ehe- und Erziehungsrecht der Frau sowie ihre ökonomische Stellung im neuen Staat. Bei einigen Bäuerinnen zeigte sich das Interesse so lebendig, daß sie sich den Rednerinnen anschlossen, mit ihnen durch hohen Schnee ins nächste Dorf stapften. Sie halfen ihnen, trugen die Rucksäcke, verteilten die Flugblätter, gingen mit der Klingel von Haus zu Haus, holten die Frauen zur Versammlung. Sofort erregte das die Aufmerksamkeit der katholischen Geistlichkeit: Einfluß von außen konnte nicht geduldet, mußte zum mindesten immunisiert werden! Darauf erschienen katholische Geistliche in den Frauenversammlungen, immer dieselben, auch sie zogen von Dorf zu Dorf, beteiligten sich an der Diskussion, sprachen gegen die Kandidatur einer Anita Augspurg, gebrauchten wieder und wieder die gleichen Argumente: Faselten von der drohenden Gefahr freier Liebe, freier Ehe, dem illegitimen Kinde. In Unterammergau rief nach einer solchen Rede des Geistlichen eine Stallmagd laut und vernehmlich in die Versammlung: ›Er hat ja selbst drei Uneheliche!‹ Wer konnte wissen, war sie vielleicht eine der Leidtragenden? So ging die Arbeit unter Ernst und Heiterkeit fort. Die Kandidatur von Anita Augspurg ging nicht durch.«[9]

Bemerkenswert war die friedliche Atmosphäre in München. Obwohl es in der Stadt von bis an die Zähne bewaffneten Soldaten und Arbeitermilizen wimmelte, kam es kaum zu Handgreiflichkeiten. Gelegentlich wurden von der Front heimkommende Offiziere von einfachen Soldaten angepöbelt. Meist endete ein solcher Streit damit, daß den Offizieren die Kokarden von der Uniform gerissen wurden. Darüber hinaus wurden sie kaum behelligt.

Trotzdem wirkten sich Übergriffe dieser Art psychologisch negativ auf die Offiziere aus. Nach viereinhalb Jahren im Feld endlich wieder daheim, hatten sie das Gefühl, nicht mehr gebraucht zu werden. Andere Werte als früher zählten jetzt, und mit dem Untergang des Kaiserreichs und dem unrühmlichen Abgang des Bayernkönigs war für sie eine Welt zusammengebrochen.

Ernst Udet, als erfolgreicher Jagdflieger einer der höchstdekorierten Soldaten des Ersten Weltkriegs, machte eine deprimierende Erfahrung, als er nach München zurückkehrte:

»Es ist im November 1918, ein trüber, regnerischer Tag. Wir stehen auf der hinteren Plattform einer überfüllten Münchner Trambahn. Ein Mann starrt und starrt. Endlich streckt er seine Hand aus, zeigt auf den Pour le mérite an meinem Hals: ›Dös is Blech‹, sagt er laut. Die Umstehenden blicken auf, neugierig, was weiter geschehen wird. Ich sehe zum Fenster hinaus auf den Asphalt, wo die Regentropfen springen, überlege gleichzeitig, was ich tun soll, wenn er angreift. Da fährt mir auch schon seine haarige Tatze an den Hals, zupft an dem Orden: ›Wollens den Blatschari nöt abitun?‹ grollt er. Er ist viel größer als ich, aber ich habe die Entfernung genau berechnet. Im nächsten Augenblick habe ich seinen Eichhörnchenbart zwischen den Fingern, reiße aus Leibeskräften daran und schreie: ›Wollens den Boart nöt abitun?‹ Aufbrüllen des Getroffenen, er schlägt wütend um sich, trifft den Schaffner, trifft die anderen Fahrgäste, nur mich trifft er nicht. […] Haltestelle. Der Mann […] kullert hinaus. […] Ein paar dicke Spießer lachen. Aber ich kann das alles beim besten Willen nicht komisch finden. Abends treffen wir Flieger uns oft in einer kleinen Bräuhausstube. Die Stimmung ist trübe. Man hat uns beiseite geschoben, und wir haben noch nicht wieder Fuß gefaßt im bürgerlichen Leben.«[10]

Außer den Offizieren machten auch Angehörige des bayerischen Klerus als Parteigänger des alten Systems eine harte Zeit durch. Nicht nur beide sozialdemokratische Parteien, auch die Liberalen und die Mittelpartei waren ausgesprochen antiklerikal eingestellt. Sie wollten den Einfluß der katholischen Kirche in allen gesellschaftlichen Bereichen zurückdrängen.

Klerikale Angelegenheiten fielen in den Geschäftsbereich von Kultusminister Johannes Hoffmann, eines erklärten Kirchenhassers. Der Pfälzer Protestant erließ eine »Verordnung über den Besuch des Religionsunterrichts und die Teilnahme der Schüler und Schülerinnen an religiösen Übungen«. Mit letzteren meinte er den Gottesdienst. Zum ersten Mal in der bayerischen Geschichte war Religion zum Wahlfach geworden; die Eltern durften allein entscheiden, ob ihr Kind am konfessionellen Unterricht oder am Gottesdienst teilnehmen sollte.

Die Beseitigung der religiösen Schulaufsicht stieß auf erbitterten Widerstand vor allem der katholischen Kirche. Erzbischof Michael von Faulhaber schrieb in einem Hirtenbrief, daß der Hoffmannsche Religionserlaß vor dem Richtstuhl Gottes schwerer wiege als der Blutsbefehl des Herodes: Schließlich habe Herodes auch beteuert, er wolle nur das Beste für das Kind von Bethlehem; in Wirklichkeit wollte er es aber umbringen. Faulhaber drohte allen Eltern, die ihre Kinder vom Religionsunterricht abmeldeten, mit dem Ausschluß von der heiligen Kommunion und der Verweigerung eines kirchlichen Begräbnisses.

Auch in der Provinz hatte sich der Wind gedreht und blies der Kirche ins Gesicht. Im ansonsten recht friedlichen und beschaulichen Regensburg wurde ein Lehrerrat gebildet, dessen einzige Aufgabe darin bestand, sämtliche katholischen Lehranstalten im Stadtgebiet zu säkularisieren.

Im oberpfälzischen Burglengenfeld wurde der Pfarrer Michael Merkl von einer wütenden Menschenmenge daran gehindert, den Hirtenbrief des Erzbischofs Faulhaber zu verlesen. Die Kirche, so die Überzeugung der Demonstranten, habe sich zukünftig aus allen politischen Angelegenheiten herauszuhalten. Pfarrer Merkl durfte nach dem Willen seiner aufsässigen Gemeinde sein Pfarrhaus nicht mehr verlassen. Der Geistliche zog daraufhin einen Revolver und feuerte über die Köpfe der Belagerer hinweg ein ganzes Magazin leer. Daraufhin glaubten die Gemeindemitglieder, ihr Hirte trachte ihnen nach dem Leben, und versuchten, ins Pfarrhaus einzudringen und den Pfarrer von weiterem Schußwaffengebrauch abzuhalten. Erst auf Intervention des eilends herbeigerufenen Burglengenfelder Arbeiterrates beruhigten sich die Gemüter wieder. Der Pfarrer lieferte seinen Revolver aus, und die Belagerer zogen wieder ab.

In der mittelfränkischen Gemeinde Kirchensittenbach wandte sich ein revolutionärer Bauernrat mit folgenden Forderungen an den örtlichen Pfarrer:

»1. Der Pfarrer hat dafür Sorge zu tragen, daß die Glocken, die vor kurzem auf seine Veranlassung fortgeschafft wurden, um die für schnelle Ablieferung ausgesetzte Prämie zu bekommen, sofort wieder zurückgebracht werden.
2. Der Pfarrer, der durch seine langen Predigten gefürchtet ist, hat sich zu verpflichten, in Zukunft seine Predigten nicht über eine Stunde auszudehnen.
3. Aus Anlaß der Revolution ist am Sonntag in der Sonntagsschule und am Montag in der Werktagsschule schulfrei.
4. Beerdigungen dürfen in Zukunft nicht mehr nach Klassen vorgenommen werden, alle Leichen sollen gleichmäßig bestattet werden.«[11]

Dem Pfarrer blieb nichts anderes übrig, als diese Forderungen zu akzeptieren.

Eisner wollte die Gesellschaft von unten nach oben revolutionieren, lehnte jedoch eine Diktatur des Proletariats im Leninschen Sinne kategorisch ab. Aus diesem Grund sprach er sich dagegen aus, den Räten gesetzgebende Befugnisse einzuräumen. Ihre Funktion sollte sich auf Beratung und Kontrolle des Parlaments beschränken und dessen Souveränität nicht einengen. Eisner maß dem Erziehungsaspekt im Rätesystem größte Bedeutung zu:

»Haben wir einmal den revolutionären Geist durchgesetzt, haben wir diese freien Einrichtungen, die Körperschaften der Räte, dann haben wir bessere Waffen als Granaten und Maschinengewehre, und die Giftgase der Vergangenheit zerstieben und verwehen vor dem reinigenden Wehen des neuen Geistes. Das ist die Arbeit für die Zukunft, das ist Revolutionspolitik: jetzt durch geistige Durchdringung der Massen, durch die Erziehung der Massen jedes reaktionäre Regiment künftig unmöglich zu machen.«[12]

Die SPD-Minister in Eisners Regierung schlugen vor, nach den Landtagswahlen die Räte ganz verschwinden zu lassen und das Volk ausschließlich durch das Parlament zu repräsentieren. Sie wollten die unliebsame Konkurrenz loswerden, um ihren Einfluß auf die Arbeiterschaft wieder zu vergrößern und eine »Bolschewisierung« Bayerns zu verhindern. Dagegen wollte die USPD die Position der Räte nach den Wahlen noch ausbauen. Zum einen versprach sie sich davon eine langfristige Unterstützung der Massen für ihr Parteiprogramm, zum anderen hoffte Eisner, durch die Einbindung der Räte in seine Politik den Einfluß der Kommunisten auf die Regierung möglichst gering zu halten.

Unter der Bevölkerung stieß der Rätegedanke auf lebhaften Zuspruch. In fast jeder bayerischen Ortschaft entstand innerhalb weniger Wochen irgendeine Art von Räteorganisation. Bereits bis Ende November stieg die Zahl der Räte auf über 6000 im ganzen Land an. Die Funktion der verschiedenen Körperschaften war von Gemeinde zu Gemeinde verschieden; nirgendwo waren eindeutige Richtlinien für ihre Arbeitsweise erlassen worden. In den Städten dominierten die Arbeiterräte, auf dem Land die Bauernräte; der Einfluß der Soldatenräte nahm im Verlaufe der fortschreitenden Demobilisierung immer mehr ab.

Ursprünglich gab es für jede Heereseinheit eine entsprechende Rätevertretung. Die Weisung des Zentralen Soldatenrats an alle Garnisonen lautete, einen aus zehn Soldaten bestehenden Kasernenrat zu bilden, der die Leitung der jeweiligen Kaserne übernehmen sollte. Die Kasernenräte hatten das Recht, Beschwerden einzureichen, Beförderungen zu empfehlen und die Absetzung unfähiger Offiziere zu verlangen. Auch ein Mitspracherecht beim Heereskommando wurde ihnen zugestanden.

Der Zentrale Soldatenrat war im Provisorischen Nationalrat vertreten und diente als Bindeglied zwischen Kasernen und Parlament. Dabei kam es zu ständigen Kompetenzstreitigkeiten mit dem SPD-Minister Roßhaupter. Dieser bestand mit dem Hinweis auf die Souveränität des Parlaments darauf, bei allen auftretenden Konflikten das letzte Wort zu haben. Den Soldatenräten gestand Roßhaupter lediglich Beraterfunktion zu. In seiner unnachgiebigen Haltung erhielt Roßhaupter stets Rückendeckung von Innenminister Auer.

Der gleichzeitig mit dem Zentralen Soldatenrat gegründete Revolutionäre Arbeiterrat begab sich umgehend an die Organisation von Betriebsräten (in den Städten) und Gemeinderäten (auf dem Land). Vorsitzender der Zentralorganisation, in der die Münchner Arbeiter überproportional stark vertreten waren, war Kurt Eisner. Da Eisner wegen seiner zunehmenden außenpolitischen Verpflichtungen kaum Zeit hatte, sich um seine Aufgaben im Rat zu kümmern, konnte Auer seine Machtposition in der Innenpolitik immer weiter ausbauen. Auer sprach den Arbeiterräten jede Vollzugsgewalt ab und bestand darauf, daß die Räte nicht in die Verwaltungstätigkeit der kommunalen Behörden in Stadt und Land eingreifen durften. So blieb diese Funktion in den Händen der ehemals königlichen Beamten.

Am 26. November erließ Eisner Richtlinien für die Tätigkeit der Arbeiterräte. Darin versicherte er, daß die Räte die Grundlage des neuen Regierungssystems bilden sollten. Zwei Wochen später fand die konstituierende Sitzung der Arbeiterräte Münchens und der acht bayerischen Regierungsbezirke statt. Der daraus hervorgegangene Landesarbeiterrat entsandte 50 Vertreter in den Provisorischen Nationalrat.

Wirkliche politische Bedeutung sollte der Landesarbeiterrat jedoch erst in der Zeit nach Eisner erlangen. In den Richtlinien war von einer Kontrollfunktion der Räte gegenüber dem Parlament keine Rede mehr. So kam es, daß Auer seinen Einfluß auf die Räte ständig vergrößern konnte, bis er sie vollständig in seiner Gewalt hatte. Eisners Einfluß dagegen beschränkte sich auf persönliche Kontakte zu einzelnen Räteführern.

Ein Zentraler Bauernrat wurde in München erst nach dem Unfalltod Ludwig Gandorfers gebildet. Er sollte die oberste Vertretung der Bauernschaft darstellen, da die Gründung eines Landwirtschaftsministeriums an Auers Widerstand scheiterte. In den der Hauptstadt am nächsten gelegenen Regierungsbezirken Oberbayern und Schwaben war der Einfluß der Bauernräte am stärksten; in der Oberpfalz, in Unter- und Oberfranken und in der linksrheinischen Pfalz (die in der Weimarer Republik zu Bayern gehörte) waren sie praktisch bedeutungslos. Dies lag auch an der Tatsache, daß viele Bauern im zentrumstreuen Bayerischen Bauernverein organisiert waren und der Revolution gleichgültig gegenüberstanden. Der Soziologe Wilhelm Mattes verfaßte im Jahre 1921 eine Studie über die Aktivitäten der Bauernräte in der Provinz. Eine typische Antwort, die in seiner Befragung der Mitwirkenden immer wieder fiel, sei hier kurz wiedergegeben. Sie stammt von einem Bauernrat in der Oberpfalz:

»Keine Tätigkeit bekanntgeworden. Die örtlichen Bauernräte in der hiesigen Gegend waren gewählt, damit sie auch gewählt waren.«[13]

Als weiteres Hindernis für eine politisch wirksame Vertretung der Bauern erwies sich Auers Obstruktionspolitik. In den vorläufigen Richtlinien für den Zentralen Bauernrat setzte er durch, daß dessen Arbeit in den Kompetenzbereich des Innenministeriums fiel. Ebenso wie die anderen Räte besaßen die Bauernorganisationen keinerlei Vollzugsgewalt und durften nicht in die Gemeindeverwaltung eingreifen.

Außer in den Betrieben, in der Landwirtschaft und beim Militär versuchte Eisner auch in anderen gesellschaftlichen Bereichen den Rätegedanken zu verwirklichen. Alle sozialen Schichten sollten ihren Beitrag dazu leisten. So gründeten bayerische Unternehmer einen »Bayerischen Industrierat«, der den Ministerrat und andere wichtige staatliche Stellen in wirtschaftlichen Fragen beraten und ihnen gegenüber auch die Interessen der Industrie wahrnehmen sollte. Handwerker, Ladenbesitzer und Kleinunternehmer schlossen sich zu einem »Handwerker- und Gewerberat« zusammen, der drei Vertreter in den Provisorischen Nationalrat entsandte. Am 20. November fand die Gründungsversammlung des »Landesverbandes der bayerischen Rechtsanwälte« statt: wenig später folgte die Bildung eines Beamtenrats aus den Reihen des Bayerischen Beamten- und Lehrerbundes. Vor der Vertretung der Lehrer konnten die Schüler nicht zurückstehen. Sie verlangten ein

Mitspracherecht bei der Gestaltung des Unterrichts und bei der Organisation des Schulalltags. Um ihrer Forderung Nachdruck zu verleihen, gründeten sie einen Münchner Schülerrat.

Unter dem Vorsitz des Nationalökonomen Lujo Brentano wurde ein ›Rat geistiger Arbeiter‹ gebildet, dem Künstler, Wissenschaftler, Ärzte, Lehrer und Juristen angehörten, diesem unterstellt waren die jeweiligen Berufsorganisationen, die ihre Vertreter in die zentrale Organisation entsandten. Da Brentano Eisner gegenüber sehr kritisch eingestellt war und diesen, noch bevor er Ministerpräsident war, in einem Presseartikel wegen Verunglimpfung der deutschen Wissenschaft scharf angegriffen hatte, gründeten erklärte Anhänger Eisners als Gegenstück den ›Politischen Rat geistiger Arbeiter‹. Ihm gehörten Schriftsteller wie Rainer Maria Rilke, Ricarda Huch und Bruno Frank an. Zum Vorsitzenden des Politischen Rates wurde Heinrich Mann gewählt – sehr zum Mißfallen seines jüngeren Bruders Thomas, der am 15. November in seinem Tagebuch notierte:

»Heut im Morgenblatt Kundgebungen zweier verschiedener ›Räte der geistigen Arbeiter‹, die eine, sehr vorläufig und allgemein gehalten, von einer Gruppe um Brentano, die andere, empörend hochnäsig, fanatisch-politisch und ketzerrichterisch, von einer Gruppe um Heinrich und – [den Münchner Journalisten Joachim] Friedenthal. Die Publikation regte mich sehr auf […]. Würdelosigkeit und selbstverräterisches Elend im ganzen Lande.«[14]

Widerstände gegen die Räte regten sich überall im bürgerlichen Lager. Liberale und Konservative vertrauten doch eher dem Parlament als politischer Vertretung denn dem Landesarbeiter- und Soldatenrat, in dem natürlich die der Revolution am stärksten zugeneigten Gruppen das Sagen hatten. Den Bürgerlichen kam keine entscheidende Rolle in Eisners neuer

Republik zu. Nach Ansicht des Ministerpräsidenten hatte diese Benachteiligung durchaus ihre Berechtigung: konnten die Vertreter des alten Systems doch froh sein, wenn sie sich überhaupt noch politisch betätigen durften!

Wenn Anspruch und Wirklichkeit vielfach noch weit auseinanderlagen, wenn auch viele gute Ansätze der Rätedemokratie aus den verschiedensten oben angeführten Gründen versandeten, so war die Schaffung von Räten doch nicht gänzlich umsonst. Ihre Akzeptanz in der Bevölkerung blieb ungebrochen; die Zahl der Räte wuchs im Dezember sogar auf 7000 an. Eisner und die USPD setzten auf die erzieherische Funktion der Räte, die langfristig das Bewußtsein in der Bevölkerung für einen demokratischen Sozialismus entwickeln und so den Boden für tatsächliche Veränderungen bereiten sollten. So wies er Kultusminister Hoffmann an, dic nötigen Schritte zur Bildung einer Arbeiter- und Bauernhochschule in München einzuleiten. Dieser geplante Vorläufer der heutigen Volkshochschulen sollte vor allem den ungebildeten Schichten als Möglichkeit dienen, schulische Defizite auszugleichen und Kenntnisse zu erwerben, die bislang nur Gymnasialschülern und Universitätsstudenten vorbehalten waren. Für die Arbeiter waren Abendkurse, für die Bauern Unterricht in den Wintermonaten vorgesehen. Die Errichtung von Arbeiter- und Bauernhochschulen war außer in München noch in den Bezirksmetropolen Nürnberg, Augsburg, Würzburg, Regensburg und Ludwigshafen geplant.

Gustav Landauer, Mitglied des Revolutionären Arbeiterrates, konnte bereits am 9. Dezember eine positive Bilanz der Tätigkeit der Räteorganisationen ziehen:

»Da handelt es sich vor allen Dingen um die Umstellung der Kriegswirtschaft in die Friedenswirtschaft. Zum Beispiel hat der Zentralarbeiterrat wesentlich dabei mitgewirkt, […] daß die Artilleriewerkstätten sofort in Friedenswerkstätten, in Werkstätten zur Herstellung von Waggons und Lokomotivteilen umgewandelt werden. Es ist eine sofortige Einstellung der Rüstungsbetriebe durchgesetzt worden. Wir haben aber dafür gesorgt und daran mitgearbeitet, daß eine vierwöchige Kündigungsfrist mit voller Bezahlung der Arbeitslosenunterstützung innegehalten werden mußte. Wir haben durch unsere Kommissare und Delegierte mitgearbeitet an der Versorgung Bayerns mit Kohle, an der Verstaatlichung des Lastkraftwagenverkehrs, wir haben dahin gewirkt, […] daß Wagen, Pferde, Vieh, Gerät aller Art bei uns im Lande bleibt und vor allen Dingen von unseren Produzenten und von unseren Bauern verwertet wird. Wir haben mitgewirkt ... an der Durchführung der 44-Stunden-Woche mit freiem Samstagnachmittag.«[15]

Eisners größtes wirtschaftspolitisches Ziel, die Sozialisierung der Bergwerke, der Elektrizitätserzeuger und der Schwerindustrie, ließ sich vorerst noch nicht verwirklichen. Dies lag zum einen am maroden Zustand der bayerischen Schwerindustrie, die jetzt die Folgen des Krieges mit voller Härte zu spüren bekam. Andererseits wollte Eisner die kapitalistische Wirtschaft nicht wie in Rußland durch Zwangskollektivierung enteignen. Ein solcher Schritt, argwöhnte er, würde die durch den Krieg ohnehin sehr angespannte Versorgungslage verschärfen und womöglich den Unmut großer Teile der Bevölkerung hervorrufen. So setzte Eisner auch im Wirtschaftsbereich auf eine langfristige Strategie: Er wollte warten, bis durch permanente Aufklärungsarbeit der Arbeiter- und Bauernräte die Zeit reif für eine Sozialisierung war, die dann – ausgehend von den Betriebsräten und lokalen Bauernorganisationen – von unten nach oben erfolgen und nicht staatlich verordnet werden sollte.

Erfolgreicher als in der Wirtschafts- war Eisner in der Verfassungspolitik. Die aus den sozialdemokratischen und liberalen Parteien bestehende Kommission zur Ausarbeitung einer auf demokratischen Prinzipien beruhenden bayerischen Verfassung konnte bereits am 4. Januar 1919 ein »Vorläufiges Staatsgrundgesetz« präsentieren. Darin verankert waren die Säkularisierung der schulischen Erziehung, die Abschaffung der Adelstitel und das Frauenwahlrecht – allesamt traditionelle sozialdemokratische und liberale Forderungen. Den Liberalen und dem rechten Flügel der SPD war es zu verdanken, daß die Räte im Entwurf des Staatsgrundgesetzes mit keinem Wort erwähnt wurden. Dafür setzte sich Eisner mit einer Forderung durch, die die Macht des Parlaments stark beschnitt: Alle Beschlüsse des Landtags konnten innerhalb eines Monats dem Volk zur Abstimmung vorgelegt werden; fiel das Referendum negativ aus, hatte dies die Auflösung des Landtags zur Folge.

Der Kompromiß in der Verfassungspolitik zeigte deutlich, daß der Machtkampf zwischen Räten und Parlament noch keineswegs entschieden war, solange der bayerische Ministerpräsident Kurt Eisner hieß. Eisner beging jedoch den Fehler, sich weder eindeutig für das eine noch für das andere auszusprechen. So erklärte er auf einer Sitzung der bayerischen Arbeiterräte am 9. Dezember: »Die Arbeiterräte sollen die Parlamente der körperlichen und auch geistigen Arbeiter sein, und wenn man demgegenüber erklärt, daß die Nationalversammlung, der Landtag, diese Arbeiterräte entbehrlich machen würde, so behaupte ich: Umgekehrt, es wäre noch eher die Nationalversammlung entbehrlich als die Arbeiterräte.« Nur vier Tage später, in einer Rede vor dem Provisorischen Nationalrat, äußerte er sich ganz anders: »Die Nationalversammlung muß die oberste, souveräne, gesetzgebende Körperschaft sein, sonst wäre sie ja kein Parlament, kein demokratisches Parlament. Die künftige Nationalversammlung ist die Gesetzgeberin, die souveräne Gesetzgeberin, aber in den Räten liegt die moralische Kraft der Massen. Von hier aus soll der lebendige Geist der Demokratie und des Sozialismus hinüberströmen in das Parlament der Abgeordneten.«[16]

In Berlin wurde die Rätefrage eindeutig zugunsten des Parlaments entschieden. Bis Mitte Dezember stand dem Rat der Volksbeauftragten als Kontrollorgan der Vollzugsrat zur Seite. Auf Wunsch der SPD sollte der Vollzugsrat aufgelöst werden; die USPD setzte sich für dessen Weiterbestehen ein. Die Entscheidung sollte in einer Kampfabstimmung auf dem Reichsrätekongreß in Berlin fallen.

Vom 16. bis 20. Dezember tagten die Delegierten, die aus ganz Deutschland zusammenkamen. Bei den Arbeiterräten entfiel ein Delegierter auf 200000 Einwohner; das Heer entsandte jeweils einen Delegierten für 100000 Soldaten.

Für die SPD stellte Max Cohen den Antrag, in Zukunft auf die Räte zu verzichten. Dahinter steckte die Überlegung, die Arbeiterräte in die Gewerkschaften zu integrieren. Auf diese Weise würde die SPD, die bei den revolutionär gesinnten Arbeitern immer mehr an Einfluß verlor, die Kontrolle über ihre alte Anhängerschaft zurückgewinnen. Gegen die Auflösung des Vollzugsrates plädierte Ernst Däumig von der USPD. Die Debatte wurde eher für die Nachwelt als für die Gegenwart geführt; angesichts einer Zweidrittelmehrheit der SPD-Delegierten stand das Ergebnis von vornherein bereits fest. In seiner Rede machte Däumig auf die negativen Folgen aufmerksam, die eine Abschaffung der Räte für die Entwicklung der Demokratie in Deutschland haben würde:

»Wenn die Geschichte dieser Revolutionswochen in Deutschland geschrieben wird, dann wird man sich lächelnd fragen: waren denn die Leute so blind, daß sie nicht sahen, daß sie sich selbst den Strick um den Hals legten! […] Aber das sage ich Ihnen: all Ihre Illusionen auf ein neues, freies, auch kulturell und geistig freies Deutschland, auf ein deutsches Volk, das diesen alten Untertanengeist von sich geworfen hat, der ja heute noch knüppeltief drinsitzt im deutschen Volk, auf ein Deutschland, in dem das Volk auch wirklich aktiven Anteil an seinen Geschicken nimmt und nicht alle zwei, drei Jahre mit einem Stimmzettel in der Hand zur Wahlurne läuft, erreichen Sie nicht mit diesem alten System.«[17]

Die Delegierten stimmten mit großer Mehrheit für die Abschaffung des Rätesystems. Die Wahlen zur verfassungsgebenden Nationalversammlung wurden auf den 19. Januar 1919 festgelegt.

Für Südbayern nahm Ernst Toller als Delegierter am Rätekongreß teil. Er fuhr tief enttäuscht nach München zurück:

»Der deutsche Rätekongreß verzichtet freiwillig auf die Macht, das unverhoffte Geschenk der Revolution, die Räte danken ab, sie überlassen das Schicksal der Republik dem Zufallsergebnis fragwürdiger Wahlen des unaufgeklärten Volks. […] Die Republik hat sich selbst das Todesurteil gesprochen.«[18]

Bayern setzte seinen Alleingang im Reich fort und blieb dem Rätegedanken – wenn auch mit Einschränkungen – verpflichtet. Weitere Räterepubliken entstanden für einige Wochen in Bremen, in Braunschweig und in Mannheim, doch blieben sie eine vorübergehende Erscheinung. In Berlin unternahm der Spartakusbund im Januar 1919 einen Versuch, die Räterepublik im Handstreich zu installieren; doch scheiterten Karl Liebknecht und Rosa Luxemburg am Bündnis Eberts mit Reichswehr und Freikorps. In Wien schlug die Einführung einer Räterepublik ebenfalls fehl. Anders als in Österreich waren die Verfechter eines Volksstaates in einem anderen Land der aufgelösten Donaumonarchie erfolgreich: In Ungarn hatte die Mitte März von Bela Kun und seinen Anhängern errichtete Räterepublik allen Anfeindungen innen- und außenpolitischer Gegner zum Trotz bis zum August 1919 Bestand.

Bayerische Außenpolitik

Bis Mitte November entstanden in allen Einzelstaaten des Deutschen Reichs neue Regierungen. Halbherzigen Versuchen, das alte System zu retten, folgten ebenso halbherzige Versuche, ein neues System aufzubauen. Anders als in Bayern beschränkten sich die Bemühungen der Demokraten meist darauf, Ruhe und Ordnung wiederherzustellen.

Nicht viel anders verlief die Entwicklung in Berlin. In der Hauptstadt teilte sich der Rat der Volksbeauftragten die Macht mit dem Vollzugsrat der Arbeiter- und Soldatenräte – so hatten es SPD und USPD jedenfalls vorgesehen. In Wirklichkeit hatten die Volksbeauftragten bald die gesamte Exekutive an sich gerissen. Der Rat der Volksbeauftragten setzte sich aus drei SPD-Leuten (Friedrich Ebert, Philipp Scheidemann und Otto Landsberg) und ebenso vielen USPDlern (Hugo Haase, Wilhelm Dittmann und Emil Barth) zusammen. Letztere kamen jedoch über die Statistenrolle kaum hinaus.

In München war Eisner die unumstrittene Führungspersönlichkeit der Revolution, dem sich auch die SPD-Minister bedingungslos unterordneten; in Berlin mußte Ebert von Anfang an mit dem erklärten Mißtrauen eines großen Teils der Arbeiterschaft leben, deren Anführer Wilhelm Liebknecht die Mitarbeit im Rat der Volksbeauftragten verweigerte. Die Bayern waren gegen das alte Herrschaftssystem aufgestanden und hatten die alte Ordnung hinweggefegt; in Berlin übergab Prinz Max von Baden sein Amt als Reichskanzler an Ebert.

Scheidemann rief die Republik vom Balkon des Reichstags erst zu einem Zeitpunkt aus, als er genau wußte, daß der Kaiser abdanken würde.

Die USPD-Mitglieder im Rat der Volksbeauftragten schöpften bald Verdacht, daß Ebert sie hintergehen würde. Tatsächlich hatte der Reichskanzler vom ersten Moment der Republik an mit führenden Militärs paktiert. Der General Wilhelm Groener, Ludendorffs Nachfolger in der Obersten Heeresleitung, rief am 10. November Ebert in der Reichskanzlei an und bot ihm die Unterstützung der Reichswehr an. Im Gegenzug verlangte er von der Regierung die Bekämpfung des Bolschewismus und die Ausschaltung der Soldatenräte. Groener wunderte sich, daß er sein Ziel so mühelos erreichte:

»Ebert ging auf meinen Bündnisvorschlag ein. Von da ab besprachen wir uns täglich abends auf einer geheimen Leitung zwischen der Reichskanzlei und der Heeresleitung über die notwendigen Maßnahmen. Das Bündnis hat sich bewährt.«

Diese Übereinkunft ermöglichte es Ebert, die Arbeiter- und Soldatenräte in der Hauptstadt in Schach zu halten; die Reichswehr versetzte er somit in die Lage, das geschlossene Offizierskorps ohne Reibungsverluste vom Kaiserreich in die neue Demokratie hinüberzuretten.[19]

Eberts Verhalten trieb die mitregierenden Unabhängigen Sozialdemokraten in die Opposition. In München verfolgte man die politische Entwicklung mit großer Besorgnis. Eisner, der mit Haase in Kontakt stand, mißtraute der Berliner Zentralregierung im allgemeinen und Ebert im besonderen. Dieses Mißtrauen schlug sich auch in seiner Politik gegenüber dem Reich nieder.

Das dringendste politische Anliegen für Eisner war die rasche Unterzeichnung eines Friedensabkommens mit den Ententemächten. Nach wie vor drohte ein Einfall der Amerikaner in Südostbayern und der Franzosen in der linksrheinischen Pfalz. Die Zeit drängte, zumal die Alliierten am 9. November ihre Waffenstillstandsbedingungen bekanntgaben.

Die Abtretung sämtlicher deutscher Gebiete links des Rheins und die hohen Reparationsleistungen waren für das Deutsche Reich ein Schock: 5000 Lokomotiven, 150000 Waggons und 5000 LKW sollten sofort bereitgestellt werden. Deprimierend auf die Bevölkerung wirkte sich die Nachricht aus, daß die Blockade der deutschen Seehäfen bis zur Unterzeichnung eines endgültigen Friedensvertrages aufrechterhalten blieb. Wie sollten in Zukunft die dringend benötigten Nahrungsmittel beschafft werden, auf deren Einfuhr das deutsche Volk, das ohnehin schon am Hungertuch nagte, angewiesen war?

Die harten Waffenstillstandsbedingungen bedeuteten für Eisner das Signal, eine diplomatische Offensive zu starten. Die Stunde einer eigenständigen, vom Reich völlig unabhängigen bayerischen Außenpolitik war gekommen!

Im Berliner Auswärtigen Amt führten noch immer die beiden Männer die Geschäfte, die die deutsche Außenpolitik während der Kriegszeit geleitet hatten und für ihre Annexionspolitik berüchtigt waren: Wilhelm Solf und Matthias Erzberger. Sie waren immer wieder für eine Verschärfung des brutalen U-Boot-Krieges eingetreten; Erzberger hatte sogar die komplette Vernichtung Londons mit welchen Mitteln auch immer gefordert. Zweifel waren angebracht, ob die Siegermächte bereit waren, mit solchen Männern über einen für Deutschland erträglichen Frieden zu verhandeln.

Eisner wollte den kompletten Bruch mit der Politik des Kaiserreichs für alle sichtbar vollziehen. Dazu bedurfte es neuer diplomatischer Methoden, einer schonungslosen Abrechnung mit den Schuldigen des Weltkriegs und eines klaren Bekenntnisses in Wort und Tat zum neuen Geist der Demokratie, des Humanismus und der Völkerverständigung.

Eisners Tor zur Welt hieß Bern. Über die Hauptstadt der neutralen Schweiz war es viel einfacher, mit den Vertretern der Alliierten in Kontakt zu treten als von Berlin aus. Bereits in der Nacht zum 11. November sandte er über den Schweizer Bundesrat einen Appell der neuen bayerischen Republik an die Regierungen der Siegermächte, die zugleich eine Adresse an die Proletarier aller Länder war:

»Das bayerische Volk hat zuerst in Deutschland unter Führung von Männern, die seit Beginn des Krieges den leidenschaftlichsten Kampf gegen die frevelhafte Politik der deutschen Regierungen und Fürsten geführt haben, in einer stürmischen und vom endgültigen Erfolg gekrönten Erhebung alle und alles beseitigt, was schuldig und mitschuldig an dem Weltkrieg war. [...] In diesem Augenblicke stürzt auf die junge Republik Bayern die Veröffentlichung der Waffenstillstandsbedingungen der alliierten Mächte herein. Alle Hoffnungen, die wir durch den Erfolg der Revolution hegen durften, sind damit zerstört. Die neue Republik wird, wenn diese entsetzlichen Bedingungen unabänderlich sein sollten, in kurzer Zeit Wüste und Chaos sein. Wir verstünden wohl die Empfindungen, die die alliierten Mächte veranlaßten, solche Bedingungen zu stellen, wenn sie damit den Schuldigen treffen würden. Die deutschen Autokraten und Militaristen verdienten keine Schonung. [...] Jetzt ist die Stunde gekommen, wo durch einen Akt weitausblickender Großmut die Versöhnung der Völker herbeigeführt werden kann. Vergeßt in der Schöpfung der neuen Welt den Haß, der in der alten erzeugt worden ist.«[20]

Eisner hoffte, seine Bitte um Milderung der Waffenstillstandsbedingungen würde beim amerikanischen Präsidenten auf ein offenes Ohr stoßen. In seinen zu Beginn des Jahres veröffentlichten 14 Punkten hatte Wilson einen Verständigungsfrieden favorisiert; jetzt allerdings, nach der militärischen

Niederlage der Mittelmächte, drängten die Verbündeten auf eine Bestrafung Deutschlands. Eisner wollte keinen Sonderfrieden für Bayern aushandeln, sondern als Vertreter desjenigen Einzelstaates, der als erster mit der dunklen Vergangenheit gebrochen hatte, bei den Friedensgesprächen die Vorreiterrolle für das gesamte Reich einnehmen. Gegenüber einem demokratischen Bayern, das seine Abkehr vom alten System glaubhaft vollzogen hatte, wären die Alliierten Eisner zufolge viel eher zu Zugeständnissen bereit als gegenüber Berlin, wo die Regierung immer noch mit den Militärs paktierte und das Auswärtige Amt nach wie vor von Kriegstreibern geleitet wurde.

Am 12. November berief Eisner den durch mehrere Friedensinitiativen während des Weltkrieges international anerkannten Pazifisten Friedrich Wilhelm Foerster zum bayerischen Gesandten in Bern. Foerster stürzte sich sogleich in seine Arbeit und nahm Verbindung zum amerikanischen Pazifisten George D. Herron auf, der Eisners Bitte um Milderung der Waffenstillstandsbedingungen zusammen mit einem persönlichen Begleitschreiben sofort an Präsident Wilson weiterleitete. Bereits fünf Tage später erhielt Eisner ein Telegramm Herrons:

»Ich habe mein möglichstes getan, um den Präsidenten Wilson und die Entente-Regierungen zu überzeugen, daß Ihre Regierung vertrauenswürdig ist. […] Vor allem rate ich Ihnen dringend, möglichst viele deutsche Staaten zu überzeugen, Ihrer Führung zu folgen, zweitens die ersten Schritte zu einem vollen und offenen Bekenntnis der Schuld und Untaten der deutschen Regierung am Anfang des Krieges und an den Grausamkeiten der Kriegführung zu unternehmen. Die moralische Wirkung einer solchen Handlung wäre gewaltig und entscheidend. Drittens unternehmen Sie die ersten Schritte zur Berufung einer bayerischen oder deutschen Kommission, die die verheerten Gebiete Frankreichs und Belgiens besuchen und Ihrem Ministerium unverzüglich darüber Bericht erstatten sollte. Ich bitte Sie, kühn, offen und unverzüglich zu handeln, nicht nur Deutschlands, sondern der Zivilisation und der Menschheit wegen.«[21]

Dieses Schreiben Herrons sollte Eisner als Leitlinie der zukünftigen bayerischen Außenpolitik dienen. Unterstützung erhielt er durch einen aufmunternden Brief Foersters, der aus Bern schrieb, Eisner habe mit seinem Vorgehen das Vertrauen des außenpolitischen Beraters Clemenceaus gewonnen.

Für Eisner stellte sich die Frage, welche Handlungsmöglichkeiten sich ihm konkret boten. Weder das Auswärtige Amt noch der Rat der Volksbeauftragten würden eigene Schritte zu Friedensverhandlungen unternehmen, wie ihm der bayerische Gesandte in Berlin, der Historiker Friedrich Muckle, in einem Schreiben versicherte. Muckle hatte sich mit dem Publizisten Maximilian Harden, ebenfalls einem bekannten Pazifisten, beraten; beide waren zu dem Schluß gekommen, es wäre das beste, wenn Eisner mit einer eigenmächtigen Veröffentlichung der bayerischen Kriegsakten die Regierung in Berlin unter Druck setzte.

Die passende Gelegenheit bot sich Eisner auf der Reichskonferenz der Ministerpräsidenten der Einzelstaaten am 25. November in Berlin. Eisner reiste mit Fechenbach bereits zwei Tage vorher mit dem Nachtzug an. Nach Durchsicht der ihm vorliegenden Akten glaubte Eisner den Beweis zu haben, daß die deutsche Regierung im Juli 1914 die österreichische Regierung geradezu in einen Krieg mit Serbien hineingedrängt hatte in der Absicht, einen europäischen Krieg zu entfachen. Schließlich wählte er vier Dokumente aus, die seiner Meinung nach eindeutig die deutsche Schuld am Kriegsausbruch bewiesen.

Die Dokumente erschienen am 24. November, von Eisner überarbeitet und gekürzt, im *Berliner Tageblatt*. Einen Tag später wurden sie in allen großen Tageszeitungen Deutschlands und der Entente-Hauptstädte veröffentlicht.

Auf der Ministerpräsidentenkonferenz ergingen von fast allen Beteiligten Vorwürfe an Eisner wegen seines eigenmächtigen Handelns. Eisner ließ diese nicht gelten; für ihn seien sie ein deutliches Zeichen, daß Deutschland immer noch vom unheilvollen Geist des Militarismus durchdrungen sei. An die Adresse Eberts richtete er die Forderung, Solf und Erzberger endlich zu entlassen (wobei er im Falle Solfs von einigen der Ministerpräsidenten lebhaft unterstützt wurde) und eine Kommission aus unbescholtenen USPD- und SPD-Politikern einzusetzen, der die Führung der Friedensverhandlungen auf deutscher Seite übertragen werden sollte. Nachdem Eisner sich mit keiner seiner Forderungen gegenüber Ebert durchsetzen konnte, reiste er am Abend des 25. November enttäuscht aus Berlin ab.

Noch in der Nacht sandte Eisner ein Telegramm an Muckle, in dem er den Abbruch der diplomatischen Beziehungen zum Auswärtigen Amt bekanntgab:

»Die neuerlichen Versuche, die alten Methoden des Auswärtigen Amtes fortzusetzen und das deutsche Volk erneut um die Erkenntnis der Wahrheit zu betrügen, veranlassen das Ministerium des Äußern des Volksstaates Bayern, jeden Verkehr mit den gegenwärtigen Vertretern des Auswärtigen Amtes abzulehnen.«[22]

Eisners spektakulärer Bruch mit Berlin hatte auch zum Ziel, die Massen in ganz Deutschland wachzurütteln. Vor allem die unzufriedene Arbeiterschaft sollte sich endlich ihrer Stärke bewußt werden und mit Entschiedenheit die Einsetzung einer handlungsfähigen Regierung verlangen. Einen Bundesgenossen sah Eisner in Karl Liebknecht. Unmittelbar vor der Ministerpräsidentenkonferenz hatte sich Eisner mit dem Führer des Spartakusbundes getroffen, um ihn zu einer Unterstützung seiner Friedensinitiative gegenüber den Alliierten zu bewegen. Liebknecht hatte dies jedoch abgelehnt: Er wolle weder im In- noch im Ausland mit Kapitalisten verhandeln. Auch nach Eisners Bruch mit Berlin war Liebknecht zu keiner Zusammenarbeit mit den bayerischen Sozialisten bereit: Für den Spartakusbund kam eine Einführung des Sozialismus erst dann in Frage, nachdem alle noch bestehenden Strukturen des alten Obrigkeitsstaates restlos zerstört sein würden; außerdem setzte Liebknecht darauf, daß sich die Arbeiter in Europa bald geschlossen gegen ihre Regierungen erheben würden.

Eisners Hoffnung, daß die Alliierten in Friedensverhandlungen mit Bayern eintreten würden, erfüllte sich nicht. Zwar erntete er von den Ententemächten Lob für seine ehrlichen Absichten, aber an Berlin vorbei wollte keiner der Siegermächte agieren. Selbst vom amerikanischen Präsidenten kam trotz der Vorliebe für die Einrichtung eines Völkerbundes, die Eisner und Wilson teilten, und der Vermittlerrolle Herrons zunächst keinerlei Zeichen einer diplomatischen Anerkennung.

Erst die »Kommission für die Feststellung der Verantwortlichkeit der Urheber des Krieges und die aufzuerlegenden Strafen«, auf deren Bericht hin die endgültigen Friedensbedingungen des Versailler Vertrags festgelegt wurden, würdigte die bayerische Initiative – allerdings erst im März 1919. An drei Stellen bezog sich der Bericht ausdrücklich auf Eisners Veröffentlichung, um Beweise für die deutsche Schuld am Kriegsausbruch zu erbringen.

Der einzige Erfolg, den Eisner noch miterleben durfte, war die Entlassung Solfs aus dem Auswärtigen Amt. Der Staatssekretär konnte aufgrund des großen Drucks, der von allen Seiten auf ihn ausgeübt wurde, von der Reichsregierung nicht mehr gehalten werden.

»Sollte die Reichsregierung unseren ernstesten Vorstellungen kein Gehör schenken, so müßten wir den Abfall des Südens wenigstens androhen. Preußen hat uns in das Unglück des Krieges gestürzt, es soll uns nicht noch tiefer in den Abgrund, aus dem wir uns herauszuarbeiten suchen, hinabdrücken.«[23]

Separatistische Bestrebungen hatten in Bayern unmittelbar nach dem Krieg wieder Konjunktur. Große Teile des bürgerlichen Parteienspektrums befürworteten einen Abfall vom Reich, wenn auch aus anderen Motiven als denen, die der Gesandte Muckle in einem Bericht an Eisner anführte. Hätte es in Bayern zu diesem Zeitpunkt eine Volksabstimmung über die Unabhängigkeit des Freistaats gegeben, wäre vermutlich eine große Mehrheit für die Loslösung vom Reich zustande gekommen.

Aber befürwortete Eisner wirklich einen bayerischen Separatismus? Zeigte nicht der überaus bescheidene Erfolg seiner Friedensinitiative, daß für Bayern im Konzert der europäischen Nationen kein Platz war? Und war Bayern, auf sich allein gestellt, wirtschaftlich überhaupt lebensfähig?

Tatsächlich sollte sich Bayern bald eine Möglichkeit bieten, sich von Berlin zu lösen. Paradoxerweise war es Eisner, der diesen Schritt letztendlich verhinderte.

Die Initiative zu einem gemeinsamen Vorgehen der süddeutschen Staaten gegen Berlin ging von Baden aus. In Karlsruhe war eine sozialdemokratische Regierung an die Macht gekommen. Der badische Ministerpräsident Anton Geiß war ein entschiedener Befürworter des Föderalismus, nicht aber der Revolution. Für den Fall, daß sich in Berlin die Spartakisten durchsetzten und eine parlamentarische Demokratie nicht zustande käme, plante er die Gründung eines süddeutschen Bundes zusammen mit Württemberg, Bayern und Hessen.

In Stuttgart und Darmstadt regierten ebenfalls die gemäßigten Sozialdemokraten. Die Ministerpräsidenten Wilhelm Blos und Carl Ulrich lehnten einen von Berlin aus regierten zentralistischen Staat ab, waren aber für die Einheit des Reiches. Für die Besprechungen zum Entwurf einer neuen Verfassung, die das Deutsche Reich nach den Wahlen zur Nationalversammlung erhalten sollte, vereinbarten die Süddeutschen ein geschlossenes Vorgehen gegen die preußische Hegemonie.

Wie sollte sich Eisner verhalten? Einerseits wünschte er sich eine Stärkung des Rätegedankens in einer deutschen Demokratie; andererseits wollte er eine kommunistische Herrschaft des Spartakusbundes, die ebenso wie die Regierung der Volksbeauftragten einem zentral gelenkten System anhing, verhindern.

Eisner vereinbarte mit Geiß, Blos und Ulrich für den 27. Dezember in Stuttgart eine gemeinsame Konferenz der süddeutschen Staaten. Auf ihr sollten nicht nur Verfassungs-, sondern auch Wirtschaftsfragen erörtert werden. Württemberg und Hessen, die bei der Nahrungsmittelbeschaffung im Ausland völlig von Berlin abhängig waren, warfen dem Auswärtigen Amt Versagen bei der Lösung dieses Problems vor. Sie planten, ihre Importlieferungen in Zukunft über die bayerische Vertretung in der Schweiz abzuwickeln.

Über die Weihnachtstage war es in Berlin zu schweren Unruhen gekommen. Spartakusbund und Reichswehr marschierten auf, eine bewaffnete Auseinandersetzung schien unausweichlich. In dieser Situation war an Verhandlungen des Rates der Volksbeauftragten mit den Alliierten nicht zu denken. Ebert verharrte in Untätigkeit; er vertraute auf die Wahlen im Januar. Unterdessen wuchs in Baden die Angst vor einem Einfall der Franzosen. Der linksrheinische Teil Hessens war bereits von französischen Truppen besetzt.

Eisner wollte einen süddeutschen Bund gründen, der das

Reich von Süden her – gegen Preußen und Berlin – reformieren sollte. Dem Bund sollten anschließend alle deutschen Einzelstaaten beitreten. Darüber hinaus wollte Eisner einen Separatfrieden zwischen dem Bund und den Ententemächten schließen, unter Einschluß Deutsch-Österreichs. Die bedeutendste Wirtschaftsreform, die Eisner für alle süddeutschen Staaten gemeinsam plante, war die Sozialisierung der Schlüsselindustrien.

Geiß, Blos und Ulrich stimmten mit Eisner in der Ablehnung des preußisch dominierten Zentralismus im Deutschen Reich überein. Auch wollten sie möglichst bald gemeinsame Verhandlungen mit den Alliierten aufnehmen, um ein deutliches Signal gegen Berlin zu setzen und endlich in den Friedensbemühungen voranzukommen. Die Gründung eines süddeutschen Bundes lehnten sie jedoch ab; ebenso Eisners sozialistische Wirtschaftsreformen. Sie schlugen die Gründung einer süddeutschen Kommission mit Sitz in Stuttgart vor, die eine Neugründung des Reichs auf föderalistischen Prinzipien, die rasche Schaffung einer handlungsfähigen Reichsregierung auf der Grundlage der Wahlen zur Nationalversammlung und die schleunige Herbeiführung eines für alle Beteiligten akzeptablen Friedens bewirken sollte.

Alle Konferenzteilnehmer lehnten eine Loslösung der Süddeutschen vom Reich ab. Doch während Geiß, Blos und Ulrich keine »Berliner Verhältnisse« wünschten, hoffte Eisner auf eine Niederlage Eberts im Machtkampf zwischen SPD, USPD und Spartakusbund. Die Gegensätze in dieser Frage, die in der Nacht von allen Beteiligten auf Eisners Hotelzimmer weiterverhandelt wurde, erwiesen sich als so stark, daß keine Einigung mehr über ein gemeinsames Vorgehen der Süddeutschen gegen Berlin erzielt werden konnte. Eisner reiste am nächsten Morgen verärgert aus Stuttgart ab.

Auer führte die Verhandlungen mit den drei süddeutschen

Ministerpräsidenten zu Ende. Man einigte sich auf die Gründung einer Süddeutschen Kommission, der die Aufgaben zukommen sollten, die Geiß, Blos und Ulrich ihr zugedacht hatten. Auf eine süddeutsche Blockbildung bei zukünftigen Ministerpräsidentenkonferenzen sollte verzichtet werden. Schließlich kam man überein, alle Nahrungsmittelkäufe im Ausland gemeinsam zu tätigen und auch bei der Verteilung von Importen seitens der Berliner Zentrale als eine Einheit bedacht zu werden.

Die in Stuttgart beschlossene süddeutsche Kommission trat nie zusammen. Dies lag in erster Linie an Eisner. Ihm war das politische Gefälle zwischen den Beteiligten zu groß: Während Bayern den Alleingang wagte und konsequent den revolutionären Weg beschritt, waren ihm die drei anderen Staaten zu sehr auf den Erhalt von Ruhe und Ordnung bedacht. Hinzu kam, daß Eisner im eigenen Land bald nicht mehr unumstritten war und alle Hände voll zu tun hatte, um sich gegen innenpolitische Gegner von links wie von rechts zur Wehr zu setzen.

Erich Mühsam

* 6. 4. 1878 Berlin
† 10. 7. 1934 Oranienburg

Der hochbegabte Mühsam verbrachte eine traurige Kindheit in Lübeck. Sein Vater, ein jüdischer, preußisch-national gesinnter Apotheker und Veteran der Kriege von 1866 und 1870/71, erzog ihn mit äußerster Strenge und viel Prügel. Der Sohn rebellierte und blieb dreimal sitzen. Mit siebzehn flog Mühsam vom Gymnasium: Er hatte im sozialdemokratischen *Lübecker Volksboten* eine Rede des Direktors über den Jahrestag des preußischen Sieges über die Franzosen bei Sedan lächerlich gemacht.

Der Vater steckte Mühsam in eine Apothekerlehre. Nachdem er diese widerwillig absolviert hatte, machte sich Mühsam vom Elternhaus los und arbeitete als freier Schriftsteller in Berlin, wo er 1904 seinen ersten Gedichtband *Die Wüste* veröffentlichte. Es folgten unruhige, von materieller Armut geprägte Wanderjahre. Schließlich ließ er sich in München nieder.

Beeinflußt von Landauers *Sozialistischem Bund*, gründete Mühsam 1909 die anarchistische Gruppe *Tat*. Prompt wurde er wegen »Geheimbündelei« verhaftet, mußte aber im nachfolgenden Prozeß wegen Mangels an Beweisen freigesprochen werden.

Seit 1911 gab Mühsam eine eigene »Zeitschrift für Menschlichkeit« unter dem provozierenden Titel *Kain* heraus. Sämtliche Artikel schrieb er selbst, Mitarbeiter verbat sich der Individualanarchist Mühsam ausdrücklich. Ebenso wie Landauer erkannte Mühsam früh die Zeichen eines drohenden Krieges. Gemeinsam mit dem Dramatiker Frank Wedekind strebte er die Gründung eines »Weltparlaments« zur Bekämpfung der

Kriegsgefahr an, doch scheiterte der kühne Plan an dem überschäumenden Nationalismus, der zu jener Zeit nicht nur das Deutsche Reich heimsuchte.

Eine unkonventionelle Ehe ging Mühsam 1915 mit dem bayerischen Bauernmädchen Kreszentia Elfinger ein. Die Verbindung erwies sich als Glücksfall und hielt trotz mancher – durch Mühsams freizügige Auffassung von ehelicher Lebens- und Liebesgemeinschaft bedingter – Schwierigkeiten bis zu seinem Tod. »Zenzl« war für Mühsam stets die erste Kritikerin, der er seine Entwürfe zur Begutachtung vorlegte.

Während des Krieges machte Mühsam Bekanntschaft mit Kurt Eisner, beteiligte sich am Januarstreik 1918 und hatte auch großen Anteil an der Novemberrevolution in München. Wegen seiner Mitwirkung in der ersten Räterepublik wurde Mühsam zu fünfzehn Jahren Festungshaft verurteilt; 1924 wurde er begnadigt.

In der Haft hatte er das Arbeiterdrama *Judas* vefaßt, das ein Erfolg wurde. Von 1926 bis zu ihrem Erscheinungsverbot 1931 gab er die anarchistische Zeitschrift *Fanal* heraus, in der er sich scharf mit den Vertretern der Reaktion in Deutschland auseinandersetzte. In den letzten Jahren der Weimarer Republik war Mühsam eng mit Kurt Tucholsky befreundet. Beide verband ihr unermüdlicher Kampf gegen den aufkommenden Nationalsozialismus.

Am 28. Februar 1933 wurde Mühsam von den neuen Machthabern verhaftet. Es folgte eine Odyssee durch die Lager der Nationalsozialisten: Gefängnis Lehrter Straße, KZ Sonnenburg, Haftanstalt Plötzensee, KZ Brandenburg. Am 2. Februar 1934 wurde er ins KZ Oranienburg verlegt. Es war die letzte Station seines schillernden Lebens. Nach permanenten Mißhandlungen wurde Mühsam am 10. Juli 1934 von bayerischen SS-Schergen zu Tode gefoltert.

KAPITEL 6

KRISE UND ENDE DER REGIERUNG EISNER

Der Streit unter den Sozialdemokraten

In der Münchner Regierung blieben Eisner und Auer erbitterte politische Gegner. Beide gaben dies auch unumwunden zu. Doch während Eisner glaubte, Auer mit der Zuteilung eines Ministerpostens an die Kette gelegt zu haben, nutzte Auer sein Amt und die durch Eisners rege außenpolitische Betätigung bedingte häufige Abwesenheit des Ministerpräsidenten, um hinter dessen Rücken die Fäden zu spinnen, in denen Eisner sich verheddern sollte. Es war Auers erklärtes Ziel, Eisners eigentlicher Machtbasis, den Arbeiter-, Bauern- und Soldatenräten, den Zugang zu allen öffentlichen Ämtern zu versperren. Dies gelang Auer nicht nur auf Landesebene; auch in den Bezirken, Kreisen und Gemeinden Bayerns war seine Obstruktionspolitik äußerst erfolgreich. Nur in den Großstädten München, Augsburg und Nürnberg hatte er gegenüber den radikaleren Strömungen der Revolutionsparteien das Nachsehen.

Eisner und Auer stimmten in der Rätepolitik nur in einem Punkt überein: Die Arbeiter-, Bauern- und Soldatenräte sollten keine Vollzugsgewalt erhalten; diese stand allein dem zu wählenden Parlament und den ihm untergeordneten Organen auf Bezirks-, Kreis- und Gemeindeebene zu.

Die den Räten von Eisner zugedachte Kontrollfunktion über alle Verwaltungsämter und deren Inhaber lehnte Auer ab. Es kam zum Konflikt zwischen den beiden Parteiführern. Bereits zwei Wochen nach Ausbruch der Revolution stiftete der von Auers Innenministerium ausgearbeitete Entwurf bezüglich der Richtlinien für die Tätigkeit der Räte erhebliche

Unruhe unter der bayerischen Arbeiterschaft. In den Richtlinien hieß es:

»Die AR und BR sind hiernach in der Hauptsache Hilfseinrichtungen, welche die gesetzlich berufenen Stellen und Behörden bei Handhabung ihrer Polizeigewalt oder Erfüllung sonstiger Aufgaben unterstützen.«[1]

Von einer Kontrollfunktion war in dem Entwurf nicht die Rede; ebensowenig von der von Eisner geforderten Auskunftspflicht aller Behörden gegenüber den Arbeiter-, Bauern- und Soldatenräten.

Als der Entwurf den Rätegremien vorgelegt wurde, kam es zu massiven Protesten gegen Auer. Die Räte sahen sich in dem Entwurf zu bloßen Erfüllungsgehilfen der kaiserlichen Exekutive – deren Beamte nach der Revolution ja nicht ausgetauscht worden waren – degradiert. Auer mußte sich schließlich von dem Entwurf distanzieren. Er bezeichnete ihn als »Fehltritt« seiner Ministerialbürokratie.

Dieser anfängliche Mißerfolg hinderte Auer nicht daran, seine Taktik mit der ihm eigenen Beharrlichkeit weiter zu verfolgen. Seine unermüdliche Lobbyarbeit führte schließlich zum Erfolg: Der Entwurf seines Ministeriums wurde von den Landesräten mit ihrer SPD-Mehrheit – wenn auch erst nach einigem Widerstreben – abgesegnet. Den Bürgermeistern und Bezirksamtmännern im ganzen Lande wurde der Rücken kräftig gestärkt. Nun konnten ihnen die Räte nicht mehr in die Verwaltungsarbeit hineinpfuschen. Eine Auskunftspflicht der Beamten gegenüber den Räten bestand nicht; wer sich beschweren wollte, konnte dies per Petition an die Regierung tun.

Eisner hatte eine entscheidende Auseinandersetzung verloren. Es muß bezweifelt werden, ob er sich der vollen Tragweite der Räterichtlinien bewußt war. Immerhin dämmerte ihm etwas von der Gefahr, die die bayerische Regierung mit der Entmachtung der Räte heraufbeschworen hatte. Eisner sah richtig voraus, daß die Verurteilung der Räte zu politischer Untätigkeit den Keim einer zweiten Revolution in Bayern barg. Aber bis dahin sollten noch einige turbulente Monate vergehen.

Die Stimmung im Volk wandte sich gegen Auer. Viele sahen in ihm den eigentlichen Hemmschuh der Revolution, wie Josef Hofmiller am 2. Dezember in seinem Tagebuch vermerkt:

»Gegen Auer wird unglaublich gehetzt, in aller Öffentlichkeit. Die Gegensätze spitzen sich so zu, daß entweder Eisner zurücktreten oder Auer aus dem Kabinett austreten muß. Letzteres würde den Sieg des Bolschewismus bedeuten.«[2]

Widerstand von links

Nicht nur für Auer wurde die Lage mit der Zeit bedrohlich. Auch Eisner geriet Anfang Dezember von allen Seiten zunehmend unter Druck. Vor allem die bürgerlichen Parteien, in deren Händen der größte Teil der Presse konzentriert war, hatten Eisner seine voreilige Friedensinitiative nicht verziehen. Die Münchner Zeitungen veranstalteten eine Hetzkampagne gegen den Ministerpräsidenten. Unerwartete, doch um so willkommenere Unterstützung erhielten Eisners Kritiker aus Bern. Der bayerische Gesandte in der Schweiz, Friedrich Wilhelm Foerster, meldete sich mit einem Artikel in der sozialdemokratischen *Münchner Post* zu Wort, in dem er Eisner aufforderte, mit der »Diktatur des Proletariats« Schluß zu machen und den Weg zu einer schleunigen Einberufung der Nationalversammlung zu ebnen. Andernfalls verspiele er sämtlichen Kredit bei den Regierungen der Entente und – schlimmer noch – riskiere eine Invasion alliierter Truppenverbände in ganz Deutschland.

Zwar wunderten sich nicht nur die Freunde Eisners, wie Foerster von Bern aus die politische Lage so genau analysieren konnte, doch verfehlte die Aufforderung des Gesandten, die »unhaltbare Lage« in Bayern durch die baldige Ausschreibung von Wahlen zu beenden, nicht ihre Wirkung. Im Ministerrat entspann sich eine heftige Kontroverse über den Wahltermin. Eisner, der wußte, daß es seiner USPD an einem organisierten Parteiapparat und an geschulten Funktionären mangelte, ohne deren Zutun keine Wahl gewonnen werden konnte, zierte sich anfangs noch. Der parteilose Frauendorfer bezeichnete ihn als Anarchisten und Narren, der seines Amtes nicht würdig sei. Auch Justizminister Timm polemisierte auf übelste Weise gegen Eisner. Auer drohte schließlich mit seinem Rücktritt, falls Eisner nicht baldmöglichst Wahlen anordnen würde. In die Enge gedrängt, bestimmte der Ministerpräsident schließlich den 12. Januar 1919 als Termin für die bayerische Landtagswahl.

Weitere Kritik an Eisner wurde von der katholischen Kirche geübt. Die bayerischen Bischöfe wetterten von den Kanzeln gegen die Aufhebung der geistlichen Schulaufsicht, die von Eisner allerdings mit der Unterstützung der Mehrheitssozialdemokraten und der Liberalen durchgesetzt worden war und eine Woche vor Weihnachten in Kraft trat.

Ein neuer Gegner erwuchs Eisner von seiten der Linken. Am 11. Dezember trat zum ersten Mal der Spartakusbund in München mit einer Massendemonstration in Erscheinung. Der Vorsitzende der bayrischen Sektion, Max Levien, war gebürtiger Russe, hatte im Weltkrieg aber als Freiwilliger im königlichen Leibregiment gedient und es bis zum Feldwebel gebracht. Levien hielt einen Erfolg der Revolution nur dann für möglich, wenn sie nach bolschewistischem Vorbild gestaltet wurde. Er forderte daher die Gründung einer Roten Armee sowie die Errichtung von Revolutionstribunalen, um »Konterrevolutionäre« zu bestrafen. Beide Forderungen wiesen Eisner und Landauer entschieden zurück.

Erich Mühsam, ein stadtbekannter Anarchist, der Eisner wiederholt in seiner Zeitschrift Kain attackiert hatte, gründete Anfang Dezember die »Vereinigung revolutionärer Internationalisten Bayerns«. Mühsams Ziel war, die Revolution siegreich zu Ende zu führen – auch gegen den Widerstand des zu wählenden Parlaments. Die Münchner Schauspielerin Tilla Durieux beschreibt eine ungewöhnliche Begegnung mit Mühsam:

»Wir besuchten Eisner und Landauer. Vor Eisners Haus stand eine große Menschenmenge und starrte auf eine dort angelehnte Leiter. Erich Mühsam war Eisner mit seinen Ratschlägen störend geworden, und da man ihm den Eintritt zur Wohnung Eisners verweigerte, war er auf die Idee gekommen, mit einer Leiter zum Fenster einzusteigen. Zu diesem Schauspiel kamen wir gerade zurecht. Erich Mühsam war Literat und Antiliterat, er gründete allerlei Vereinigungen – nicht Vereine – für die Ärmsten der Armen, für die, die noch unterhalb der Arbeiterklasse standen. Er gab eine Zeitschrift heraus, die den Namen »Kain« führte, denn er liebte Kain mehr als Abel, den er einen glatten Burschen nannte. Seine zahlreichen Gedichte sind sehr schwer verständlich, aber von glühender Menschheitsliebe erfüllt. Seine politischen Zukunftspläne aber hätten nur mit engelhaften Idealisten zur Durchführung kommen können.«[3]

Ganz so weltfremd, wie Tilla Durieux ihn einstuft, war Mühsam jedoch nicht. Von Anfang an in der bayerischen Revolution aktiv, übte Mühsam als einer der Führer des Revolutionären Arbeiterrates (der Münchner Arbeiterrat behielt diesen ursprünglichen Namen während der gesamten Revolutionszeit bei) großen Einfluß auf das hauptstädtische Proletariat aus.

In einer Versammlung im »Schwabinger Bräu« sprach sich Mühsam in gewohnt scharfer Form gegen die bevorstehenden Wahlen zur Nationalversammlung aus. Gleichzeitig griff er die bürgerliche Presse an, die durch das Fehlen einer Zensur in seinen Augen ungestraft Stimmung gegen die Revolution machen konnte. Er forderte seine Anhänger auf, ihm zu folgen und den *Bayerischen Kurier*, das Organ der konservativ-klerikalen Bayerischen Volkspartei, zu besetzen. Die Aufrührer »sozialisierten« das Verlagshaus, Mühsam übernahm persönlich die Redaktion. Die Drucker verbündeten sich mit den Eindringlingen, die ihnen eine Beteiligung am Blatt versprochen hatten. Die Leser des *Bayerischen Kurier* rieben sich am Morgen des 7. Dezember verwundert die Augen, als ihnen auf der Titelseite ihrer bislang stramm konservativen Gazette links oben der folgende Aufruf entgegenprangte, der mit der ungewohnten Anrede »Brüder!« begann und mit »Die revolutionären Internationalisten Bayerns« unterzeichnet war:

»Die Soldaten und Arbeiter Münchens haben heute nacht die Zeitungen besetzt. Sie haben der schändlichen Hetzpresse, die das Volk durch 51 Monate belogen und betrogen hat und eine ungeheure Blutschuld an diesem Völkermord trägt, ihr Gift genommen. Die Übernahme der Zeitungen geschah in größter Ruhe und Ordnung, und sie erscheinen von nun ab unter unserer Leitung. Gleichzeitig haben wir mit der Vergesellschaftung dieser Betriebe begonnen und sämtliche Angestellte zu Mitinhabern gemacht. Kameraden, folgt unserem Beispiel und verwirklicht die sozialistischen Ziele. Es lebe die internationale sozialistische Weltrepublik!«[4]

Ermutigt durch ihren Erfolg beim *Bayerischen Kurier*, besetzten Mühsams Anhänger weitere Zeitungsredaktionen. Eisner war inzwischen von einigen Getreuen alarmiert worden und versuchte die Situation zu retten. Er befürchtete, daß sich die Aufrührer mit dem Spartakusbund verbünden würden. Tatsächlich unterbreitete Levien Mühsam ein entsprechendes Angebot, daß dieser jedoch zunächst nicht annehmen wollte: Mühsam war zwar von den Ideen der Russischen Revolution begeistert, lehnte aber einen von einer revolutionären Elite mit Waffengewalt durchgeführten Aufstand als Mittel zur Machtübernahme strikt ab.

Eisner ging von Zeitungshaus zu Zeitungshaus und forderte die Besetzer persönlich auf, nach Hause zu gehen, bevor noch mehr Schaden angerichtet würde. Der Ministerpräsident besaß noch genügend Kredit beim Münchner Proletariat, so daß seiner Aufforderung Folge geleistet wurde. Aber Eisner wußte jetzt, daß seine Stellung im Volk nicht mehr unangetastet war.

In derselben Nacht drang eine Schar Bewaffneter in Auers Wohnung ein, um den Innenminister zum Rücktritt zu zwingen. Auer erklärte, daß er dem Ministerpräsidenten bereits fünf Tage zuvor den Rücktritt angeboten hätte, dieser aber abgelehnt habe. Die Eindringlinge ließen sich jedoch nicht besänftigen und forderten von Auer, er solle eine freiwillige Rücktrittserklärung unterschreiben. Angesichts massiver Gewaltandrohungen gab Auer nach. Als Eisner am nächsten Morgen von der Aktion erfuhr, begab er sich umgehend zu Auer und erklärte dessen Rücktritt als nichtig.

Oskar Maria Graf, der in der Revolutionszeit als Bäckergeselle in München arbeitete, drückt die enttäuschten Hoffnungen des Proletariats aus:

»Ich verwünschte alles in Grund und Boden. Ich war traurig und verbissen. Diese Münchner Revolution war ein Gaudium für ihre Gegner. Sie war langweilig, sie war harmlos, sie war unerträglich. Sie war eine Posse, und noch dazu eine schlechte.

Der König war abgesetzt, ja! Überall entfernte man mit großem Eifer die Hoflieferantenwappen. In den Versammlungen redeten sie große Töne, dann zog man wieder mit Fahnen und Geschrei durch die Straßen wie ein polternder Veteranenverein. »Nieder!« und »Hoch!« schrie man und wußte kaum warum. Die Reichen lebten noch genauso herrlich und in Freuden, sie hatten sich mit Hamsterwaren eingedeckt, saßen in den vornehmen Hotels und Restaurants, und kein Mensch krümmte ihnen ein Haar. Drohende Erlasse gegen das Schiebertum klebten überall, aber die Gemeinten lachten höhnisch darüber. Die Bürger schimpften schon wieder, die revolutionsfeindlichen Parteien trieben dreisteste Hetze, die Zeitungen spotteten über Eisner, die Studenten konspirierten, und die Arbeiter wurden verhaftet oder beschossen, wenn sie mit Forderungen kamen.«[5]

Tatsächlich hatten sich die wirtschaftlichen Bedingungen in Bayern nach einer vorübergehenden kurzen Besserung wieder verschlechtert. Die Zahl der Arbeitslosen wuchs, in den Großstädten war nicht genügend Wohnraum vorhanden, und die Versorgung der Bevölkerung mit Lebensmitteln und Brennstoffen stockte. Die Preise für Güter des täglichen Bedarfs stiegen ständig. Nicht nur Arbeiter wie Graf mußten diese schlimme Erfahrung machen. Auch dem städtischen Kleinbürgertum ging es jetzt wieder schlechter. Die meisten Münchner bereiteten sich auf ein sorgenvolles, deprimierendes Weihnachtsfest vor, wie Josef Hofmiller schreibt:

»In früheren Jahren konnten wir an den drei Sonntagen vor Weihnachten wenigstens die Auslagen ansehen: wenn die schönen Dinge auch nicht erschwinglich waren, es gab sie wenigstens. Heuer nicht einmal mehr dies. Ein Tag so trüb und grau wie der andere. Die Auslagen ausgeräumt, weil die Ladeninhaber fürchten, sonst werden sie ausgeplündert. Keine

Beleuchtung, keine Reklame. Es gibt weder Orangen noch Zitronen, noch Arak oder Rum zum Punsch. Keine Lebkuchen, keinen Zucker, keine Mandeln, keine Haselnüsse, keinen Honig zum Gebäck. Noch voriges Jahr hatten manche Geschäfte eigens für die Weihnachtszeit einige Waren aufgespart; nicht etwa als Lockartikel, denn es waren offenbar die letzten Bestände, sondern um den Ruf des Hauses zu wahren. Heuer nichts. Aus den stoßenden und scheppernden Straßenbahnen, der Kohlennot wegen, nur ein gespenstiges, bläuliches Licht; darin schwarz Kopf an Kopf, das sind die Glücklichen, die sitzen, und Rumpf an Rumpf: die Leute, die froh sind, wenigstens stehen zu können. Dazwischen zwängt sich der Schaffner durch, der kaum die Fahrkarten und das Papiergeld unterscheiden kann. An den Haltestellen kleine Volksversammlungen, die die überfüllten Wagen finster schweigend vorbeilassen. Am Stachus, am Sendlinger Tor, am Bahnhof, am Max-Weber-Platz schiebt sich eine stumme Menge bei miserabler Beleuchtung verbissen durcheinander.«[6]

In München blieb es trotz der Unzufriedenheit eines Großteils der Bevölkerung über Weihnachten ruhig. Ganz anders in Berlin: Dort tobten am Heiligabend Kämpfe zwischen meuternden Matrosen, die ihre Löhnung verlangten, und Soldaten der Reichswehr. Die Matrosen zogen zur Reichskanzlei, besetzten das Gebäude, sperrten die Volksbeauftragten ein und kappten die Telefonleitungen. Was sie nicht wußten, war, daß Ebert, der sich innerhalb des Gebäudes frei bewegen durfte, über eine geheime Standleitung zu Groeners OHL, die inzwischen nach Kassel ausgelagert war, verfügte. Ebert bat Groener um Hilfe. Daraufhin wurden Reichswehrtruppen von außerhalb Berlins ins Stadtzentrum abkommandiert. Es kam zu schweren Gefechten, in denen die Matrosen gegen die im Straßenkampf ungeübten Reichswehrsoldaten die Oberhand behielten. Es gab über hundert Tote. Ebert versprach den Soldaten die Zahlung ihres Soldes und durfte mit den anderen Volksbeauftragten die Reichskanzlei verlassen.

Nachdem die USPD-Mitglieder des Rates der Volksbeauftragten von Eberts Unterredung mit der Reichswehrleitung und dessen Schießbefehl gegen die Matrosen, gegen die »Brüder«, erfahren hatten, traten sie zurück. Ihre Plätze im Rat nahmen die rechten Sozialdemokraten Gustav Noske, der spätere Reichswehrminister, und Rudolf Wissell ein.

In Berlin regierten die Mehrheitssozialdemokraten jetzt allein, aber sie blieben dem gefährlichen Druck der Straße und des Spartakusbundes ausgesetzt. Sie hofften, die Reichstagswahlen am 19. Januar 1919 würden endlich klare Verhältnisse und ihnen eine solide Regierungsbasis schaffen, zumal die Spartakisten, deren Anhänger sich am 1. Januar 1919 in der Kommunistischen Partei Deutschlands (KPD) zusammenschlossen, auf eine Teilnahme an den Wahlen verzichteten.

Die bayerischen Minister Auer, Roßhaupter, Timm und Hoffmann dachten ähnlich wie Ebert. Ihnen erschienen die Landtagswahlen als eine Art Allheilmittel für die Lösung der politischen und wirtschaftlichen Probleme in ihrem Land. Doch in Bayern stellte die USPD nach wie vor den Ministerpräsidenten, und Eisner war nicht bereit, die Errungenschaften seiner Revolution widerstandslos aufzugeben und seinen Platz freiwillig zu räumen.

In München verdoppelte sich die Zahl der Arbeitslosen in der ersten Januarwoche gegenüber dem Vormonat. Sie hatte die Marke von 18000 erreicht, bei einer Gesamteinwohnerzahl Münchens von 630000. Das mag nicht dramatisch klingen, doch angesichts der schlechten Versorgungslage wuchsen die Sorgen vor allem in den Reihen der Arbeiterschaft. Am 7. Januar demonstrierten 4000 Arbeitslose auf der Theresienwiese und verlangten eine Erhöhung der Arbeitslosenunterstützung, die erst kürzlich von fünf auf sechs Mark angehoben worden war und – verglichen mit den Beträgen in anderen deutschen Großstädten – zu den Spitzenwerten zählte. Die Menge stürmte zum Promenadeplatz und entsandte eine Abordnung ins Ministerium für soziale Angelegenheiten, um mit Minister Unterleitner direkt zu verhandeln. Auch Eisner wurde hinzugezogen. Nach zwei Stunden einigte man sich auf eine Erhöhung der Arbeitslosenunterstützung um zwei Mark. Trotzdem blieb die Menge unzufrieden; von einigen – vermutlich kommunistischen – Agitatoren aufgehetzt, zogen die Demonstranten zum Bahnhof, um diesen zu besetzen. Bei der anschließenden Schießerei mit der Polizei starben drei Demonstranten, acht weitere wurden schwer verwundet.

Eisner hatte in der Öffentlichkeit eine schwere Schlappe erlitten, waren doch erstmals »seine« Arbeiter gegen ihn losgezogen und hatten gegen die Politik des Ministerpräsidenten demonstriert. Eisner forderte beide sozialdemokratische Parteien, die Arbeiter-, Bauern- und Soldatenräte und auch die Gewerkschaften zur Solidarität und Festlegung einer einheitlichen Linie auf, die in der Unterzeichnung eines gemeinsamen Aufrufs Ausdruck fand. Darin wurden die Münchner zur Besonnenheit gemahnt, um zu verhindern, daß die Berliner Verhältnisse im Süden ihre Fortsetzung fanden und der Bürgerkrieg auch nach München importiert wurde.

Einen Tag später wurden zwölf führende KPD-Aktivisten, darunter Levien und Mühsam, festgenommen. Diese Maßnahme erwies sich als ein schwerer taktischer Fehler Eisners, der sich weitere Sympathien der Münchner Arbeiterschaft verscherzte. Neue Demonstrationen waren die Folge. Am 10. Januar zogen 3000 Demonstranten vor Eisners Außenministerium auf und verlangten die Freilassung der Inhaftierten. Einige der Aufrührer kletterten sogar an der Fassade des Hauses empor und drangen in Eisners Arbeitszimmer ein. Der

Ministerpräsident mußte schließlich der Gewalt weichen und die unverzügliche Freilassung sämtlicher Verhafteten anordnen.

Erneut wurde die Schwäche der Regierung Eisner offenbar. Weder dem Stadtkommandanten Dürr noch dem Polizeipräsidenten Staimer war es gelungen, Eisner wirksam vor der aufgebrachten Menge zu schützen. Beide boten daraufhin ihren Rücktritt an; Eisner, der es abgelehnt hatte, auf die Demonstranten schießen zu lassen, nahm das Gesuch nicht an.

Eisners Dilemma war offenbar: Er hatte den Bürgerlichen und den Mehrheitssozialdemokraten Zugeständnisse gemacht und Landtagswahlen ausschreiben lassen. Doch die Mehrheit seiner erklärten Anhänger, der Arbeiterschaft, war für die Beibehaltung der Räte und verlangten sogar eine Erweiterung ihrer Kompetenzen. Obwohl Eisner mit dieser Forderung gut leben konnte, war es unmöglich, sie gegen den hartnäckigen Widerstand Auers durchzusetzen. Nicht nur die SPD, auch die links von Eisner stehenden Kommunisten und Anarchisten ließen es an der notwendigen Solidarität gegenüber dem Ministerpräsidenten vermissen. Sie hofften auf eine zweite Revolution, die dann eine Herrschaft der Arbeiterklasse ohne Zugeständnisse und Kompromisse ermöglichen sollte.

Eisner nutzte sein durchaus noch vorhandenes Ansehen bei der bayerischen Arbeiterschaft und appellierte an die verfeindeten Bruderparteien, endlich einzusehen, daß der eigentliche Feind nicht in den eigenen Reihen zu suchen war, sondern rechts von ihnen stand. In einem Telegramm an Ebert gab Eisner der Berliner Regierung die Schuld, daß sich die Lage in München so negativ entwickelt hatte:

»Mit wachsendem Entsetzen verfolgen wir den mörderischen Bruderkrieg in Berlin. Das muß ein Ende haben, wenn nicht ganz Deutschland zugrunde gehen soll. Das Beispiel Berlins wirkt überall zerrüttend und erzeugt eine Massenepidemie des

Wahnsinns. Eine von dem Vertrauen des Volkes getragene Regierung, die alle Richtungen des Sozialismus zusammenfaßt und entschlossen ist, auf dem Boden der Revolution Demokratie und Sozialismus bis zum Siege durchzuführen, scheint die einzige Rettung. Überall im Süden steigt der Zorn des Volkes gegen Berlin, während zugleich dunkle Elemente auch hier zum Brudermord treiben.«[7]

Gefahr von rechts

Noch vor Jahresfrist unternahmen die bislang politisch kaum in Erscheinung getretenen bayerischen Rechtsextremisten zwei Versuche, den Ministerpräsidenten zu stürzen.

Anfang Dezember trat die völkische Thule-Gesellschaft erstmals mit einer gegen den demokratischen Staat gerichteten Aktion auf den Plan. Im oberbayerischen Bad Aibling kündigten Plakate einen Auftritt Eisners gemeinsam mit seinen Ministern Auer und Timm im Kursaal an. Leutnant Hermann Sedlmeier, der Sohn des Kurhausbesitzers, war ein Mitglied des Kampfbunds Thule. Gemeinsam mit Thule-Chef Sebottendorf plante er, sich Eisners zu bemächtigen, ihn ins Gebirge zu entführen und so lange festzuhalten, bis eine neue Regierung gebildet war. Unmittelbar nach Eisners Festnahme sollte Auer zum neuen Ministerpräsidenten ausgerufen werden.

Der Plan scheiterte jedoch. Auer und Timm waren in München geblieben; statt ihrer erschienen Kultusminister Hoffmann und Karl Gandorfer. Nachdem Eisner gesprochen hatte, wollte Sedlmeier seinen Text verlesen, Eisner sei vom Geld der Bolschewiki bestochen und gehöre der Rasse an, die den internationalen Großkapitalismus in Händen hielte; daher müsse er sofort abgesetzt werden. Auf dieses Stichwort sollte

Sebottendorf mit 15 Getreuen auf die Bühne springen und Eisner abführen. Doch Sedlmeier drang erst gar nicht in die Nähe der Bühne vor. Im Saal waren viele Arbeiter aus Rosenheim und dem nahe gelegenen Kolbermoor anwesend, die Eisner frenetisch feierten. So kam es, daß zunächst Gandorfer seine Rede hielt, bevor Sedlmeier aktiv werden konnte; Sebottendorf mußte hilflos zuschauen:

»Als Gandorfer geendet hatte und die Diskussion eröffnet wurde, sprang Sedlmeier auf die Bühne und begann seine Rede: ›Salomon Kosmanowsky – vulgo Kurt Eisner – hat gesprochen –‹, weiter kam er nicht, ein wilder Tumult erhob sich, die beiden Wachen stürzten sich auf den kleinen Leutnant, Fechenbach drängte heran – da erschien der Aiblinger Schmied im Hintergrunde, streckte seine Fäuste aus, ergriff den schmächtigen Sedlmeier am Kragen und hob ihn aus der Menge, um ihn hinter sich niederzusetzen. So konnte er entkommen.«[8]

Von weit größerer Tragweite sollte sich die Bürgerwehr-Affäre Ende Dezember erweisen, die zu einer schweren Regierungskrise führte. Es begann mit einem Besuch des Landtagsbibliothekars Rudolf Buttmann beim Minister für militärische Angelegenheiten, Albert Roßhaupter. Buttmann, der den Völkischen nahestand und in den zwölf Jahren der Hitlerdiktatur Generaldirektor der Bayerischen Staatsbibliothek war, bat Roßhaupter um die Zuteilung von Waffen, da er eine Bürgerwehr zu gründen beabsichtigte.

In einem Erlaß vom 18. November hatte Innenminister Auer solche Zusammenschlüsse zur Aufrechterhaltung von Sicherheit und Ordnung und, wie er hoffte, als Bollwerk gegen Angriffe radikaler linker Vereinigungen ausdrücklich erlaubt. Was Roßhaupter nicht wußte, war, daß Buttmann über den Oberleutnant Kurz Kontakte zum Thule-Kampfbund unterhielt und auch bereits einige Völkische zur Mitwirkung in seiner paramilitärischen Truppe verpflichtet hatte. Roßhaupter stellte Buttmann die Genehmigung samt der geforderten Waffen in Aussicht.

Am Heiligabend bat Auer Buttmann zu sich und fragte ihn, wie es mit der geplanten Bürgerwehr stehe. Drei Tage später erhielt Buttmann von Roßhaupter die Genehmigung. Der Minister empfahl ihm, zur Gründung die Gewerkschaften hinzuzuziehen, machte dies aber nicht zur Bedingung.

Zu diesem Zeitpunkt existierte die Bürgerwehr bereits. Kurz, Buttmann und der antisemitische Verleger Julius Lehmann hatten sogar bereits die Möglichkeiten eines Putsches in München erörtert. Man war übereingekommen, noch etwas abzuwarten, bis sich eine geeignete Gelegenheit einstellte.

Diese sah Buttmann bereits am zweiten Weihnachtstag gekommen. In München wurde das Gerücht verbreitet, in Berlin habe der Spartakusbund erfolgreich gegen Ebert geputscht. Auf diese Nachricht hin begann Buttmann sofort mit der Sammlung von Unterschriften zur Bildung seiner Bürgerwehr. Als Legitimation führte er die Abwehr eines bevorstehenden Putsches von links an.

Am Morgen des 27. Dezember prangte der Aufruf an die Münchner Bürger, sich für die Bürgerwehr zu verpflichten, an allen Litfaßsäulen und Plakatwänden. Die Liste der Unterzeichner begann mit Innenminister Auer und Justizminister Timm.

Sebottendorf stellte Buttmann einen Büroraum in der Salvatorstraße für die Rekrutierung von Freiwilligen zur Verfügung. Bis zum Mittag des 28. Dezember wurden mehr als 300 Milizionäre für die Bürgerwehr verpflichtet. Buttmann verteilte Militärkarabiner, Maschinengewehre, sogar leichte Geschütze mit Munition an seine Kämpfer.

In einem Nebengebäude des noblen Münchner Hotels »Vier Jahreszeiten«, dem Domizil der Thule, wurden Vorbereitungen für den Staatsstreich getroffen. Eisner und Auer befanden sich zu diesem Zeitpunkt auf der Konferenz der süddeutschen Staaten in Stuttgart. Der Eisner gegenüber stets loyale Polizeipräsident von München, Josef Staimer, hatte einen Kundschafter in die Versammlung eingeschleust, der ihm am nächsten Tag von den Umsturzplänen berichtete. Daraufhin veranlaßte Staimer die Verhaftung der Bürgerwehraktivisten. Pikanterweise hatten sich genau zu dem Zeitpunkt, als die Polizei in der Thule-Gesellschaft eintraf, dort vierzig Mitglieder des engeren Kerns zusammengefunden, um erneut über die Durchführung des Putsches zu beratschlagen.

Als die Geschehnisse in der Presse bekannt wurden, distanzierten sich auch die Mehrheitssozialdemokraten von der Bürgerwehr. Auer und Timm zogen ihre Unterschrift unter den Aufruf zurück. Sie erklärten, es sei ihnen lediglich um die Schaffung einer Einrichtung zur Sicherung der Landtagswahl gegangen. Jetzt, nachdem man über die Ziele der Bürgerwehr im klaren sei, käme eine Zusammenarbeit mit diesen Leuten natürlich nicht mehr in Frage.

Besonders Auers Rolle in der Bürgerwehr-Affäre bleibt höchst zwielichtig. Der Innenminister hatte das Weihnachtsfest in der Türkenkaserne verbracht. Dort waren auch Personen anwesend, die bei der blutigen Niederschlagung der Räterepublik eine führende Rolle spielen sollten. Die Einladung an Auer hatte Anton Graf von Arco auf Valley, der Führer der 5. Kompanie des Infanterie-Leibregiments, bei dem auch Auer gedient hatte, ausgegeben. Es war derselbe Graf Arco, der zwei Monate später Eisner ermordete.

Auer war inzwischen zum bestgehaßten Mann nicht nur bei den bayerischen Radikalen, sondern auch bei einem großen Teil der Arbeiterschaft geworden. Trotzdem war Eisner gezwungen, an Auer festhalten, da er zwei Wochen vor der Landtagswahl den Bürgerwehrskandal so rasch wie möglich beiseite legen mußte. Auers Position im Ministerrat blieb daher unangetastet. Nur Unterleitner forderte den Rücktritt Auers und Timms, da er mit diesen Personen nicht mehr zusammenarbeiten könne. Trotzdem sollte Auers Verhalten für ihn noch fatale Folgen haben.

Auer setzte sich in der Folgezeit für eine rasche Freilassung der Verhafteten ein. Diese seien ohne ihr Wissen von einer Gruppe von Staatsfeinden für deren Zwecke mißbraucht worden.

Die Rechtsextremen und Völkischen sahen in Auer sogar einen möglichen Bundesgenossen. So schrieb der *Münchener Beobachter* über den SPD-Parteichef:

»Wenn man diesen Mann so sieht, treudeutsch oder alldeutsch, wie man's ehrenvoll nennen will … dann mag man sich … wundern, wie viel Gemeinsames dieser deutsche Führer der bayerischen Sozialdemokratie mit der großen treudeutschen, alldeutschen, neudeutschen über die Parteien und … Landesgrenzen hinausgehenden Bewegung hat.«[9]

Rechtsextremistische Parteien waren in Bayern seit Anfang 1919 wieder im Aufwind. Am 5. Januar 1919 gründete Anton Drexler die Deutsche Arbeiterpartei, deren hervorragendste Eigenschaft laut Drexlers Aussage darin bestand, daß sie »judenrein« war. Ab dem Frühjahr 1920 nannte sich die Partei Nationalsozialistische Deutsche Arbeiterpartei; wieder ein Jahr später löste Adolf Hitler Drexler als Ersten Vorsitzenden ab.

Am 16. Februar tagte der antisemitische Alldeutsche Verband in Bamberg. Bereits in den neunziger Jahren des vergangenen Jahrhunderts hatten die Alldeutschen großen Einfluß auf die Politik besessen. In den letzten beiden Kriegsjahren verstummten sie und hielten eine Art Winterschlaf, aus dem sie Anfang 1919 wieder erwachten. Bis zum Ende des Jahres sollten sie es wieder auf 85 Ortsgruppen mit 25000 Mitgliedern bringen; im August 1920 stieg ihre Zahl auf 95000, Ende desselben Jahres zählten die Alldeutschen 110000 Mitglieder; dreimal soviel wie vor dem Krieg. Keine zwei Monate nach Ausbruch der Demokratie in Deutschland war es nur eine Frage der Zeit, bis die Rechtsextremisten politisch wieder in Erscheinung treten würden.

Die Landtagswahl

»Die Wahlen schufen keine neue Regierung, sie lähmten nur die bestehende. Sie brachten daher keine Ordnung, sondern verursachten nur Unordnung.«[10]

Dieser Einschätzung des amerikanischen Historikers Allan Mitchell – übrigens bis heute der einzige, der eine Gesamtdarstellung über die bayerische Räterepublik verfaßt hat – ist nur wenig hinzuzufügen. Sie gibt denen recht, die davor warnten, den Parlamentarismusgedanken im neuen Freistaat überzubetonen und das Rätemodell zu vernachlässigen. Sie deckt aber auch schonungslos die Schwäche der Mehrheitssozialdemokraten auf, denen es nicht gelang, das gar nicht einmal so schlechte Wahlergebnis in Politik umzumünzen.

Als einzige der rechts stehenden Parteien beteiligte sich die Bayerische Mittelpartei, ein Ableger von Hugenbergs Deutsch-Nationaler Volkspartei, an der Landtagswahl. Sie sollte sogar überraschend gut abschneiden.

Die Kommunisten lehnten eine Beteiligung an der Landtagswahl kategorisch ab. Für sie zählte nur die Revolution, deren zweite Phase, die Räterepublik, ihrer Meinung nach unmittelbar bevorstand. Dennoch gab Levien eine Wahlempfehlung ab: Um die Absurdität von Wahlen zu unterstreichen, legte er allen Anhängern, die unbedingt von ihrem Wahlrecht Gebrauch machen wollte, die Stimmabgabe zugunsten der Bayerischen Volkspartei nahe.

Während Eisner, wohl wissend, wie schlecht es um seine USPD stand, in letzter Minute ein Wahlbündnis mit der SPD anregte, lehnte Auer ein solches schroff ab. Es sei sein erklärtes Ziel, so Auer selbstbewußt, daß Eisner aus der Regierung verschwinde.

Am Wahlsonntag gaben über 3 Millionen Bayern ihre Stimme ab. Für die Frauen war es das erste Mal, daß sie zur Urne gingen; ebenso für zahlreiche Jungwähler, denn das Wahlalter war von 26 auf 21 Jahre herabgesetzt worden. Die USPD stellte vier Frauen als Kandidatinnen auf, darunter die bekannte Frauenrechtlerin Anita Augspurg.

Josef Hofmiller beschreibt die Stimmung am Wahltag:

»Sonntag, 12. Januar. Heute Wahl zum Bayerischen Landtag. Gutes, etwas frisches Wetter, heiter und klar, geeignet zu Demonstrationen, von denen aber bis jetzt nicht viel zu bemerken. Auch für gestern abend waren Putsche erwartet, wir gingen deshalb sogar um eine halbe Stunde früher aus und von unserem asketischen Dünnbier-Dämmerschoppen nach Haus, aber alles blieb ruhig. Die Wahlbeteiligung war sehr stark, die Leute standen an wie um Butter, Zigaretten oder Pferdefleisch. Der Anblick der zahlreichen Frauen und Soldaten in und vor dem Wahllokal fiel auf. […] Der Anblick der Maximilianstraße hatte etwa die Stimmung des Faschingssonntags (nicht Dienstags!), nur ganz ohne Masken, soweit nicht die ›Soldaten‹ maskiert waren, die zahlreich herumlaufen und von denen ein großer Teil offenbar noch nie in einer Uniform gesteckt ist. Aber die vielen Plakate in allen möglichen Farben, sehr schreiend, erinnerten an diejenigen der karnevalistischen Unterhaltungen. Die Parteien rückten vielfach mit einer Art Musik an, Trommel, auch dünnem Blechorchester, Knaben trugen Plakate an Stangen, dann kamen Soldaten mit roten Fahnen, dann Reiter auf roten Sätteln, hinterher eine Rotte ganz kleiner Jungen, Durchschnitt fünf bis sieben Jahre, genau wie an Fastnacht.«[11]

Die Landtagswahl vom 12. Januar brachte folgende Ergebnisse:

Partei	Stimmen	in Prozent	Sitze
BVP	1193101	35,0	66
BMP	196818	5,8	9
DDP	477992	14,0	25
BBB	310165	9,1	16
SPD	1124584	33,0	61
USPD	86254	2,5	3
Sonstige	20627	0,6	0

Die SPD war der große Sieger in den Städten, die katholische BVP gewann auf dem Land. Enttäuschend war das Abschneiden der USPD: trotz Ministerpräsidentenbonus war man nicht über den Rang einer Splitterpartei hinausgekommen. Die USPD-Anhänger, von denen fast alle das parlamentarische System ablehnten, waren wie die Kommunisten und Anarchisten alle zu Hause geblieben. Recht gut schnitten Bauernbund und Liberale ab. Die rechtskonservative Mittelpartei spielte trotz ihres beachtlichen Ergebnisses keine Rolle in den Koalitionsüberlegungen.

Als neue Regierung kam nur eine Koalition in Frage: SPD – DDP – Bauernbund. Weder die Liberalen noch die Bauernbündler wollten mit der BVP zusammengehen, weil sie die bayerische Zentrumspartei mit dem klerikalen Obrigkeitsstaat der Vorkriegszeit identifizierten. Nur Auer dachte – aus welchen Gründen auch immer – laut darüber nach, ob die SPD mit der BVP koalieren sollte.

Auer als der eigentliche Wahlsieger ließ sich mit den Koalitionsgesprächen viel zu lange Zeit. Hätte er entschlossen gehandelt und noch im Januar eine handlungsfähige Regierung präsentiert, wäre es ihm vielleicht gelungen, die erste bayerische Republik zu retten. So aber dauerte es bis zum 21. Februar, bis der neue Landtag zur konstituierenden Sitzung einberufen wurde.

Eine Zeit des Wartens

Eine Karikatur der Satirezeitschrift Simplicissimus zeigt Kurt Eisner im Nachtgewand, wie er sich in einem Sessel vergräbt. Drei Männer reißen und zerren aus Leibeskräften an ihm, doch er ist nicht von seinem Platz wegzubekommen. Die Karikatur trägt die Überschrift »Kurt der Kleber«; darunter steht: »Das Volk hat mich zum Präsidenten gemacht, also kann es mich auch nicht absetzen!«

Die Karikatur entsprach offenbar der Überzeugung des Bürgertums, für das Eisner nicht mehr tragbar schien und das seine schnellstmögliche Entfernung aus der Regierung wünschte. Auch Josef Hofmiller, der Eisner stets distanziert, aber doch mit einem gewissen Respekt betrachtet hatte, fällte ein vernichtendes Urteil über den abgewählten Ministerpräsidenten, das – charakteristisch für seine Klasse – einen latenten Antisemitismus in seinem politischen Bewußtsein erkennen läßt:

»Er [Eisner] entpuppt sich immer mehr als Kleber und verbindet damit die Eigenschaft seiner Rasse, sich durch keinen Hinauswurf beleidigt zu fühlen, sondern, wenn man ihn durch die vordere Türe hinausbefördert hat, bei der hintern den Kopf wieder hereinzustecken, ob man nicht doch Verwendung für ihn hätte. Politisch ist er ein Gaukler, ohne einen einzigen positiven Gedanken. Er hat nur ein Ziel: Macht.«[12]

Solcherlei Äußerungen verfehlten keineswegs ihren Eindruck auf Angehörige rechtsextremer und völkischer Kreise. Am 27. Januar ließ Anton Graf Arco, vermutlich beeinflußt von der Kampagne für Eisners sofortigen Rücktritt, der sich alle bürgerlichen und viele sozialdemokratischen Blätter angeschlossen hatten, einen Aufruf drucken, mit dem er seine Landsleute aufrütteln wollte:

»Wer ist Bayerns Vertreter im Reich? Wer greift dem Willen des Bayernvolkes, der durch den Landtag vertreten wird, durch Staatsgrundgesetz? [*sic!*]* Wer macht unser so geachtetes Volk durch kinderhafte politische Manöver im Deutschen Reich u. im Ausland lächerlich? Kurt Eisner Ministerpräsident.«[13]

In seiner Schlichtheit wäre Arcos Aufruf gewiß ohne großes Echo verhallt. Trotzdem verbot Münchens Polizeipräsident Staimer, sich auf seine Aufsichtspflicht berufend, dessen Plakatierung – ein Beschluß, der einer gewissen Tragik nicht entbehren sollte.

Die SPD verbrachte die Zeit bis zur Einberufung des Landtags mit Abwarten. Am 4. Februar fanden die Wahlen im achten bayerischen Regierungsbezirk, der französisch besetzten Rheinpfalz, statt. Wie erwartet, wurde das Ergebnis vom 12. Januar auch im linksrheinischen Teil Bayerns bestätigt.

Die restlichen Parteien konnten ohne die SPD ebenfalls nicht agieren. Allein die USPD und ihr scheidender Ministerpräsident Eisner waren nicht geneigt, die restlichen sechs Wochen von der Wahl bis zum Ende seiner Amtszeit tatenlos zu verbringen.

* Beschlüsse des Landtags konnten auf Intervention des Ministerrats vier Wochen lang blockiert und innerhalb dieser Frist dem Volk zur Abstimmung vorgelegt werden.

Am 25. Januar trat Eisner auf der zweiten Ministerpräsidentenkonferenz in Berlin nochmals als Anwalt des Föderalismus auf. Eine Woche später nahm er in Begleitung Tollers an der Konferenz der Sozialistischen Internationale in Bern teil. Es war sein letzter großer öffentlicher Auftritt. Er nutzte ihn zu einer Abrechnung mit den Sozialdemokraten, deren Vertreter Otto Wels in einer wehleidigen Rede die Haltung der SPD vor und während des Krieges allen Vertretern des sozialistischen Europas gegenüber darlegte. Im Unterschied zu Wels bekannte sich Eisner ausdrücklich zur deutschen Schuld, was ihm den rauschenden Beifall der Anwesenden, aber bitterste Kritik in der Heimat einbrachte.

Eisner stellte auch Forderungen, wie die Schriftstellerin Annette Kolb, die in Bern als Journalistin akkreditiert war, in ihrem Bericht notiert:

»Was nun verlautete, war ein Plädoyer für Deutschland, wie es niemals ergreifender formuliert wurde. Seine kalte Stimme beibehaltend, enthüllte er die ganze Tragik des unglücklichen Landes. ›Die Stimmen derer, welche im Kampf um die Ideen einer besseren Welt namenlos in den Kerkern verblichen‹, rief er schneidend den fremden Delegierten zu, ›drangen nicht bis zu euch! Stumm verbluteten sie.‹ Und im Namen jener neuen und besseren Welt verlangte er die Freigabe der zurückgehaltenen Kriegsgefangenen. Man hielt den Atem an. Denn vor uns stand ein Entronnener aus eben jener Schar stummer Blutzeugen für die Ideen der Gewaltlosigkeit, der Wahrheit und der Menschenliebe. Dies war ihr Los wie vor zweitausend Jahren. In Eisner hatte der Kongreß wohl seine eindrücklichste Figur.«[14]

Als Eisner wieder zurück in München war, entspann sich aufs neue die Diskussion um die Funktion der Räte nach der Einberufung des Parlaments. Um seine Forderung nach mehr

Kurt Eisner

Friedenskundgebung der sozialistischen Parteien am Nachmittag des 7. November 1918 auf der Theresienwiese in München

Revolutionäre Soldaten vor dem Mathäserbräu in München im November 1918

Gustav Landauer und Erich Mühsam bei der Rätedemonstration auf der Theresienwiese in München, 16. Februar 1919

Truppenschau der Roten Armee am 22. April 1919 in der Ludwigstraße

Kurt Eisner und Erhard Auer

Erich Mühsam

Gustav Landauer

Johannes Hoffmann

Stelle in der Münchner Promenadestraße, an der Kurt Eisner am 21. Februar 1919 ermordet wurde

Graf Arco-Valley, Porträt aus der Zeit des Ersten Weltkriegs

Machinengewehrstellung der Bahnhofswache im Hauptbahnhof während der Zweiten Räterepublik, April 1919

Getötete Rotarmisten in der Kapuzinerstraße, 1. Mai 1919

Das in Brand geschossene Mathäserbräu am Karlsplatz, 2. Mai 1919

Wohnhaus Ecke Mai-/Waltherstraße, Anfang Mai 1919

Der von württembergischen Regierungssoldaten gefangene Eisendreher Johann Lehner kurz vor seiner Ermordung, 3. Mai 1919

Sonderblatt.

Nr. 53. München, 15. Mai 1919.

Bayerisches Polizeiblatt.

Herausgegeben von der Polizeidirektion München.

10000 Mark Belohnung.

Wegen Hochverrats

nach § 81 Ziff. 2 des RStGB. ist Haftbefehl erlassen gegen den hier abgebildeten Studenten der Rechte und der Philosophie

Ernst Toller.

Er ist geboren am 1. Dezember 1893 in Samotschin in Posen, Reg.-Bez. Bromberg, Kreis Kolmar, Amtsger. Margonin, als Sohn der Kaufmannseheleute Max u. Ida Toller, geb. Kohn.

Toller ist von schmächtiger Statur und lungenkrank, er ist etwa 1,65—1,68 m groß, hat mageres, blasses Gesicht, trägt keinen Bart, hat große braune Augen, scharfen Blick, schließt beim Nachdenken die Augen, hat dunkle, beinahe schwarze wellige Haare, spricht schriftdeutsch.

Für seine Ergreifung und für Mitteilungen, die zu seiner Ergreifung führen, ist eine Belohnung von

zehntausend Mark

ausgesetzt.

Steckbrief Ernst Tollers, 15. Mai 1919

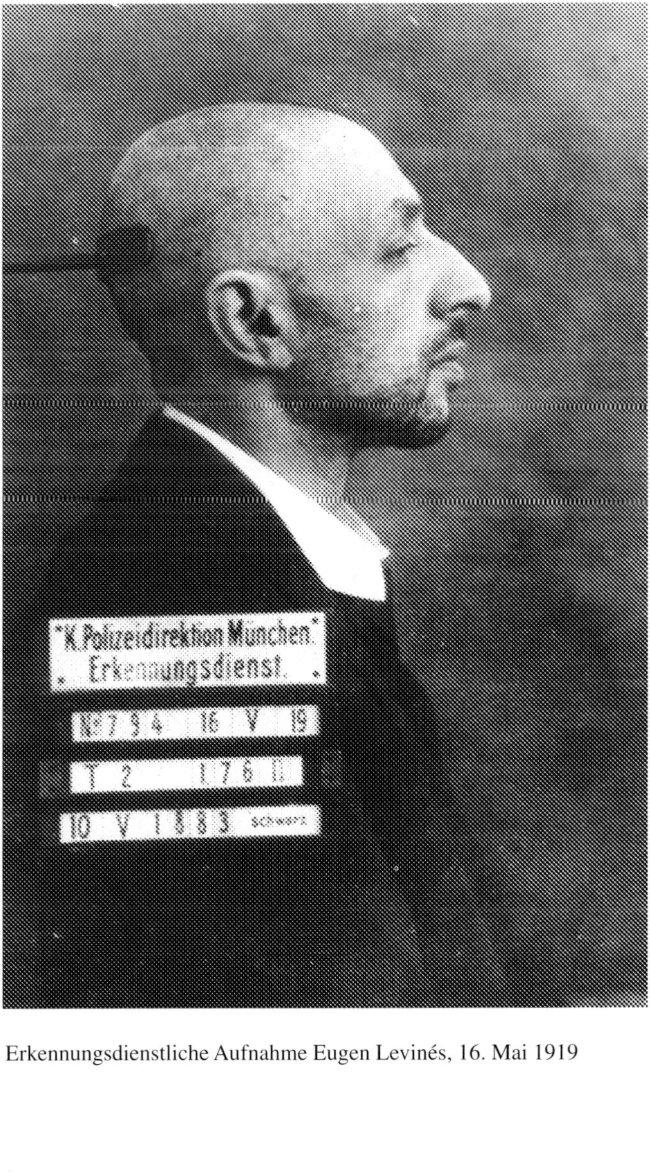

Erkennungsdienstliche Aufnahme Eugen Levinés, 16. Mai 1919

Graf Arco-Valley, Porträt aus der Zeit des Ersten Weltkriegs

Machinengewehrstellung der Bahnhofswache im Hauptbahnhof während der Zweiten Räterepublik, April 1919

Getötete Rotarmisten in der Kapuzinerstraße, 1. Mai 1919

Das in Brand geschossene Mathäserbräu am Karlsplatz, 2. Mai 1919

Wohnhaus Ecke Mai-/Waltherstraße, Anfang Mai 1919

Der von württembergischen Regierungssoldaten gefangene Eisendreher Johann Lehner kurz vor seiner Ermordung, 3. Mai 1919

Sonderblatt.

Nr. 53. München, 15. Mai 1919.

Bayerisches Polizeiblatt.

Herausgegeben von der Polizeidirektion München.

3040.

10000 Mark Belohnung.

Wegen Hochverrats

nach § 81 Ziff. 2 des RStGB. ist Haftbefehl erlassen gegen den hier abgebildeten Studenten der Rechte und der Philosophie

Ernst Toller.

Er ist geboren am 1. Dezember 1893 in Samotschin in Posen, Reg.-Bez. Bromberg, Kreis Kolmar, Amtsger. Margonin, als Sohn der Kaufmannseheleute Max u. Ida Toller, geb. Kohn.

Toller ist von schmächtiger Statur und lungenkrank, er ist etwa 1,65–1,68 m groß, hat mageres, blasses Gesicht, trägt keinen Bart, hat große braune Augen, [illegible], schließt beim Nachdenken die Augen, hat dunkle, beinahe schwarze wellige Haare, spricht schriftdeutsch.

Für seine Ergreifung und für Mitteilungen, die zu seiner Ergreifung führen, ist eine Belohnung von

zehntausend Mark

ausgesetzt.

Steckbrief Ernst Tollers, 15. Mai 1919

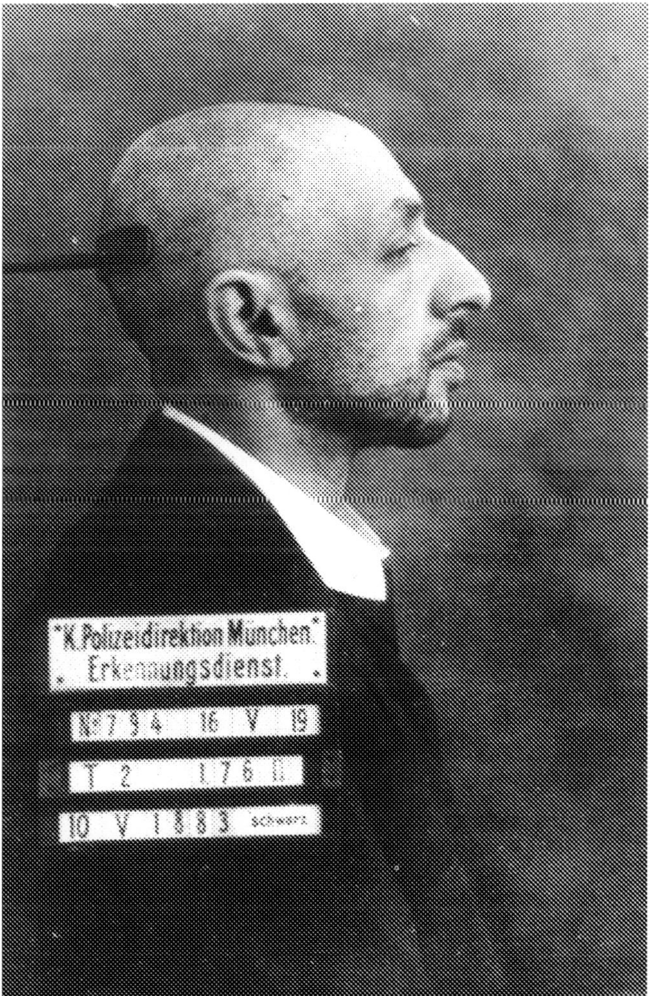

Erkennungsdienstliche Aufnahme Eugen Levinés, 16. Mai 1919

Mitbestimmung und nach der Verwirklichung der ursprünglichen Ziele der Revolution zu untermauern, veranstaltete der Münchner Revolutionäre Arbeiterrat eine Demonstration. Es war die größte und eindrucksvollste Veranstaltung, die München seit dem 7. November erlebt hatte. Die Schätzungen über die Zahl der Teilnehmer schwankten zwischen 8000 und 20000; die Wahrheit liegt wohl irgendwo in der Mitte. Zum ersten Mal, seit sie sich zerstritten hatten, traten die Parteien und Gruppierungen der äußeren Linken, der USPD, der KPD und der Anarchisten, gemeinsam auf. Eisner, der ebenfalls an der Demonstration teilnahm, wurde mit Hochrufen gefeiert; dagegen forderte die Menge den Rücktritt der SPD-Minister Auer, Timm und Roßhaupter.

Am 19. Februar kam es in München erneut zu einem Putsch. Ein selbsternannter »Aktionsausschuß zum Schutze des Landtags« besetzte den Münchner Hauptbahnhof, das Telegrafenamt, die Stadtkommandantur und das Polizeipräsidium und verhaftete Dürr, Staimer und Fechenbach. Die Putschisten, vorwiegend Angehörige eines aus Bayern stammenden und erst kürzlich demobilisierten Matrosenregiments unter Führung des Obermaats Conrad Lotter, verlangten Eisners Rücktritt. An seine Stelle, so lautete Lotters Forderung, sollte Erhard Auer treten. Als Grund dafür gab Lotter an:

»Die gegenwärtige Volksregierung ist vollständig im Volke verankert, aber nicht die Person des jetzigen bayerischen Ministerpräsidenten ... Die Hauptursache liegt darin, daß der jetzige Ministerpräsident Nichtbayer ist. Er stammt aus Galizien und kommt von Berlin, und das ist die Ursache, daß das Volk kein Vertrauen zu ihm hat. [...] Ich kann Ihnen heilig versichern, wenn ein Mann wie Auer an der Spitze stände, hätten Sie das ganze Volk in seiner Mehrheit zu 99 Prozent hinter sich.«[15]

Lotters Plan war, Eisner zu verhaften und umgehend in die Tschechoslowakei abzuschieben, wo er seiner Überzeugung nach keinen zusätzlichen Schaden mehr anrichten konnte. Die Putschisten, unter denen sich auch völkisch gesinnte Studenten und Angehörige der Thule-Gesellschaft befanden, zogen zum Landtag, in dem zur selben Zeit der Rätekongreß tagte. Sie hatten die Absicht, das Gebäude zu besetzen und sich der Person Eisners zu bemächtigen. Da die Arbeiter- und Soldatenräte weiterhin loyal zu ihrem Ministerpräsidenten standen, konnten Lotter und seine Anhänger nichts ausrichten. In diesem Moment erschien Auer, um zwischen den beiden Parteien zu vermitteln.

Die Matrosen zogen daraufhin in Richtung Stadtmitte ab. Nach einer wilden Schießerei vor dem Münchner Hauptbahnhof, bei der ein unbeteiligter Straßenbahnschaffner durch einen Kopfschuß ums Leben kam, gaben die Putschisten auf. Lotter wurde verhaftet und ins Gefängnis Stadelheim gebracht. In seiner Aktentasche fand man 6000 Mark. Die Geldscheinbündel waren mit Banderolen versehen, die die Aufschrift der Firma Krupp trugen.

Wieder spielte Auer eine zwielichtige Rolle bei dem Putsch. Aber welches Interesse sollte er daran gehabt haben, mit Gewalt in ein Amt gesetzt zu werden, das ihm am nächsten Tag sowieso zugefallen wäre? Seiner Intervention war es schließlich auch zu verdanken, daß die Matrosen ohne Blutvergießen vom Landtag abgezogen waren. Trotzdem konnte Auer nicht alle Bedenken derjenigen, die ihm eine Mitschuld an dem Zwischenfall gaben, restlos ausräumen. Dies sollte ihm zum Verhängnis werden.

Am Morgen des 21. Februar verließ Eisner seinen Amtssitz im Palais Montgelas und begab sich zum Landtagsgebäude. In seiner Tasche befand sich sein Rücktrittsschreiben, das er bereits unterzeichnet hatte. Begleitet wurde Eisner von seinem Sekretär Fechenbach und dem Leiter des Ministerpräsidentenbüros, Bruno Merkle. Zwei bewaffnete Ordonnanzen, die Eisners Sicherheit garantieren sollten, schritten voran.

Noch am Abend zuvor hatte Eisner in der Schlußansprache des Rätekongresses ein neues Kapitel der Revolution angekündigt. Zwar hätten die Bürgerlichen die Parlamentswahlen in Bayern gewonnen, doch stelle die zukünftige Regierung für ihn nicht mehr als eine Übergangsphase auf dem Weg zur wahren Demokratie dar. Die Fäden der Politik lägen weiterhin in der Hand der Räte; es sei nur eine Frage der Zeit, bis diese endgültig die Macht an sich reißen würden.

Welche Rolle Eisner sich selbst in der zukünftigen bayerischen Politik zugedacht hatte, bleibt unklar. Obwohl die Deutsche Demokratische Partei in Bayern eine Minderheitenregierung, bestehend aus SPD, USPD und Bauernbund mit Eisner an der Spitze, eventuell toleriert hätte, kam das Amt des Ministerpräsidenten für ihn wohl nicht mehr in Frage, wie er bei seinem letzten öffentlichen Auftritt anläßlich des Rätekongresses erkannt hatte:

»Ich sehne mich danach, daß die Sozialisten ohne Unterschied der Richtung wieder Opposition werden«, hatte er den versammelten Räten mitgeteilt. »Morgen beginnt der Landtag, morgen soll auch die Tätigkeit der Räte aufs neue beginnen, und dann werden wir sehen, wo Lebenskraft und wo Zuckungen einer dem Tode geweihten Gesellschaft zu finden sind.«[16]

Eisner hatte in den letzten Tagen zahlreiche Drohbriefe erhalten, und die Hetztiraden in monarchistischen und rechtskonservativen Zeitungen deuteten darauf hin, daß der noch amtierende Ministerpräsident möglicherweise die Zielscheibe eines Attentats werden würde. Auch seitens der SPD war Eisner zunehmend unter Druck geraten. Der Putsch des Matrosen Lotter war nur der Höhepunkt einer Kette negativer Entwicklungen.

Diese Ereignisse hatten ihre Wirkung auf den Beraterstab des Ministerpräsidenten nicht verfehlt. Merkle und Fechenbach wollten Eisner angesichts noch weiterer drohender Gefahren überreden, nicht den üblichen Weg zum Landtag einzuschlagen. Es gab noch einen Schleichweg, der durch einen Hinterausgang des Palais Montgelas über die wenig belebte Prannerstraße zu einem Seiteneingang des Landtagsgebäudes führte. Eisner lehnte dieses Angebot entschieden ab; er wollte sich nicht vor der Öffentlichkeit verstecken: »Man kann einem Mordanschlag auf die Dauer nicht ausweichen, und man kann mich ja nur einmal totschießen.«[17]

Eisner und seine Begleiter wählten also den gewohnten Weg. Sie verließen den Amtssitz durch den Hauptausgang, überquerten den Promenadeplatz und bogen in die Promenadestraße, die heutige Karl-Faulhaber-Straße, ein. Fechenbach sagte später aus, die drei hätten sich in einer angeregten Diskussion über die turbulenten Vorgänge der letzten Tage befunden.

Plötzlich tauchte, von allen unbemerkt, hinter der Gruppe ein junger, unscheinbar gekleideter Mann auf. Er pirschte sich an Eisner heran, zog einen Revolver und feuerte aus nächster Nähe zwei Schüsse in den Hinterkopf seines Opfers. Eisner brach auf der Stelle zusammen und blieb in einer Blutlache liegen. Fechenbach riß den Angreifer zu Boden, und einer der Ordonnanzen gab aus seinem Revolver mehrere Schüsse auf den Attentäter ab. Für Eisner kam jede Hilfe zu spät; er erlag noch am Tatort seinen schweren Kopfverletzungen. Sein Mörder lebte noch. Er wurde in die Chirurgische Universitätsklinik gebracht, wo der berühmte Professor Ferdinand Sauerbruch mit einer riskanten Operation sein Leben retten konnte.

Der Attentäter war Anton Graf von Arco auf Valley, jener 22jährige Leutnant, in dessen Kaserne Auer das Weihnachtsfest verbracht und dessen Aufruf Polizeipräsident Staimer die Genehmigung verweigert hatte. Mit seinen Schüssen wollte er das Rad der Geschichte zurückdrehen und die Vorkriegsverhältnisse wiederherstellen. Aber auch eine Affinität zu den Ideen der Thule-Gesellschaft ist unverkennbar, obwohl Kontakte zwischen dem Attentäter und der völkischen Organisation nie mit Sicherheit nachgewiesen werden konnten.

Unbestreitbar ist jedoch die Tatsache, daß Arco während der gesamten Zeit der Republik in enger Verbindung mit denjenigen stand, die Eisners Beseitigung immer wieder forderten und auch aktiv an gewaltsamen Sturzversuchen beteiligt waren. Arco hatte auch in der Bürgerwehr-Affäre und beim Lotterputsch seine Hand im Spiel.

Das Täterprofil Arcos ist typisch für die politischen Morde, denen im Verlauf der Weimarer Republik noch andere prominente Politiker wie Matthias Erzberger und Walter Rathenau zum Opfer fallen sollten. Als Tatmotiv gab Arco an:

»Ich hasse den Bolschewismus, ich bin und denke deutsch, ich hasse die Juden, ich liebe das wahre Bayernvolk, ich bin bis in den Tod treuer Monarchist. Eisner ist Bolschewist, er ist Jude, er ist kein Deutscher, er fühlt nicht deutsch, er untergräbt jedes vaterländische Denken und Fühlen, er ist ein Landesverräter. Das ganze Bayernvolk ruft: Weg mit ihm! Er geht nicht – also … «[18]

I

Eisner

1, strebt verdeckt nach Anarchie um seinen u. der Räte Bleiben zu erreichen.

2, ist Bolschewist

3, ist Jude.

4, ist kein Deutscher

5, fühlt nicht Deutsch

6, untergräbt jedes vaterländische Denken u. Fühlen.

7, ist ein Landesverräter.

Das ganze Bayernvolk ruft Weg mit ihm!

Er geht nicht

Also.!!

II

Mein Grund!

Ich hasse den Bolschewismus!
Ich bin u. denke Deutsch!
Ich hasse die Juden!
Ich <u>liebe</u> das wahre Bayernvolk!
Ich bin bis in den Tod
treuer Monarchist!
Ich bin treuer Katholik!
Man wird sagen!
Er ist ein Mörder!
Grund ist genug vorhanden
zum Morde..!
Also fühl ich mich freige-
sprochen!
Über alles achte ich die
Ehre unseres lieben
Bayernvolkes!

Ob Arco-Valley ein Einzeltäter war oder das Werkzeug einer Verschwörung, konnte nie restlos geklärt werden. Hätte er gewußt, daß Eisner sein Rücktrittsschreiben bereits unterzeichnet in der Tasche trug, wäre es wohl nicht zu dem Anschlag gekommen. Arco-Valley war weder geistig verwirrt, noch hegte er persönliche Haß- oder Rachegefühle gegen Eisner. Er war Überzeugungstäter; Täter aus einer Überzeugung, die Deutschland und große Teile Europas erneut ins Verderben führen sollte.

Die Nachricht von Eisners Ermordung sprach sich in Windeseile herum. Von überall her strömten die Massen an den Tatort. Aus dem vorher so stark Angefeindeten war ein Märtyrer der Revolution geworden, dem alle noch einmal huldigen wollten.

»Jedermann verdammte und beklagte nun die verhängnisvolle Kugel des jungen Arco«, erinnert sich die Schriftstellerin Ricarda Huch, »es war gerade, als ob sie nur gefallen, um der stockenden Revolution einen neuen Auftrieb zu geben.«[19]

Jetzt schien der Weg an die Regierung endgültig frei für die SPD und ihren Führer Erhard Auer. Zur gleichen Zeit, als die Schüsse auf Eisner fielen, wurde der Landtag einberufen. Doch sollte alles ganz anders kommen. Im Landtag brach auf die Nachricht von Eisners Ermordung hin ein Tumult aus. »Rache für Eisner!« lauteten die Parolen. Die Sitzung mußte unterbrochen werden. Sie war gerade wieder aufgenommen worden, als sich eine bizarre Szene abspielte, die den Lauf der politischen Ereignisse nochmals in eine völlig andere Richtung lenken sollte.

Ein schnauzbärtiger junger Mann, bekleidet mit einem grauen Mantel und Hut, drang durch einen Seiteneingang in den Sitzungssaal ein. Er lief direkt auf Auer zu. Mit den Worten »Du Lump« zog er eine automatische Pistole aus seinem Mantel und drückte zweimal ab. Auer sank, in die Brust getroffen, zu Boden. Der konservative Abgeordnete Paul von

Jahreiß stellte sich dem Schützen in den Weg. Der Angreifer streckte ihn mit einem Schuß in den Hals nieder. Aus mehreren Richtungen wurde jetzt auf den Attentäter geschossen. Eine Kugel traf den Mitbegründer der Bayerischen Volkspartei, Heinrich Osel. In dem nun entstehenden Durcheinander konnte der Attentäter entkommen. Einige Soldaten deckten sogar seinen Rückzug, als sie in dem Fliehenden ein Mitglied des Revolutionären Arbeiterrates erkannten.

Jahreiß und Osel waren tot. Auer lebte noch und wurde in die Klinik zu Professor Sauerbruch gebracht, der soeben Arcos Leben gerettet hatte. Auch die Operation an Auer verlief erfolgreich. Allerdings konnte Auer das Krankenhaus erst nach vier Monaten wieder verlassen, zu einem Zeitpunkt, als die Bayerische Räterepublik bereits Geschichte war.

Der flüchtige Attentäter wurde am 8. August in Wien verhaftet. Kurz darauf lieferte ihn die österreichische Regierung mit der Auflage aus, ihn nicht zum Tode zu verurteilen. In der Verhandlung vor dem Schwurgericht München gab der 32jährige Alois Lindner, ein Metzgergeselle und Schankkellner aus dem oberpfälzischen Kelheim, als Tatgrund blindwütigen Haß auf Auer an. Der SPD-Führer habe in der Revolutionsnacht des 7. November versucht, mit 500 königstreuen Soldaten Eisner zu stürzen, wie der Münchner Geschichtsprofessor Michael Doeberl ja noch am selben Tag in allen großen Zeitungen der Hauptstadt berichtet hatte.

Vor allem aber durch die Bürgerwehraffäre und den Lotterputsch hatte Auers Ansehen in der Arbeiterschaft schwer gelitten. Lindner sah in Auer den Handlanger des Bürgertums, der die Macht an sich reißen und alle Errungenschaften der Revolution wieder rückgängig machen wollte. Nachdem ihn die Nachricht von Eisners Ermordung erreicht hatte, war Lindner schließlich so aufgebracht, daß er nur noch ein Ziel kannte: Auer zu beseitigen.

Die Schüsse auf Eisner und Auer verhinderten die »Sozialdemokratisierung« der Revolution. Auer konnte nicht mehr Ministerpräsident werden, und dem toten Eisner wurde endlich die Anerkennung zuteil, die ihm sein ganzes Leben lang verwehrt geblieben war. Sein Staatsbegräbnis, das eines Königs würdig gewesen wäre, kostete das Land Bayern 9 500 Mark. Alle Kirchenglocken im Lande läuteten, von Münchens Türmen wehten rote Fahnen; Hunderttausende säumten den Trauerzug zum Ostfriedhof, der sich über mehrere Kilometer erstreckte. Salut wurde geschossen, und Gustav Landauer hielt die Totenrede auf seinen Freund, den ersten Ministerpräsidenten des Freistaats Bayern:

»Er ist aber nicht entkräftet zu Boden gesunken. Er war einer wie Jesus, wie Huß – o sancta simplicitas! –, die von der Dummheit und dem Eigennutz hingerichtet wurden: er, der nun von der Kugel eines Meuchelmörders aus dem Hinterhalt umgebracht worden ist, war ein Streiter, ein Wachsender, ein Kraftvoller bis zuletzt …«[20]

Heinrich Mann würdigte abschließend die Verdienste des Verstorbenen anläßlich der Trauerfeier im Odeon:

»Die hundert Tage der Regierung Eisners haben mehr Ideen, mehr Freuden der Vernunft, mehr Belebung der Geister gebracht als die fünfzig Jahre vorher.«[21]

Doch nicht alle Zeitgenossen urteilten so positiv über Eisner. Thomas Mann sah in Eisner den typischen Vertreter des ›Zivilisationsliteraten‹; der Nobelpreisträger pflegte in seinen *Betrachtungen eines Unpolitischen* dieses Synonym zu benutzen, wenn er von Vaterlandsverrätern sprach.

Im Vergleich dazu noch recht gemäßigt und mit einem Schuß Selbstkritik versehen erscheint die Würdigung des liberalen Abgeordneten Ernst Müller-Meiningen:

»Es war tatsächlich ein meisterhafter Zug der Eisnerschen Politik, die apathische und in Erbärmlichkeit verkommene Bourgeoisie durch schöne Sprüche, feine Proklamationen, gefühlvolle Theatervorführungen usw. zu gewinnen, Versprechungen an alle zu machen, um sie für sein vorläufiges Zwangsregiment zu gewinnen. Nicht bloß Literaten und sogenannte geistige Arbeiter, nein Leute aller Klassen und Stände, aller Parteien und Weltanschauungen leisteten, wenn auch oft in bester Absicht, dieser durchsichtigen Politik Vorschub. Der dilettantenhafte ›Idealismus‹ des gewandten Literaten nahm sie zuerst alle mit, bis allmählich von Woche zu Woche mehr die wahre Natur des Demagogen … auch dem Harmlosesten sich offenbarte.«[22]

Noch harscher fällt das Urteil der *Kreuzzeitung*, seit 1848 Organ der preußischen Konservativen, aus. Hierin spiegelt sich der schon zu dieser Zeit allgegenwärtige Antisemitismus im Deutschen Reich:

»Eisner war einer der übelsten Vertreter des Judentums, die in der deutschen Geschichte der letzten Monate eine so bezeichnende Rolle gespielt haben. In hervorragender Weise vereinigten sich in ihm zwei Eigenschaften seiner Rasse, der geschichtlich begründete Internationalismus – auch Eisner war ja Ausländer von Geburt – und die blutsmäßig begründete Eitelkeit im Gegensatz zur deutschen Sachlichkeit.«[23]

Nach Eisners Tod blieb auch die Reaktion der Völkischen nicht aus. Sie begrüßten die Tat und feierten den Mörder Arco als Retter des deutschen Volkes. Nur einer stimmte nicht in die Lobeshymnen ein. Der Thule-Vorsitzende Sebottendorf bezeichnete Arcos Mord an Eisner als die »Tat eines Wahnsinnigen«, die mehr Schaden als Gutes angerichtet hätte:

»Graf Anton Arco auf Valley hatte von der Mutter her (einer geborenen Oppenheim) Judenblut in den Adern, er ist Jüdling und war daher weder von der Thule-Gesellschaft noch vom Kampfbunde aufgenommen worden. Er wollte zeigen, daß auch ein Halbjude eine Tat ausführen könne.«[24]

An einem einzigen Vormittag hatten beide sozialdemokratischen Parteien ihre Anführer verloren. Doch gab Eisners Tod der verebbenden Rätebewegung, deren Kaltstellung schon ausgemachte Sache war, einen neuen, ungeahnten Auftrieb.

Anton Graf von Arco auf Valley

* 5. 2. 1897 St. Martin im Innkreis, Österreich
† 29. 6. 1945 Salzburg

Arco war zeit seines Lebens ein Einzelgänger. Er ging nicht zur Schule, sondern erhielt zu Hause Einzelunterricht durch einen Privatlehrer. Der Vater, ein bayerischer Offizier, starb, als der Junge 14 Jahre alt war. Die Mutter schickte den Sohn, der bayerischer Staatsbürger war, aufs Gymnasium ins oberbayerische Ettal. Dort wurde er nach einem Jahr wegen Alkoholgenusses relegiert. Er erhielt eine zweite Chance auf einem Passauer Gymnasium.

Schon früh begeisterte sich Arco für das Militär. Er befürchtete, der Erste Weltkrieg würde zu Ende gehen, ohne daß er zu einem Einsatz an der Front gekommen wäre. Mit Erlaubnis seiner Mutter trat er, nachdem er am Ende des Schlujahres 1916 sein Notabitur abgelegt hatte, in den Dienst des I. bayerischen Schweren Reiterregiments ein. Er nahm an einem Offiziersausbildungskurs in Grafenwöhr teil und stieß im Juni 1917 zu seinem Regiment an die Ostfront. Nach dem Vormarsch durch die Bukowina wurde er zum Leutnant befördert.

Als es ihm in der Etappe zu ruhig wurde, meldete sich Arco freiwillig an die Westfront und wurde zum bayerischen Infanterie-Leibregiment versetzt. Im März 1918 in Flandern verwundet und anschließend in der Heimat behandelt, war er schon Anfang Juli zurück an der Front. Dort erlebte er den Durchbruch der Engländer und erste Auflösungserscheinungen in den eigenen Reihen.

Noch vor Kriegsende war Arco wieder daheim im Lazarett. Seine erneute Verwundung brachte ihm das Eiserne Kreuz ein. Wieder wollte er so schnell wie möglich an die Front zurück, doch sein Regiment war inzwischen nach Serbien verlegt worden. Auf dem Weg dorthin brach in Ungarn die Revolution aus. Arco hatte plötzlich keine Heimat mehr. In München war der König abgesetzt worden, über seiner Türkenkaserne wehte die rote Fahne. Der neue Ministerpräsident hieß Kurt Eisner und war Sozialist.

Arco schloß sich der Bürgerwehr an, doch wurde diese bald aufgelöst. Die Freikorps blieben in Bayern verboten. Der Putsch des Matrosen Lotter schlug fehl. Arco beschloß, Eisner zu beseitigen.

Nach dem Mord an Eisner lag Arco schwerverletzt in Sauerbruchs Klinik. Als die zweite Räterepublik zu scheitern drohte, wurde Arcos Überführung ins Luitpoldgymnasium angeordnet. Zwei kommunistische Sanitäter verweigerten aus Menschlichkeit den Befehl und brachten Arco an einen sicheren Ort.

Der Prozeß gegen Arco fand am 16. Januar 1920 vor dem Münchner Volksgericht statt. Wegen des Mordes an Eisner wurde er zum Tode verurteilt. Einen Tag später ordnete der bayerische Ministerrat die Umwandlung des Urteils in lebenslängliche Festungshaft an. Später wurde die Strafe auf 15 Jahre reduziert. Am 13. April 1924 verließ Arco die Festung Landsberg als freier Mann. Reichspräsident Hindenburg hatte ihn begnadigt. Bei seiner Rückkehr nach Schloß St. Martin wurde Arco von der Bevölkerung jubelnd empfangen.

Als die Nationalsozialisten an die Macht kamen, boten sie ihrem alten Volkshelden die Mitarbeit beim Aufbau des Dritten Reiches an. Arco, der 1933 Marie Gabriele Gräfin von Arco-Zinneberg geheiratet hatte, lehnte ab. Statt dessen trat er in den Dienst der Lufthansa ein.

Arco starb am 29. Juni 1945 bei einem Verkehrsunfall. Kurz hinter Salzburg überholte er mit seinem Wagen ein Pferdefuhrwerk und stieß bei dem Manöver mit einem entgegenkommenden Fahrzeug der amerikanischen Armee zusammen.

KAPITEL 7

AUF DEM WEG ZUR RÄTEREPUBLIK

Das Interregnum

»Ich sah Zitternde, ich sah Wutblasse und Blutgierige. Überall wiederholte sich das gleiche Schreien nach Rache. Die Massen kamen ins Treiben, der Strom floß durch die Stadt. Das war anders, ganz anders als am 7. November. Wenn jetzt einer aufgestanden wäre und hätte gerufen: ›Schlachtet die Bürger! Zündet die Stadt an! Vernichtet alles!‹ es würde geschehen sein. Die tausend kleinen Stürme hatten sich vereinigt, und ein einziger dumpfer, dunkler, ungewisser Losbruch begann. Ich spürte es an mir am genauesten: Noch nie war ich so völlig Massentrieb gewesen wie jetzt, noch nie war ich so eins mit den Tausenden. Auf die Theresienwiese jagten die Züge. Unter der Bavaria redeten viele; Toller trug ein Gedicht vor. Die Frauen wurden ergriffen davon, die Männer schrien nach Waffen. Dann wurde verkündet, im Zeughaus seien sie. Ein dichter Haufen zog dahin ab, ich lief mit dem Zug wieder in die Stadt. Voran marschierten Matrosen und Soldaten wie zum Sturm. Die roten Fahnen wehten. Die verschlossenen Türen des Deutschen Theaters wurden eingeschlagen, die Scheiben klirrten, es krachte, und alles peitschte in den Saal. ›Der Arbeiter- und Soldatenrat tagt von heut' ab in Permanenz!‹ brüllte ein Matrose.«[1]

Oskar Maria Graf hatte soeben den Beginn der von Eisner prophezeiten zweiten Revolution miterlebt. Nach den Schüssen im Parlament waren die Abgeordneten in Panik auseinandergestoben. Sie kehrten nicht mehr zurück. Der Landtag sollte erst dann wieder einberufen werden, wenn die Situation sich beruhigt hatte.

Die Kommunisten um Levien verlangten die sofortige Ausrufung der Räterepublik. Verhandlungen mit den Mehrheitssozialdemokraten lehnten sie als ›Verrat‹ ab. Zur Zusammenarbeit mit der USPD waren sie prinzipiell bereit; auch gegen Eisner hatten sie nichts mehr einzuwenden. Jetzt, wo es zu spät war, lobten sie in einem Aufruf an das bayerische Proletariat sein ehrliches und edles Streben, das Ideal des Sozialismus zu verwirklichen.

In den verwaisten Landtag zogen die Arbeiter-, Soldaten- und Bauernräte ein. Der Rätekongreß wählte einen »Zentralrat der bayerischen Republik«, der die Geschäfte so lange kommissarisch führen sollte, bis eine endgültige Regelung gefunden war. Vorsitzender des Zentralrats wurde der Augsburger Volksschullehrer Ernst Niekisch. Obwohl Mehrheitssozialdemokrat, hing Niekisch dem Rätegedanken an und hatte stets die Eisnersche Politik unterstützt. Als Vorsitzender des Augsburger Arbeiter-, Soldaten- und Bauernrates und des Landesarbeiterrates war er auf allen Ebenen des Rätesystems präsent, als SPD-Mitglied auch von den rechten Sozialdemokraten akzeptiert. Mit Niekisch schien die geeignete Integrationsfigur gefunden, um der Republik über diese schwierige Zeit hinwegzuhelfen.

Auf der ersten Sitzung des Rätekongresses beantragten die Anarchisten die Ausrufung Bayerns zur sozialen Republik, die Diktatur des Proletariats und die Aufnahme von Beziehungen zur russischen Sowjetrepublik. Mühsams Forderungen wurden auch von den Unabhängigen Toller, Landauer und Klingelhöfer, der von der SPD zur USPD übergetreten war, unterstützt; sie waren zwar keine Kommunisten, sahen aber in einem an der Sowjetunion orientierten Rätesystem den einzigen Ausweg zur Rettung der Revolution.

Die sozialdemokratische Mehrheit des Rätekongresses lehnte den Antrag ab. Statt dessen wurde beschlossen, den Landtag auf unbestimmte Zeit zu vertagen und einem aus Mitgliedern der gemäßigten Linksparteien (SPD, USPD, Bauernbund) und der Arbeiter-, Soldaten- und Bauernräte gebildeten Provisorischen Nationalrat die Regierung zu übertragen. Den Räten gestand man ein Vetorecht gegen Beschlüsse der Regierung zu; die endgültige Entscheidung sollte in einem solchen Streitfall das Volk per Plebiszit fällen.

Mit diesem für die Räte recht günstigen Beschluß fand sich die SPD nicht ab. Sie zog die anderen bürgerlichen Parteien, die DDP und die BVP, aber auch USPD und Bauernbund zu Rate, um einen für alle akzeptablen Kompromiß zu finden. Wegen der unruhigen Lage in München fanden die Gespräche in Nürnberg und Bamberg statt.

Bei den Verhandlungen setzte sich der parlamentarische Gedanke vollends durch. Es wurde beschlossen, kurzfristig den Landtag einzuberufen, damit dieser alle Vollmachten an einen neuen Ministerrat übertrage. Dieser sollte die alleinige Gesetzgebungs- und Vollzugsgewalt erhalten; den Arbeiter-, Soldaten- und Bauernräten, von denen nur je ein Vertreter an den Ministerratssitzungen teilnehmen durfte, wurde nur ein Beratungsrecht eingeräumt. Um den Bauernbund für den Kompromiß zu gewinnen, wurde ihm das Landwirtschaftsministerium versprochen; die DDP war mit allem einverstanden, solange die linksaußen angesiedelten Parteien außen vor blieben. Schließlich fügte sich auch die BVP und verzichtete wie die Liberalen auf jegliche Regierungsbeteiligung, solange nur der Vorrang des Parlamentarismus gegenüber dem Rätesystem gesichert war.

Der Rätekongreß stimmte dem Nürnberger Kompromiß zu. Dies führte zu einer Spaltung der USPD: Die Münchner Ortsgruppe unter Toller lehnte die Vereinbarung ab und näherte sich in der Folgezeit immer mehr den Kommunisten und Anarchisten an; die bayerische USPD, angeführt von Felix Fechenbach, Hans Unterleitner und Edgar Jaffé, solidarisierten sich mit den Mehrheitssozialdemokraten. In der SPD wandte sich nur die kleine Gruppe um Ernst Niekisch, Gustav Klingelhöfer und Max Süßheim gegen den Nürnberger Kompromiß.

Die Regierung Hoffmann

Am 7. März trat der Landtag in aller Eile zusammen. Die Abgeordneten mußten nacheinander vier Leibesvisitationen und Ausweiskontrollen über sich ergehen lassen, bevor sie das Landtagsgebäude betreten durften. Die versammelten Volksvertreter, soweit sie sich wieder in die unsichere Hauptstadt hineingetraut hatten, wählten den ehemaligen Kultusminister Johannes Hoffmann zum neuen Ministerpräsidenten. Der Landtag übertrug dem Ministerrat alle Vollmachten und vertagte sich anschließend wieder auf unbestimmte Zeit.

Hoffmann war allen an der Wahl beteiligten Abgeordneten als die unter den gegebenen Umständen beste Kompromißlösung erschienen. Dies verdeutlicht die Aussage des Liberalen Ernst Müller-Meiningen:

»Wir sahen den bisherigen Kultusminister Johannes Hoffmann als den einzig ernstlich in Betracht Kommenden an. Er machte große Schwierigkeiten. Es war eine Situation, die des pikanten Beigeschmacks nicht entbehrte, daß ausgerechnet dieser von der Bayerischen Volkspartei als reiner Gottseibeiuns verfluchte gottlose Mann, der die Klerikalen durch seine Schulpolitik bis aufs Blut gereizt hatte, von den Vertretern der Partei inständigst gebeten wurde, doch die Kandidatur ›als einzig Geeigneter‹ anzunehmen. Und Hoffmann machte es den Herren bei ihrem Kanossagange wahrhaftig nicht leicht. Er hatte Vorbehalte genug. Aber sein größter empfahl ihn am meisten. Er dürfe, so sagte er, unter keinen Umständen gezwungen werden, dem ›Rätesystem‹ Konzessionen zu machen, die er als Demokrat nicht zu machen in der Lage sei. Dies war für uns, die sämtlichen bürgerlichen Parteien, bei der Wahl Hoffmanns ausschlaggebend. Er hat meines Erachtens diese Anschauung auch ehrlich beibehalten, so viele Rätsel sein Charakter uns später auch aufgab.«[2]

Elf Tage nach dieser Sitzung wurde der neue Ministerpräsident, der pfälzische SPD-Politiker Johannes Hoffmann, der unter Eisner als Kultusminister gewirkt hatte, vereidigt. Sein Kabinett bestand aus folgenden Mitgliedern:

Außenministerium und Kultusministerium:	Johannes Hoffmann (SPD)
Ministerium für militärische Angelegenheiten:	Erich Schneppenhorst (SPD)
Justizministerium:	Fritz Endres (SPD)
Innenministerium:	Martin Segitz (SPD)
Finanzministerium:	Karl Neumaier (parteilos)
Verkehrsministerium:	Heinrich von Frauendorfer (parteilos)
Ministerium für soziale Angelegenheiten:	Hans Unterleitner (USPD)
Ministerium für Handel, Gewerbe und Industrie:	Joseph Simon (USPD)
Landwirtschaftsministerium:	Martin Steiner (Bauernbund)

Vom alten Kabinett waren nur die Minister Hoffmann, Unterleitner und Frauendorfer übriggeblieben. Eisner war tot; Roßhaupter und Timm hatten von den Ereignissen im Landtag einen Schock behalten und waren in panischer Angst aus München geflohen; der USPD-Finanzminister Jaffé war auf ausdrücklichen Wunsch der Liberalen und der Volkspartei geopfert worden.

Auer war, wie die Unabhängigen und die Kommunisten hämisch feststellten, »ausgefallen«. Der schwerverletzt im Krankenhaus liegende SPD-Vorsitzende spielte wohl auch im zukünftigen Konzept seiner Partei keine Rolle mehr: Zu unbeliebt hatte er sich als Widersacher Eisners und als Bremser der Revolution bei großen Teilen der Münchner Arbeiterschaft gemacht, als daß jemand ernsthaft seine Rückkehr in die Politik wünschte. Dabei war es eine Ironie des Schicksals, daß ausgerechnet die Schüsse auf Eisner das Ende seiner politischen Karriere einläuteten:

»Von Auer sprach kein Mensch. Vor allem nicht davon, daß Auer als Opfer Eisners gefallen ist. Zu einem Soldaten, der neben ihm stand, sagte Auer, er möchte ihm doch einen Schluck Kognak verschaffen. ›Braucht's nimmer; du bist eh gleich hin‹, war die Antwort. Der Sanitäter, der ihn verband, sagte: ›Als Genosse bist du es nicht wert; als Mensch verbinde ich dich‹. So hatte die Hetze der Unabhängigen, hinter der niemand anderer als Eisner stand, gewirkt.«[3]

Hoffmann war politisch integer, persönlich bedürfnislos, ein ehrlicher Arbeiter, der nichts von der Genialität und dem weltmännischen Gehabe Eisners hatte. Als seine Frau zu einem längeren Kuraufenthalt nach Davos mußte, nutzte er die Gelegenheit und zog zu Hause aus. Er richtete sich in einer kleinen Kammer in seinem Ministerium ein und schlief dort auch.

Hoffmann hielt nichts von Konventionen und haßte alle Umgangsformen, die seiner Meinung nach nur von der Sache ablenkten. Unter anderem verbot er seinen Kindern, »bitte« und »danke« zu sagen.

So kompromißlos Hoffmann im persönlichen Umgang war, so wenig entschieden bezog er als Ministerpräsident im politischen Leben Stellung. In seinen öffentlichen Stellungnahmen schreckte er vor Platitüden wie »als Sozialdemokrat schaue ich nicht rückwärts, sondern nur vorwärts« nicht zurück. Hoffmann war ein Mann des Ausgleichs, der lieber vermittelte als polarisierte. Doch war er alles in allem zu vorsichtig, zu sehr darauf bedacht, keine Fehler zu machen. Darunter litt die sozialdemokratische Politik. Im Ministerrat jedoch gab er eine gute Figur ab:

»Seine Vorbereitung auf die Ministerratssitzungen war musterhaft. Er leitete die Sitzungen vorzüglich, sachlich und kurz. Den springenden Punkt schälte er rasch heraus. Es war damals oft eine Freude, mit ihm zusammenzuarbeiten, vor allem in den ersten harten Monaten des Aufbaues. Schade, daß dem Manne jede Regie, jede Fertigkeit, Menschen richtig zu behandeln, jede Urbanität des äußeren Umgangs und einer gewissen Repräsentation, die nun einmal unbedingt notwendig ist, fehlte.«[4]

In seiner Regierungserklärung steckte Hoffmann gleich die Positionen ab. Er stellte klar, daß für ihn nur ein uneingeschränkter Parlamentarismus als Regierungssystem in Frage komme. Die Soldatenräte würden bald verschwinden, die Arbeiterräte zu Arbeiterkammern werden, so daß den Räten allenfalls wirtschaftliche, jedoch keine politische Bedeutung zukomme. Hoffmann erteilte jeglichen bayerischen Partikularismusgedanken, wie sie bei Eisner teilweise angeklungen hatten, kategorisch eine Absage: Bayern stehe fest zum Reich.

Mit diesem Bekenntnis machte sich Hoffmann allerdings viele Feinde im Freistaat. In Hugo Preuß' soeben der deutschen Öffentlichkeit vorgestelltem neuen Weimarer Verfassungsentwurf war Bayern sehr schlecht weggekommen. Es mußte auf sämtliche Auslandsvertretungen verzichten, büßte seine Verkehrshoheit zugunsten des Reichs ein, mußte auf ein eigenes Heer verzichten, durfte keine direkten Steuern mehr erheben und verlor seine finanzielle und wirtschaftliche Selbständigkeit. Die bayerische Post hatte ihre letzten eigenen Briefmarken herausgegeben (noch mit dem Königsporträt, das mit dem Aufdruck ›Volksstaat Bayern‹ überstempelt war), die bayerischen Beamten wurden durch preußische – oder wie es jetzt offiziell hieß: deutsche – Beamten ersetzt, und das bayerische diplomatische Korps ging im verhaßten Auswärtigen Amt auf.

Bayern, vor kurzem noch ein in vielen Bereichen souveränes Königreich mit Sonderstellung, war zu einem bedeutungslosen Gliedstaat verkommen, der zudem völlig von Berlin abhängig war. Die Bayerische Volkspartei sprach von Bayerns tiefster Erniedrigung und von der ›Erwürgung Bayerns‹; ihr Führer, Georg Heim, zeterte, unter Eisner (!) hätte es eine derartige Entwicklung nicht gegeben; die bürgerliche und teilweise auch die linke Presse verurteilten die ›Provinzialisierung‹ Bayerns.

Hoffmann ging nur teilweise auf die Beschwerden ein, indem er von der Weimarer Regierung eine Kompensation forderte; im übrigen blieb er bei seinem Bekenntnis zur Reichseinheit, für die man gewisse Opfer bringen müsse.

Hoffmanns Kollegen im Ministerrat setzten wie Eisner auf eine Stärkung des süddeutschen Elements gegenüber Berlin, doch schmetterte Hoffmann alle Annäherungsversuche in diese Richtung mit der nicht zutreffenden Bemerkung ab, Bayern sei unter den süddeutschen Staaten isoliert. Die Bedenken der süddeutschen Ministerpräsidenten Blos, Geiß und Ulrich hatten eher der Person Eisners als der Politik der bayerischen Sozialdemokraten gegolten. Hoffmanns in den Augen seiner Landsleute zu berlinfreundliche Politik wirkte sich in einem beträchtlichen Imageverlust aus.

Zu einem schweren Konflikt kam es auch zwischen der Regierung Hoffmann und dem Begründer der bayerischen Freikorps, Franz Ritter von Epp. Oberst Epp, der mit seiner reaktionären Einstellung vielen Sozialdemokraten ein Dorn im Auge war, hatte mit Polizeikommandant Dürr eine Art Waffenstillstand geschlossen, der ihm eine gewisse Narrenfreiheit einräumte. Außerdem stand er mit Auer auf gutem Fuße, denn Epp war der Befehlshaber jenes Infanterie-Leibregiments, in dem Auer während seiner Militärzeit gedient hatte. Diese Fügung bewahrte Epp in manch kritischer Situation vor einer Enthebung von seinem militärischen Kommando.

Epps Beteiligung an der Bürgerwehr-Affäre und dem geplanten Buttmann-Putsch wäre ihm beinahe zum Verhängnis geworden, als viele USPD- und SPD-Politiker seinen Rücktritt forderten. Doch dann griff Reichswehrminister Gustav Noske ein. Obwohl er mit seiner Intervention seinen Parteifreund Hoffmann kompromittierte, beauftragte er Epp, in Bayern ein Freikorps aufzustellen. Dies rief wiederum den bayerischen Militärminister Schneppenhorst auf den Plan, der Hoffmann dringend mahnte, Epps Tätigkeit zu unterbinden. Schneppenhorst und sein Kollege Unterleitner verlangten wegen Epps Umtriebe sogar den Abbruch der Beziehungen zum Reich und den Abzug aller bayerischer Abgeordneter aus Weimar.

Hoffmann befand sich in einer Zwickmühle. Er wollte einen Konflikt mit der Reichsregierung unter allen Umständen vermeiden. Andererseits konnte er dem in Bayern verhaßten Epp keine freie Hand gewähren. Überdies hätte ein Nachgeben in dieser Angelegenheit die Militärhoheit des bayerischen

Freistaats in Frage gestellt. Hoffmann konnte sich zu keiner eindeutigen Entscheidung durchringen. Um Schneppenhorst und die USPD nicht gegen sich aufzubringen, sprach er ein Werbeverbot für Epp in Bayern aus; doch führte er hinter dem Rücken seines Militärministers weitere Gespräche mit Noske. Dieser wußte die Unstimmigkeiten in der bayerischen Regierung zu seinem Vorteil zu nutzen. Er wies Epp an, sein Freikorps im thüringischen Ohrdruf nahe der bayerischen Grenze zusammenzustellen, und gab ein Merkblatt an die Offiziere heraus:

»Vertraulich! Nicht auf bayr. Boden mitnehmen! Ministerpräsident Hoffmann hat das Versprechen gegeben, daß die Werbung für das Freikorps zwar nicht offiziell erlaubt würde, daß aber weitere Schwierigkeiten den Werbern nicht gemacht werden sollten. Die Geworbenen dürfen nach derselben sicheren Quelle laut Äußerung Hoffmanns nicht in Bayern zurückgehalten werden. [...] Es ist anzunehmen, daß dagegen der bayr. Mil. Minister alles versuchen wird, um die Werbung zu hemmen.«[5]

Die Anwerbung der Freikorpssoldaten übernahm die Thule-Gesellschaft, zu der Epp gute Beziehungen unterhielt. Als Epp das Geld für die Werbekampagne ausging, ließ Noske im Reichskabinett kurzerhand eine Verfügungssumme bewilligen. Die Ausrüstung und Verpflegung der Truppe übernahm ein Stabsoffizier, der schon im Weltkrieg sein organisatorisches Talent bewiesen hatte. Aufgrund seiner exzellenten Verbindungen zum Generalstab der Reichswehr gelang es dem Hauptmann Ernst Röhm, in kurzer Zeit die benötigten Mengen an Waffen, Gerät, Fahrzeugen und Pferden für das Freikorps Epp zu beschaffen.

In Wirtschaftsfragen lag der Mehrheitssozialdemokrat Hoffmann eher auf der Linie Eisners als auf der Auers. Sein ökonomisches Programm hörte sich recht radikal an und verschreckte zunächst die Anhänger des freien Wettbewerbs:

»Ein sozialistisches Ministerium muß im sozialistischen Geiste regieren. Seine Politik wird eine demokratische und soziale und, soweit es unsere jammervolle Wirtschaft gestattet, eine sozialistische sein. Die ausgedehnte, fast schrankenlos kapitalistische Wirtschaft der Vorkriegszeit ist für alle Zukunft unmöglich geworden.«[6]

In der Tat konnte Hoffmann nur durch wirtschaftliche Erfolge, vor allem in der Ernährungs- und Wohnungsfrage und bei der Lösung des Arbeitslosenproblems, politisch überleben und eine Räterepublik verhindern. Ende März war die bayerische Wirtschaft in einem maroden Zustand. Der letzte vorübergehend funktionierende Sektor, die Landwirtschaft, die bislang von den vielen Kriegsheimkehrern profitiert hatte und daher über ausreichend Arbeitskräfte verfügte, erlitt durch starke Schneefälle und eine alles lähmende Kältewelle einen unvorhergesehenen Einbruch. Am 1. April lag München unter einer Schneedecke von 40 Zentimetern; die Zahl der Arbeitslosen blieb konstant über 30000; die Kohlenvorräte waren aufgebraucht, die Energiezufuhr stockte. Der Preis für eine Fahrt mit der Straßenbahn stieg von 15 auf 20 Pfennig. Die Versorgung der Bevölkerung mit Fleisch war nicht mehr gewährleistet, seit immer mehr Bauern sich weigerten, in die von Unruhen erschütterte Hauptstadt zu fahren. Auch die Milchversorgung war akut gefährdet: Seit dem 13. März wurde nur noch an jedem zweiten Tag ein Achtelliter Milch pro Lebensmittelkarte ausgegeben. Das einzig blühende Geschäft in München war, wie bereits in der Kriegszeit, der

Schwarzmarkt. Josef Hofmillers Tagebucheintrag vom 6. März verdeutlicht die Ernährungskrise:

»Ich war mit meiner Frau in der Stadt und führte sie durch den Laden von Dallmayer, um ihr etwas zu zeigen, was sie noch nicht gesehen hatte: Dallmayer am Aschermittwoch ohne eine Spur von irgendeinem Fisch! Man muß ihn im Frieden gesehen haben, um zu wissen, was das bedeutet. An Süßwasser- und Seefischen alles, was die Jahreszeit bot [...] Gestern: nichts, gar nichts, kein Schwanz von einem Fisch, nicht einmal ein Hering, nicht einmal eine Sardelle; bloß Stockfisch stank in einer Ecke, etwas, wozu sich Dallmayer im Frieden nie erniedrigt hätte. Was gab es dann? Oh, sehr nette Sachen: grüne Erbsen in Sulz, Erbsen mit Bohnen in Sulz, Sellerie in Sulz, rote Rüben in Sulz, gemischte Gemüse in Sulz. Dabei waren die Dinger klein und nicht einmal billig: 75 bis 90 Pfennig die Portion. Dazu Gemüsesalate, aber kein Tropfen Öl daran! Es ist ein Jammer! An Käsen nichts, gar nichts. Eine Dame neben uns bekam ein Ei (mit Ziffern: 1 Ei).«[7]

Benno Merkle, Eisners Sekretär und Wirtschaftsexperte, hatte ein Gutachten erstellt und trug dies im Rätekongreß vor. Danach reichten die Nahrungsmittel nur noch bis Ende Mai. Merkle empfahl die Abkoppelung der bayerischen Ein- und Ausfuhr vom Reich sowie die Aufnahme wirtschaftlicher Beziehungen zur Tschechoslowakei und zu Sowjetrußland. In der Wohnungspolitik forderte er von Hoffmann eine härtere Gangart: Der Ministerpräsident sollte per Erlaß adlige Großgrundbesitzer wie den Regensburger Fürsten von Thurn und Taxis zwingen, Obdachlosen Wohnraum zur Verfügung zu stellen.

Hoffmann lehnte jedoch alle Forderungen Merkles ab. Er befürwortete zwar Wohnraum- und Arbeitsbeschaffungsmaßnahmen, doch wollte er erst eine geeignete gesetzliche Grundlage für deren Durchführung schaffen.

Wirkliche Impulse in der Wirtschaftspolitik gingen nur vom neuen USPD-Minister Simon aus. Er leitete den entscheidenden Schritt zur Umgestaltung der bayerischen Ökonomie, wie sie Hoffmann in seiner Regierungserklärung angekündigt hatte, ein, als er am 21. März den Wiener Wirtschaftswissenschaftler und Sozialdemokraten Otto Neurath nach München rief.

Neurath war ein Verfechter der Planwirtschaft. Er wollte die gesamte gesellschaftliche Produktion in Bereiche einteilen, alles nach sozialistischen Grundsätzen erzeugen und verteilen und die Versorgung jedes einzelnen mit Wohnung, Nahrung, Kleidung, Bildung und Vergnügen gewährleisten. Dabei sollte die Bedarfsdeckung der Bevölkerung und nicht der Reingewinn der Unternehmen im Vordergrund stehen:

»So wie man die Volkswirtschaft durch ein Hindenburgprogramm dem Kriege dienstbar machen konnte, müßte man sie auch dem Glück aller dienstbar machen können.«[8]

Neuraths Modell der ›Vollsozialisierung‹ Bayerns traf nicht nur beim überwiegenden Teil der Sozialdemokraten auf Gegenliebe. Auch führende Politiker der Bayerischen Volkspartei waren vom Genossenschaftsgedanken durchaus angetan. Neurath traf sich mit einem über alle Maßen begeisterten Sebastian Schlittenbauer und erläuterte ihm den agrarischen Sektor seines Sozialisierungsprogramms.

Alle Bauern sollten sich in Genossenschaften organisieren. Dabei sollten sie selbst entscheiden, welcher Organisation sie angehören wollten, je nachdem, was sie anbauten und welche Interessen sie hatten. Bereits bestehende Verbände sollten sich mit den neuen Genossenschaften in einem zentralen Genossenschaftsverband zusammenschließen. Alle Grundstücke ab einer gewissen Größe – Neurath sprach von mehreren hundert Tagwerken – sollten durch Genossenschaften bewirtschaftet und verwaltet, nicht aber enteignet werden. Die gesamte Planwirtschaft sollte von Genossenschaften kontrolliert werden; erst wenn diese versagten, durfte der Staat regulierend eingreifen. Der zentrale Genossenschaftsverband hatte im Einvernehmen mit dem staatlichen Zentralwirtschaftsamt und der Regierung (ob Räteregierung oder Parlament, ließ Neurath offen) zu bestimmen, welche Produkte in den einzelnen Gebieten anzubauen waren. Anbauart, Menge, Verteilung, Lieferung von Boden- und Molkereiprodukten wurden zwischen zentralem Genossenschaftsverband und den einzelnen Genossenschaften bis ins Detail geplant und festgelegt. Der zentrale Genossenschaftsverband sollte die Bauern mit allem Notwendigen vom Saatgut über die Maschinen bis hin zu Kleidung und Schuhwerk versorgen. Im Gegenzug mußte er die Produkte der Bauern abnehmen und für deren Absatz sorgen. Neurath hatte auch einen direkten Naturalaustausch zwischen Landwirtschaft und Industrie unter Ausschaltung des Zwischenhandels ins Auge gefaßt.

Für den industriellen Sektor plante Neurath ähnliche Zusammenschlüsse einzelner Betriebe unter einem übergeordneten Industrieverband, der wiederum dem Zentralwirtschaftsamt unterstellt war. Um Interessenkonflikte zu vermeiden, forderte Neurath eine strikte Trennung zwischen agrarischem und industriellem Sektor.

Neuraths Modell wurde im Ministerrat diskutiert. Bis auf den Ministerpräsidenten waren alle dafür. Hoffmann hielt Neurath vor, sein Programm sei nicht durchführbar; zunächst müßten die Gesetze geändert, anschließend eine Kapitalflucht aus Bayern vermieden werden. Doch auch hier hatte Neurath eine passende Antwort. Alle Bankguthaben sollten gesperrt werden, Barauszahlungen nur bis zu einer Höhe von 700 Mark erfolgen. Eine Beschlagnahmung von Konten war nicht vorgesehen, sondern nur eine Einfrierung. Davon ausgenommen waren Gelder, die für Löhne, laufende Zinsen, Maschinen und andere Investitionen und Zahlungen verwendet wurden. Entsprechende Guthaben konnten allerdings nur mit Gegenzeichnung des Betriebsrats abgehoben werden. Verrechnungsschecks sollten in ganz Bayern als Zahlungsmittel akzeptiert werden.

Hoffmann hatte immer noch Zweifel. Er befürwortete lediglich die Sozialisierung von Bergwerken, Wasserkraftwerken und Zementfabriken. Der Staat sollte allenfalls korrigierend, nicht aber lenkend in die Wirtschaft eingreifen. Neurath antwortete mit einem Gutachten des anerkannten Wirtschaftsfachmanns und späteren Reichsministers Walther Rathenau, der, obwohl selber Anhänger des freien Wettbewerbs, Neuraths Programm absolute Durchführbarkeit bestätigte.

Schließlich setzte sich Neurath gegenüber Hoffmann durch. Der Freistaat Bayern stellte ihn für sechs Jahre als Leiter des neugeschaffenen Zentralwirtschaftsamtes ein. Somit war in Bayern als erstem europäischen Land nach der Sowjetunion die Planwirtschaft offiziell eingeführt.

Ein Blick über die Grenzen

Am 21. März 1919 rief in Budapest ein Revolutionärer Regierungsrat unter Vorsitz des Kommunisten Bela Kun die Ungarische Räterepublik aus.

Der Ende Oktober 1918 gebildeten revolutionären Regierung aus Sozialdemokraten und Liberalen unter Graf Mihaly Karolyi war es weder gelungen, eine Aufteilung des riesigen adligen Landbesitzes zugunsten der Kleinbauern durch eine Bodenreform zu erreichen, noch die Forderung der ungarischen Arbeiter mit der Einführung dringend notwendiger sozialer Reformen zu befriedigen. Ebenso erfolglos war die Regierung Karolyi bei der Lösung der Grenzkonflikte, die nach dem Zusammenbruch der k. u. k. Monarchie mit den Nachfolgestaaten Tschechoslowakei, Jugoslawien und Rumänien entstanden waren und in Gebietsannexionen zu gipfeln drohten, die für Millionen von Einwohnern im Norden, Süden und Osten des Landes den Verlust der ungarischen Nationalität bedeutet hätten.

Am 20. März forderten die Alliierten in einem Ultimatum, die ungarische Armee solle sich gegenüber den Rumänen, die bereits in Transsylvanien eingefallen waren, um weitere 80 Kilometer zurückziehen. Das Ultimatum trat bereits einen Tag später in Kraft, so daß Graf Karolyi die Annahme verweigerte und zurücktrat. Damit war der Weg frei für die Sozialdemokraten, die sich jedoch nicht trauten, an den Kommunisten vorbeizuregieren, und diese baten, in die Regierung einzutreten. Beide Parteien beschlossen, sich zur Ungarischen Sozialistischen Partei zu vereinigen und die Diktatur des Proletariats auszurufen. Auf die bereits geplanten Parlamentswahlen verzichtete man und übertrug die Macht einem aus Arbeiter-, Soldaten- und Bauernräten gebildeten Revolutionären Regierungsrat.

Es folgte eine Phase wilder Sozialisierungen von Großunternehmen bis hin zu kleinen Hotel- und Gastronomiebetrieben. Eisenbahnen und Straßenbahnen wurden verstaatlicht, ebenso alle landwirtschaftlichen Betriebe; auch alle Banken wurden nationalisiert und die Guthaben eingefroren. Besonders hart ging die neue Regierung gegen den Klerus vor. Kirchen wurden geschlossen, Kruzifixe verbrannt und Priester verfolgt. Der Achtstundentag wurde eingeführt, Akkordarbeit abgeschafft und alle Lohnunterschiede zwischen Arbeitern, Angestellten und Beamten beseitigt.

Bela Kun richtete einen Aufruf »An Alle«, indem er an die »Proletarier aller Länder« appellierte, dem ungarischen Beispiel zu folgen und auch in ihrem Staat die Räterepublik auszurufen.

Als erstes kam der Freistaat Bayern diesem Aufruf nach und proklamierte – freilich aus eigenen Stücken – am 7. April 1919 die Bayerische Räterepublik. Umgehend informierte Bayern den Revolutionären Regierungsrat in Budapest über diesen Schritt. Bela Kun unterbrach sogar die Regierungssitzung und verlas unter tosendem Jubel das Telegramm aus München:

»Die Bayerische Räterepublik folgt dem Beispiel des russischen und ungarischen Volkes. Sie nimmt sofort die brüderliche Verbindung mit diesen Völkern auf. Dagegen lehnt sie jede Zusammenarbeit mit der verächtlichen Regierung Ebert, Scheidemann, Noske, Erzberger ab, weil diese unter der Flagge einer sozialistischen Republik das imperialistisch-kapitalistisch-militaristische Geschäft des in Schmach zusammengebrochenen deutschen Kaisertums fortsetzt.«[9]

Damit gab es in Europa bereits drei Räterepubliken. Doch was bedeutete diese Tatsache für die weitere politische Entwicklung? Die Deutsche Tageszeitung vom 7. April 1919 schrieb dazu:

»Man erwartet, daß die Ausrufung des zwischen Ungarn und Bayern eingekeilten Deutschösterreichs zur Räterepublik nur eine Frage von Tagen sein kann und daß dann durch eine Koalition Bayern-Österreich-Ungarn ein solcher Druck erfolgen werde, daß an die Stelle der Regierung Ebert-Scheidemann eine Räterepublik trete.«[10]

Diese Hypothese lohnt eine eingehendere Betrachtung.

Einmal angenommen, in Wien wäre unter Beteiligung der Sozialdemokraten und Kommunisten eine Räteregierung ausgerufen worden, hätte dies wirklich Druck auf Berlin erzeugt?

Und hätte dieser Druck dahin gehend gewirkt, daß die Regierung Ebert abgedankt hätte?

Einiges spricht dagegen: Die Berliner Regierung war bislang erst ein einziges Mal wirklich in Bedrängnis gekommen, während des Januaraufstandes der Spartakisten. Damals standen die Räte im Zenit ihrer Macht, und es bedurfte des konzentrierten Einsatzes von Reichswehr und Freikorps, um den Angriff der geballten Arbeiter- und Soldatenmacht zurückzuschlagen. Inzwischen befanden sich die Räte überall in Norddeutschland auf dem Rückzug. Rosa Luxemburg und Karl Liebknecht, die Führer der Kommunisten, waren tot – ermordet von Freikorps. In Weimar hatte sich nach den Wahlen zur Nationalversammlung eine Dreiparteienkoalition eingerichtet, die eine nur noch von den Kommunisten bestrittene demokratische Legitimation besaß und fest etabliert war. Das von der Presse gerne beschworene Gespenst einer Räteregierung im Südosten Mitteleuropas hätte nur dazu geführt, daß die Weimarer Koalition mit einem willkommenen Vorwand noch entschlossener als bisher gegen alle radikalen Bewegungen vorgegangen wäre und diese restlos beseitigt hätte.

Eine ernstzunehmende Gefahr drohte Berlin nicht von Osten, sondern von Westen, genauer gesagt: seitens der Alliierten. Eine entscheidende Rolle in bezug auf die Einheit Deutschlands nahmen die Friedensverhandlungen mit den Ententemächten ein; denn die Berliner Regierung weigerte sich hartnäckig, die alleinige Schuld am Weltkrieg anzuerkennen und das Versailler Friedensdiktat anzunehmen.

Eine zweite Hypothese drängt sich hier auf: Die Alliierten konnten die Geduld verlieren und Deutschland ein Ultimatum stellen; oder, durchaus denkbar, mit der Besetzung der gesamten Mitte Deutschlands vom Ruhrgebiet bis zur tschechoslowakischen Grenze ein fait accompli schaffen und Deutschland in zwei Teile teilen. Die Entente hätte den Südstaaten einen Separatfrieden anbieten und mit der preußisch dominierten Nordhälfte aus einer noch besseren Position heraus weiterverhandeln können. In einem von Bayern und Deutschösterreich angeführten Süddeutschen Bund hätte sich möglicherweise das Rätesystem durchsetzen können. Dann wäre ein von der Pfalz im Westen bis zur Sowjetunion im Osten reichendes Gebiet sozialistisch geworden. Allerdings hätten in einem solchen Fall die Alliierten wiederum Maßnahmen ergriffen, um zu verhindern, daß der Funke der Revolution in Mitteleuropa auf ihre Länder übergesprungen wäre.

Johannes Hoffmann

* 3. 7. 1867 Ilbesheim bei Landau
† 15. 12. 1930 Berlin

Der Sohn eines verarmten Pfälzer Landwirts brach nach fünf Jahren das Gymnasium ab. Von 1882 bis 1885 besuchte er zur Vorbereitung auf das Lehrerseminar die Präparandenschule in Edenkoben; nach weiteren drei Jahren auf der Lehrerbildungsanstalt in Kaiserslautern trat er in den Schuldienst ein.

Der Antimilitarist und Antimonarchist Hoffmann engagierte sich in der Demokratischen Volkspartei und wurde Stadtrat in Kaiserslautern. 1905 wechselte er zur SPD über, weil ihn die »soziale Kälte« der Liberalen abstieß.

Drei Jahre später wurde Hoffmann in den bayerischen Landtag gewählt. Von 1910 bis 1919 war er zudem stellvertretender Bürgermeister von Kaiserslautern. Als Kandidat der SPD bei den Reichstagswahlen von 1912 setzte sich Hoffmann vor allem für die Trennung von Kirche und Staat ein und gewann den Wahlkreis Kaiserslautern-Kirchheimbolanden für seine Partei. Seinen Beruf konnte er nicht weiter ausüben: im Wilhelminischen Deutschland war es sozialdemokratischen Mandatsträger nicht gestattet, Unterricht an Schulen zu erteilen.

Am Ersten Weltkrieg brauchte Hoffmann nicht teilzunehmen, denn er war untauglich. Der parteitreue Mehrheitssozialdemokrat stimmte bis 1917 stets für die Kriegskredite, obwohl er aus innerster Überzeugung das Militär ablehnte.

Im Kabinett Eisner wurde Hoffmann Minister für Unterricht und Kultus. Die neue Bezeichnung für sein Ressort – im Bayern König Ludwigs III. hatte es noch Ministerium für Kirchen- und Schulangelegenheiten geheißen – war Programm: Hoffmann trat für einen freien Staat, eine freie Schule, eine freie Kirche ein. Er schaffte gegen den Widerstand des Klerus und der katholischen Bayerischen Volkspartei die geistige Oberaufsicht über die Schulen ab.

Von März 1919 bis März 1920 war Hoffmann bayerischer Ministerpräsident. In seine Amtszeit fiel die blutige Niederschlagung der bayerischen Räterepublik. An den Greueltaten und mörderischen Exzessen der Regierungstruppen und der Freikorps war Hoffmann mitschuldig: Auf seinen Hilferuf an Reichswehrminister Noske hin kamen die fremden Truppen ins Land.

Nach seinem Sturz legte Hoffmann sein Landtagsmandat nieder, blieb aber weiterhin Reichstagsabgeordneter. Als 1923 französische Truppen ins Ruhrgebiet einmarschierten und es im Rheinland durch die Tätigkeit der Separatisten fast zu einem Bürgerkrieg kam, versuchte Hoffmann mit Hilfe der französischen Besatzungsmacht, die Pfalz von Bayern zu lösen und sie als selbständigen Einzelstaat unmittelbar dem Reich zu unterstellen. Mit diesem Schritt wollte er gleichzeitig den Separatismus in seiner Pfälzer Heimat bekämpfen und gegen die reaktionäre und demokratiefeindliche Politik in Bayern, die im Hitlerputsch gipfelte, protestieren.

Doch Hoffmann war zu weit gegangen. Seine politische Karriere war zu Ende. Zwar behielt er sein Reichstagsmandat bis zu seinem Tode, doch wurde er als Landesverräter geächtet und aus dem Schuldienst entlassen. Hoffmann blieb es bis zu seinem Lebensende verboten, bayerisches Gebiet zu betreten, da ihm dort ein Hochverratsprozeß drohte.

KAPITEL 8

DIE REPUBLIK DER ANARCHISTEN

Hoffmanns Verfehlungen

Die Ausrufung der Räterepublik in Ungarn hatte Signalwirkung auf das Reich. Wenn sie auch nicht der unmittelbare Auslöser der dritten Revolution war, trug sie doch entscheidend zur Beschleunigung der politischen Entwicklung bei, die am 7. April in der Ausrufung der bayerischen Räterepublik ihren vorläufigen Höhepunkt fand.

Die Regierung Hoffmann überzeugte in den letzten Märztagen nicht gerade durch Tatendrang. Mit der Wirtschaft ging es immer weiter bergab; hinzu kam das miserable Wetter. Der Schnee schien alle Bemühungen zu lähmen. Oskar Maria Graf beschreibt die desolate Stimmung, die sich in den ersten Apriltagen in der Hauptstadt breitmachte:

»Die Stadt machte seit Tagen einen verwahrlosten Eindruck, und die Menschen fingen an, aufeinander böse zu werden. Im Rathaus und im Landtag berieten Parteien und Ausschüsse in einem fort. Niemand wußte mehr, wer regiert. Ratlosigkeit und Unsicherheit gingen um. In der Stadt nämlich herrschte die Revolution und auf dem Lande die Gegenrevolution. Der Bahnverkehr stockte, wilde Streiks tobten, die Geschäftswelt war in tausend Ängsten, vor den Brotläden stauten sich lange Reihen und krakeelten mürrisch. Manchmal schlugen sie die Fenster ein, aber sie fanden kein Brot. Die ganze Maschinerie des täglichen Getriebes schien aus den Fugen, und ein ungeheurer Druck lag über der Stadt. Der Hunger wurde immer drohender. Draußen auf den vielen Straßen und Sträßlein des flachen Landes trieb kein Viehtransport mehr dahin, holperten keine watschelnden Milchfuhrwerke mehr zur nächsten Bahnstation. Jäh, fast von einem Tag auf den andern, gab es keine Milch, keine Butter, kein Ei und kein Fleisch mehr. Auf dem Güterbahnhof standen die leeren Waggons zu Dutzenden auf den angerosteten Schienen, die weiten Hallen gähnten schaurig leer, der Schlacht- und Viehhof lag still, und verlassen dehnten sich die sonst stets belebten Marktplätze aus.«[1]

Einzig die Neurathsche Planwirtschaftsinitiative weckte spärliche Hoffnungen in der Bevölkerung. Durch seine persönliche Niederlage gegen den Wirtschaftssozialisten hatte Ministerpräsident Hoffmann einen herben Gesichtsverlust erlitten. Diesen versuchte er durch übertriebenen Aktivismus in anderen politischen Bereichen wettzumachen.

Völlig überraschend gab Hoffmann am 3. April, einem Donnerstag, bekannt, daß der Landtag am folgenden Dienstag wieder eine Sitzung halten werde. Die angekündigte Einberufung des Parlaments sollte eine politische Machtdemonstration Hoffmanns darstellen. Davon zeugt die geplante Tagesordnung, deren erste Punkte eher nebensächlicher Natur waren. Wen interessierte in diesen Tagen schon die Koalitionsfreiheit der christlichen Gewerkschaften oder die Übergriffe der Franzosen in der linksrheinischen Pfalz? Hoffmann wollte vielmehr dem Zentralrat seine Grenzen aufzeigen; eine Strategie, die sich beim früheren Innenminister Auer stets glänzend bewährt hatte. Unterstützt wurde Hoffmanns Taktik von den bürgerlichen Parteien, die im Landtag das einzige Instrument sahen, politisch doch noch in Erscheinung zu treten.

Inzwischen hatten sich die Zeiten jedoch geändert. Hoffmann kalkulierte mit einem Machtmittel, das längst keines mehr war. Die Presse polemisierte in nie gekannter Weise gegen den Landtag: Dessen Abgeordnete hätten sich nicht als würdige Volksvertreter erwiesen und seien nach dem 21. Februar feige aus der Hauptstadt geflohen; daher könnten die Münchner guten Gewissens auf ihre Rückkehr verzichten. Die Räte, vor allem die Kommunisten und Anarchisten unter ihnen, fühlten sich durch Hoffmanns Ankündigung provoziert. Sie antworteten mit Demonstrationen und Protestveranstaltungen in ganz Bayern.

Die Kontrolle der Situation drohte Hoffmann aus den Händen zu gleiten. Anstatt – wie Eisner es sicherlich getan hätte – in öffentlichen Auftritten seine Anhängerschaft zu mobilisieren, tauchte er unter und bereitete seinen Rückzug aus München vor. Über seine diesbezüglichen Pläne beriet er sich mit dem Liberalen Müller-Meiningen:

»[Hoffmann] klagte außerordentlich über den demagogischen Druck, den gerade Neurath ausübte, dem er allein auf die Dauer nicht gewachsen sei, da Neurath die Massen ungeheuer aufpeitsche und bei jeder Gelegenheit mit der Straße drohe. Ich erklärte Hoffmann, daß dann ein Fortarbeiten des Landtags, das wir dringend fordern müßten, in München unmöglich sei und daher ernstlich an die Verlegung des Landtags nach Bamberg oder Landshut gedacht werden müsse. Hoffmann bestritt dies nicht, im Gegenteil!«[2]

Am 3. April fuhr Hoffmann mit dem Nachtzug nach Berlin, um bei den Spitzen der Reichs-SPD Ratschläge für das weitere politische Vorgehen in Bayern einzuholen. Dort traf er mit Ministerpräsident Scheidemann und Reichswehrminister Noske zusammen. Die SPD-Führung machte sich Sorgen, daß bei einer Zuspitzung der Lage in Bayern die Reichseinheit auf dem Spiel stünde.

Scheidemann wies Hoffmann an, in der Rätefrage keine

Kompromisse zu dulden; statt auf einen Ausgleich zu hoffen, solle er Zeichen setzen und den Landtag, falls es die Verhältnisse in München nicht zuließen, in eine ruhigere Stadt in Nordbayern einberufen. Noske bot Hoffmann die Hilfe der Reichswehr an und verlangte im Gegenzug den Verzicht Bayerns auf seine militärischen Sonderrechte und die bedingungslose Anerkennung des neuen Reichswehrgesetzes. Hoffmann schlug das Angebot mit dem Hinweis aus, er müsse in Bayern selbst für Ordnung sorgen und werde dies durch die Gründung einer aus Freiwilligen bestehenden Volkswehr erreichen.

Am 5. April war Hoffmann wieder in München. Zu diesem Zeitpunkt hatte er den Machtkampf gegen den Zentralrat bereits verloren; denn in seiner Abwesenheit hatten sich in der Landeshauptstadt wichtige Dinge ereignet.

Es begann in Augsburg. Das Zentrum der darbenden bayerischen Textilindustrie war seit Beginn der Revolution eine Hochburg des Radikalismus und der Rätebewegung. Am Abend des 3. April sollte der Vorsitzende des Zentralrates, Ernst Niekisch, in seiner Heimatstadt einen Vortrag über die politische Lage in Bayern halten. Niekisch teilte seinen Zuhörern mit, die Räte befänden sich auf dem Vormarsch und die Vollsozialisierung nehme den beabsichtigten Verlauf; allerdings sei die Zeit für eine komplette Räteherrschaft noch nicht reif. Letztere Bemerkung rief den lebhaften Protest der Versammelten hervor. Mitglieder des Augsburger Arbeiterrates entrollten ein vorbereitetes Transparent mit der Forderung nach sofortiger Ausrufung der Räterepublik. Die Stimmung wurde aggressiver, Niekisch geriet in Bedrängnis. Um einen Ausweg zu finden, schlug er den Arbeitern vor, eine Kommission zu bilden, die ihn nach München begleiten und ihre Forderungen dem Kabinett vortragen sollte.

Am nächsten Tag wurden die Augsburger beim Ministerrat vorstellig, dem neben dem Kabinett auch einige Zentralratsmitglieder angehörten. Dort wurden sie zunächst vertröstet. Der Wohnungskommissar im Zentralrat, Arnold Wadler, versprach ihnen, das Problem auf der Sitzung seiner Organisation, die noch am selben Abend stattfand, zur Sprache zu bringen. Auf der Versammlung im Löwenbräukeller, zu der ihn die Augsburger begleiteten, forderte Wadler die Schließung des Landtags, die Ausrufung des Generalstreiks, die Proklamierung der Räterepublik und die Verbrüderung mit dem russischen und ungarischen Proletariat. Nach lebhaften Diskussionen faßte der Zentralrat den Beschluß, die für Dienstag geplante Wiedereröffnung des Parlaments abzusagen. Die Nachricht wurde am nächsten Tag in allen Münchner Zeitungen verbreitet.

Nicht für die Öffentlichkeit bestimmt war die Vereinbarung zu einem weiteren Treffen der Räteanhänger im Ministerium für militärische Angelegenheiten. Mehr als hundert Personen nahmen an der nächtlichen Sitzung teil: Mitglieder des Zentralrates und des Revolutionären Arbeiterrates, Anarchisten, Kommunisten, Bauernbündler, Angehörige der USPD und auch einige Mehrheitssozialdemokraten, darunter die Minister Segitz und Schneppenhorst.

Die geheime Zusammenkunft leitete der Zentralratsvorsitzende Niekisch. Er befand sich in dem Dilemma, einerseits den Rätegedanken zu befürworten, andererseits im Interesse von Sicherheit und Ordnung die Ausrufung der Räterepublik zu verhindern. Unterstützung erhoffte er sich von seinen Parteifreunden; doch erklärte zu seiner Überraschung Hoffmanns Stellvertreter Schneppenhorst, daß er eine Räterepublik zum gegenwärtigen Zeitpunkt für die beste aller Lösungen halte.

Schneppenhorst wollte mit seinem Eintreten für die Räterepublik zwei Dinge erreichen: die SPD an der Macht halten und die Kommunisten unter seine Kontrolle bringen. Er ging davon aus, daß Levien der Räterepublik begeistert zustimmen würde. Indem er die Kommunisten an die Regierung band, verhinderte er, daß sie weiterhin die Arbeiterschaft gegen die Sozialdemokraten mobilisierten.

Von der Versammlung bat sich Schneppenhorst zwei Tage Bedenkzeit aus, um die Frage der Räterepublik mit der Parteibasis zu besprechen. Am 6. April war eine Tagung der bayerischen Landes-SPD in Nürnberg angesetzt; im Anschluß an den Parteitag wollte Schneppenhorst umgehend nach München zurückkehren, um in einer weiteren geheimen Tagung im Wittelsbacher Palais den Versammelten das Ergebnis seiner Beratungen mitzuteilen. Dort sollte dann auch die endgültige Entscheidung über die Ausrufung einer Räterepublik gefällt werden.

Hoffmann erfuhr von diesen Vorgängen erst während der turnusmäßigen Ministerratssitzung am Samstagmorgen. Nur vier seiner Minister waren erschienen; die Abgesandten des Zentralrates waren ebenso ferngeblieben wie die Kabinettsmitglieder Schneppenhorst, Steiner, Unterleitner und Simon. Von den fünf Anwesenden waren Justizminister Endres und Innenminister Segitz Anhänger des Rätegedankens, die Parteilosen Frauendorfer und Neumaier eher Experten in ihren Fachbereichen als Exponenten sozialistischer Politik. Hoffmann mußte schmerzlich erkennen, daß er völlig auf sich allein gestellt war und keinerlei Unterstützung erhoffen durfte.

Hoffmann verließ München in Richtung Norden. Ihm blieben nur zwei Möglichkeiten: entweder zurückzutreten oder den Landtag ins ruhige Nordbayern zu verlegen. Zur gleichen Zeit traf sich im Landtag der Ältestenrat unter der Leitung Müller-Meiningens zu einer Dringlichkeitsbesprechung:

»Die Sachlage spitzte sich immer mehr zu. Wir waren gewärtig, jede Stunde als Geiseln eingesteckt zu werden. Trotzdem beschlossen die Ältesten, am Sonntag (6. April) nochmals im

Landtag zusammenzutreten, dann aber in Privatwohnungen die Beratungen fortzusetzen. Der Ministerpräsident erschien nicht. Die wildesten Gerüchte verbreiteten sich, er sei in die Schweiz geflohen. Niemand wußte, wo er weilte, da er am Samstag kein Wort über eine beabsichtigte Reise verlor. Allgemeine Verwirrung!«[3]

Hoffmann tauchte auf der Landeskonferenz seiner Partei in Nürnberg wieder auf. Die Reichs-SPD hatte Otto Wels dorthin gesandt, um die bayerischen Genossen auf Kurs zu halten. Auf dem Parteitag zählte Schneppenhorst die Gründe auf, die seines Erachtens die Einführung der Räterepublik unumgänglich machten: die Giftpfeile, die die bürgerliche und auch die linke Presse gegen Hoffmann abschoß, die rücksichtslose Politik des Reichswehrministers Noske und die politisch unkluge Einberufung des Landtags. Hoffmann hielt dagegen, verurteilte die Räterepublik aufs schärfste und sagte Kommunisten und Anarchisten den Kampf an. Sein Amt als Ministerpräsident stellte er zur Disposition und brachte damit die klare Mehrheit der Delegierten hinter sich. Schneppenhorst wurde mit dem ihn bindenden ablehnenden Votum des Landesparteitags gegenüber der Räterepublik nach München entlassen. Sein Zug traf jedoch so spät in der Hauptstadt ein, daß er an der geheimen Zusammenkunft im Wittelsbacher Palais nicht mehr teilnehmen konnte.

Die Proklamation der Räterepublik

Die Entscheidung über die Proklamation der Räterepublik fand im ehemaligen Schlafzimmer der bayerischen Königin statt. Den Vorsitz der Tagung hatte wieder Ernst Niekisch übernommen. Zuvor hatte er die Rücktrittserklärungen sämtlicher Minister mit Ausnahme Hoffmanns und Endres' erhalten. Niekisch ging irrtümlich davon aus, daß am Abend des 6. April bereits keine rechtmäßige bayerische Regierung mehr existierte. Gustav Landauer stellte den Antrag, die Zusammenkunft zur konstituierenden Versammlung zu erklären. Er hatte einen Aufruf an das bayerische Volk vorbereitet, der die Gründung einer Räterepublik ankündigte. Nach kurzer Beratung akzeptierten die Anwesenden den Entwurf, der am nächsten Morgen in allen Zeitungen des Landes erschien:

An das Volk in Baiern!

Die Entscheidung ist gefallen. **Baiern ist Räterepublik.** Das werktätige Volk ist Herr seines Geschickes. Die revolutionäre Arbeiterschaft und Bauernschaft Baierns, darunter auch alle unsere Brüder, die Soldaten sind, durch keine Parteigegensätze mehr getrennt, sind sich einig, daß von nun an jegliche Ausbeutung und Unterdrückung ein Ende haben muß. Die Diktatur des Proletariats, die nun zur Tatsache geworden ist, bezweckt die Verwirklichung eines wahrhaft sozialistischen Gemeinwesens, in dem jeder arbeitende Mensch sich am öffentlichen Leben beteiligen soll, einer gerechten sozialistisch-kommunistischen Wirtschaft.

Der Landtag, das unfruchtbare Gebilde des überwundenen bürgerlich-kapitalistischen Zeitalters, ist aufgelöst, das von ihm eingesetzte Ministerium zurückgetreten. Von den Räten des arbeitenden Volkes bestellte, dem Volk verantwortliche Vertrauensmänner erhalten als Volksbeauftragte für bestimmte Arbeitsgebiete außerordentliche Vollmachten. Ihre Gehilfen werden bewährte Männer aus allen Richtungen des revolutionären Sozialismus und Kommunismus sein; die zahlreichen tüchtigen Kräfte des Beamtentums, zumal der unteren und mittleren Beamten, werden zur tatkräftigen Mitarbeit im neuen Baiern aufgefordert. Das System der Bureaukratie aber wird unverzüglich ausgetilgt.

Die Presse wird sozialisiert.

Zum Schutz der baierischen Räterepublik gegen reaktionäre Versuche von außen und von innen wird sofort eine rote Armee gebildet. Ein Revolutionsgericht wird jeden Anschlag gegen die Räterepublik sofort rücksichtslos ahnden.

Die Baierische Räterepublik folgt dem Beispiel der russischen und ungarischen Völker. Sie nimmt sofort die brüderliche Verbindung mit diesen Völkern auf. Dagegen lehnt sie jedes Zusammenarbeiten mit der verächtlichen Regierung Ebert, Scheidemann, Noske, Erzberger ab, weil diese unter der Flagge einer sozialistischen Republik das imperialistisch-kapitalistisch-militaristische Geschäft des in Schmach zusammengebrochenen deutschen Kaiserreichs fortsetzt.

Sie ruft alle deutschen Brudervölker auf, den gleichen Weg zu gehen. Allen Proletariern, wo immer sie für Freiheit und Gerechtigkeit, wo immer sie für den revolutionären Sozialismus kämpfen, in Württemberg und im Ruhrgebiet, in der ganzen Welt, entbietet die Bairische Räterepublik ihre Grüße.

Zum Zeichen der freudigen Hoffnung auf eine glückliche Zukunft für die ganze Menschheit wird hiemit der 7. April zum Nationalfeiertag erklärt. Zum Zeichen des beginnenden Abschieds vom fluchwürdigen Zeitalter des Kapitalismus ruht am Montag, den 7. April 1919, in ganz Baiern die Arbeit, soweit sie nicht für das Leben des werktätigen Volkes notwendig ist, worüber gleichzeitig nähere Bestimmungen ergehen.

Es lebe das freie Baiern! Es lebe die Räterepublik! Es lebe die Weltrevolution!

München, 6. April 1919.

Der revolutionäre Zentralrat Baierns.

In der neuen Räterepublik sollte Bayern nicht mehr mit »y«, sondern mit »i« geschrieben werden. König Ludwig I. hatte die heute gültige Schreibweise eingeführt; die neuen Machthaber wollten bis ins kleinste Detail sicherstellen, daß auch in der äußeren Form der Republik nichts mehr an die verhaßte Wittelsbacher Monarchie erinnerte. Weit weniger einig als bei der Formulierung der Proklamation waren sich die Versammelten in der Verteilung der Ämter. Die obersten Staatsdiener sollten in Zukunft nicht mehr »Minister«, sondern »Volksbeauftragte« heißen. Das Ringen um die Positionen entbehrte nicht einer gewissen Komik, wie Ernst Niekischs Darstellung erkennen läßt:

»Zuerst wurde das Amt des Volksbeauftragten für das Auswärtige ausgerufen. Erich Mühsam stand auf, wies auf den guten Namen hin, den er im Ausland genieße, unterstrich die engen Beziehungen, die er zeitlebens zur Linken unterhalten habe, und empfahl schließlich sich selbst für den Posten. Die meisten Hörer schmunzelten bei Mühsams Rede. Er war ein sprudelnder, witziger Geist, ein guter Mensch, aber so ausgesprochen literarischer Bohemien, daß sich niemand ihn in einer würdigen Amtsposition vorstellen konnte. Nach Mühsams Worten entstand kurze Zeit verlegenes Schweigen. Mühsams Freund, Gustav Landauer, unterbrach es; Landauer sagte, Mühsam wisse, wie herzlich er ihm zugetan sei. Zu vielem könne man Mühsam einsetzen, für die auswärtigen Angelegenheiten aber fehle Mühsam die Erfahrung, die Beherrschung des Apparats, die Sicherheit des diplomatischen Verhandelns. So müsse er sich gegen Mühsams Kandidatur wenden. Jetzt faßte auch Ernst Toller Mut, er gab bekannt, daß die Unabhängige Sozialdemokratie in Mühsam nicht den geeigneten Mann für das Außenkommissariat sehe. Toller

* Hier irrt Niekisch. Lipps Vorname war Franz, nicht Theodor.

schlug einen Dr. Theodor Lipp* vor. Er hatte diesen gleich mitgebracht. Lipp wurde nachgerühmt, er sei während des Krieges diplomatisch tätig gewesen, sei als außenpolitischer Schriftsteller bekannt und habe alle Eigenschaften, die man für den auswärtigen Dienst benötige. Niemand kannte Lipp, niemand hatte von ihm gehört, aber da man einen anderen Kandidaten nicht hatte, schluckte man diesen. Später stellte sich heraus, welch schweren Mißgriff man getan hatte.«[4]

Toller bestritt später, daß er es war, der Lipp mit in die Versammlung gebracht hatte. Ihm selbst seien nacheinander drei Volkskommissariate angeboten worden, die er jedoch allesamt abgelehnt habe; die Bekanntschaft von Lipp habe er erst im Wittelsbacher Palais gemacht. Auch Toller hegte Zweifel an dessen Qualifikation:

»Zum Leiter des Volkskommissariats für Auswärtige Angelegenheiten beruft man Dr. Lipp, dessen Fähigkeiten niemand kennt. Er hat kein Gesicht, nur einen Vollbart, trägt keinen Anzug, nur einen Gehrock, die beiden Requisiten scheinen die Gründe seiner Eignung zu sein. Ein Arbeiter, bei dem ich mich nach Dr. Lipp erkundige, sagte, er kenne den Papst persönlich. Andere Männer werden mit Ämtern betraut, die zwar nicht den Papst persönlich kennen, aber doch den Dorfpfarrer.«[5]

An der Spitze der bayerischen Räterepublik standen neben dem Zentralrat, dessen neuer Vorsitzender Ernst Toller wurde, zwölf Volksbeauftragte, die die folgenden Ressorts einnahmen:

Äußeres:	Franz Lipp (USPD)
Inneres:	Fritz Soldmann (USPD)
Volkswohlfahrt (soziale Fürsorge):	August Hagemeister (USPD)

Volksaufklärung: (Erziehung)	Gustav Landauer (parteilos; Anarchist)
Finanzwesen:	Silvio Gesell (parteilos; Anarchist)
Justiz:	Konrad Kübler (Bauernbund)
Verkehrswesen:	Gustav Paulukum (USPD)
Land- und Forstwirtschaft:	Martin Steiner (Bauernbund)
Militärische Angelegenheiten:	Wilhelm Reichart (parteilos)
Wohnungswesen:	Arnold Wadler (USPD)
Ernährungswesen:	Johann Wutzlhofer (Bauernbund)
Vorstand des Zentralwirtschaftsamtes:	Otto Neurath (SPD)

Die Kommunisten beteiligten sich nicht an der Räteregierung. Levien, der ihre Einrichtung immer wieder gefordert hatte, war nicht mehr Vorsitzender der bayerischen KPD. Sein Nachfolger hieß Eugen Leviné und war Anfang März von der Berliner Parteizentrale nach München geschickt worden. Er hielt sich streng an die Parteidoktrin, der zufolge die Kommunistische Partei automatisch von den Proletariermassen an die Regierung gespült würde. Leviné bezeichnete die Republik der Anarchisten und Unabhängigen Sozialisten als »Scheinräterepublik«. In seinen Augen besaß eine Räteregierung, in der die Kommunisten nicht die Schlüsselpositionen innehatten und die von den Mehrheitssozialdemokraten, den »Verrätern des Proletariats«, sogar zum Teil noch akzeptiert wurde, keine Legitimation. Landauer, Mühsam und Toller versuchten vergeblich, Leviné zum Umdenken seiner Politik zu bewegen. Vielleicht war ihnen nicht bewußt, daß die Räterepublik für die KPD nur ein Mittel zum Zweck darstellte: die vollständige Diktatur des Proletariats oder, besser gesagt, der Kommunistischen Partei.

Die bürgerlichen Parteien unterstützten weiterhin die gewählte Regierung. Sie waren bereit, Hoffmann ins »Exil« nach Nordbayern zu folgen. Ihnen blieb auch nichts anderes übrig, verloren sie doch immer mehr an Einfluß. Ihre Anhänger richteten sich darauf ein, noch eine Zeitlang zu überwintern. Sie machten sich auf das Schlimmste gefaßt, wie die Tagebuchaufzeichnung von Thomas Mann, datiert vom 7. April, verdeutlicht:

»Die erste Seite der Nachrichten mit der Proklamation der Räte-Republik bedeckt. Heute Generalstreik und ›Nationalfeiertag‹. Anschluß an Ungarn und Rußland, Bruch mit Berlin. Rote Garde. Sozialisierung der Presse. Expropriierungspläne. Der Ton ist scharf, und doch ist klar, daß es sich um ein vorbeugendes Werk der Mehrheitssozialisten handelt, wie schon bei der ersten Revolution, allerdings so weit gehend, daß die Kommunisten mitthun können. Doch rechne ich mit einer vierten, ganz radikalen Umwälzung, bevor der Rückschlag kommt. Es ist anzunehmen, daß das Reich folgen wird, und wenn der radikale Sozialismus in Deutschland haltbare Formen annimmt, wird auch den Proletariern der Ententeländer, die dann von kapitalistischer Ausbeutung Deutschlands nichts mehr zu hoffen haben, nichts anderes mehr übrig bleiben. Man muß erkennen, daß der Kapitalismus gerichtet ist.«[6]

Interessant zu beobachten ist der Sinneswandel eines Teils des Bürgertums. Viele Konservative dachten wie Thomas Mann: Sie waren so verbittert über die Friedensbedingungen der Alliierten, daß sie selbst gegen die befristete Errichtung einer Räterepublik nichts einzuwenden hatten, nur um den Ententemächten Schaden zuzufügen. Die sozialistischen Politiker – so ihr Kalkül – würden das Reich binnen kurzem derart herunterwirtschaften, daß die Alliierten in Zukunft keine Reparationsleistungen aus Deutschland mehr herausholen konnten.

Eine bayerische Räterepublik unter Beteiligung eines Johannes Hoffmann war unmöglich. Für ihn stand der Hauptfeind links. Die Möglichkeit der Gründung einer sozialistischen Einheitsfront unter Ausschluß der Kommunisten erkannte er nicht – oder wollte er nicht erkennen. Sie hätte seinerseits die Anerkennung des Rätesystems erfordert, und diesen Schritt zu gehen war der stolze Pfälzer nicht bereit, auch wenn er dadurch die Kommunisten vorerst politisch kaltgestellt hätte. Er hoffte immer noch auf eine bayerische Lösung der Regierungskrise, andererseits peinigte ihn zunehmend der Gedanke, eventuell auf Hilfe aus Berlin angewiesen zu sein.

Die Bamberger Exilregierung

Am Rande des SPD-Parteitags traf Hoffmann mit dem Nürnberger Oberbürgermeister Otto Geßler zusammen. Hoffmann fragte seinen Parteifreund, ob der Landtag seinen zukünftigen Sitz in Nürnberg einnehmen könne. Geßler riet ab, weil er befürchtete, daß der »Schwabinger Literatenschwarm« aus München auftauchen und sich in Nürnberg breitmachen könnte. Als Alternativen schlug er ihm die mittelfränkische Bezirkshauptstadt Ansbach oder das nordbayerische Bamberg vor. Hoffmann entschied sich für Bamberg, zumal ihm außer Geßler auch Noske und Müller-Meiningen die idyllische Stadt an der Regnitz empfohlen hatten. Den Ausschlag gab Bambergs Oberbürgermeister Adolf Waechter. Der Zentrumsmann hatte seine Stadt bereits im Winter der Nationalversammlung als Tagungsort angeboten, war aber im Konkurrenzkampf dem thüringischen Weimar unterlegen. (Anstatt einer »Weimarer Republik« hätte es dann eine »Bamberger Republik« gegeben.) Um so willkommener war Waechter die Anfrage Hoffmanns. Der

Oberbürgermeister erklärte sich trotz der damit verbundenen Risiken sofort bereit, den Landtag in Bamberg aufzunehmen.

Die Verbindung zur Hauptstadt hielt die alte Regierung mittels einer neugegründeten Propagandaabteilung aufrecht, deren Hauptaufgabe im publizistischen Kampf gegen die Räteregierung bestand. Ihre erste Handlung war die Beschaffung eines Flugzeugs, das über dem Großraum München Flugblätter mit folgendem Text abwarf:

»Die Regierung des Freistaates ist *nicht* zurückgetreten. Sie hat ihren Sitz von München verlegt. Die Regierung ist und bleibt die einzige Inhaberin der Gewalt in Bayern und ist allein berechtigt, rechtswirksame Anordnungen zu erlassen und Befehle zu erteilen.«[7]

Die Flugblattaktion war nicht mehr als eine Alibimaßnahme; sie sollte zeigen, daß es die gewählte Regierung noch gab. In der Hauptstadt hatte sie jeglichen Einfluß verloren, auch in der Provinz hatten sich zahlreiche Städte und Gemeinden zu Räterepubliken erklärt. Der Schwerpunkt der Rätebewegung lag in den südbayerischen Regierungsbezirken Oberbayern und Schwaben, doch auch in den größten Städten Niederbayerns und der Oberpfalz, in Landshut, Passau, Straubing, Regensburg, Amberg und Burglengenfeld etablierten sich nach dem 7. April revolutionäre Räterepubliken. Selbst in Nordbayern herrschte die Regierung Hoffmann nicht unumschränkt. Zwar blieben Bamberg, Nürnberg und Erlangen von der Rätebewegung unangetastet, dafür folgten aber die Städte Würzburg, Aschaffenburg, Schweinfurt, Fürth, Ansbach, Kulmbach, Hof und Marktredwitz dem Münchner Beispiel und riefen in ihrem Stadtgebiet die Räterepublik aus.

Mit der provinziellen Ruhe war es im beschaulichen Bamberg bald vorbei. Nach und nach trafen die Landtagsmitglieder in der Stadt ein. Die Zufahrtswege zu den Harmoniesälen, die als provisorischer Tagungsort dienten, waren durch eine dreifache Sperre gesichert, ebenso der Bahnhof und die Neue Residenz, in der die Abgeordneten wohnten. In den Straßen patrouillierten Soldaten, vor allen wichtigen Gebäuden waren Wachen mit Maschinengewehren aufgezogen, und ständig ratterten Militärautos über Bambergs Kopfsteinpflaster. Am schmerzhaftesten muß dem Antimilitaristen Hoffmann jedoch die Marschmusik in den Ohren geklungen haben, die den Wachwechsel vor seinem Amtssitz begleitete.

Wie schon in München blieb Hoffmann auch in Bamberg für die große Masse unsichtbar. Er bewohnte ein kleines Zimmer in der Residenz; allein, denn seine Familie war nach Kaiserslautern zurückgegangen. Er lebte asketisch, arbeitete viel, besprach sich meist nur im kleinen Kreis einiger weniger Auserwählter und vermied öffentliche Auftritte. Bei den Abgeordneten, auch wenn sie politische Gegner waren, erfreute er sich nach wie vor großer Beliebtheit. Hans Unterleitner, der wie alle USPD-Minister seine Mitarbeit in der Regierung aufgekündigt hatte, hinterließ Hoffmann zum Abschied einen persönlichen Brief:

»Hochgeschätzter Herr Kollege Hoffmann! Infolge der Haltung meiner Partei ist es mir nicht möglich, weiter in der Regierung zu verbleiben. Ich bedauere aufs tiefste, daß eine so außerordentlich tüchtige Kraft wie Sie nicht für die Räte arbeitet. Manches, was jetzt in München geschieht und was einen mit Abscheu erfüllt, hätte vermieden werden können, wenn Sie sich mit derselben Energie wie für den Landtag für die Räte einsetzen würden. Mögen sich auch unsere Wege trennen, ich, der ich Sie nun ein halbes Jahr arbeiten sah, werde Sie als Mensch stets auf das höchste achten.«[8]

Hoffmann blieben vier Möglichkeiten, gegen die Räterepublik in München vorzugehen. Die aussichtsreichste, nämlich das Reich um Hilfe zu bitten, lehnte er von vornherein ab. Eine Blockade der Lebensmittel- und Kohlezufuhr konnte mit Reichsunterstützung durchgeführt werden, zumal ihm auch seitens des württembergischen Ministerpräsidenten Blos, der in Stuttgart ebenfalls unter starken Druck von links geraten war, Hilfe zugesagt wurde; allerdings war eine solche Maßnahme sehr zeitraubend und traf zudem viele Unschuldige. Verhandlungen mit den Unabhängigen und den Anarchisten wären angesichts eines drohenden kommunistischen Putsches ebenfalls denkbar gewesen, doch hätte Hoffmann Konzessionen in der Rätefrage machen müssen.

So blieb eine vierte Alternative, die sich als die schlechteste von allen erweisen sollte: Hoffmann wandte sich an Schneppenhorst, den er aufgrund seiner militärischen Kenntnisse nicht entlassen wollte, und beauftragte ihn, aus Freiwilligen eine bayerische Volkswehr zu rekrutieren. Dies mußte in aller Eile geschehen, denn Hoffmann lief Gefahr, daß Noske ihm von Berlin aus zuvorkommen würde. Der von Noske beauftragte General von Epp war schon fleißig damit beschäftigt, in Thüringen und Nordbayern junge Männer für sein Freikorps anzuwerben. Bei seinem Vorhaben wurde Epp nicht nur von konservativen Zeitungen unterstützt. In Hoffmanns Regierungsorgan, dem *Freistaat*, machten sich Schneppenhorst und Epp mit ihren Werbekampagnen gegenseitig Konkurrenz.

Hoffmann blieb nicht viel Zeit. Von allen Seiten verstärkte sich der Druck auf den Ministerpräsidenten. Die Militärs ergriffen zunehmend Besitz vom politischen Leben in Bamberg. Von den emanzipatorischen und demokratischen Tendenzen, die zu Anfang der Revolution überall in Bayern zutage traten und sich in der Gründung von Soldatenräten manifestierten, war in Nordbayern nichts mehr übriggeblieben. In der Armee herrschte wieder der alte Korpsgeist; die Offiziere gaben wie früher den Ton an und verstanden es mehr denn je, den Primat des Militärs gegenüber der Politik durchzusetzen.

Die Reichs-SPD, die den Machtkampf gegen das Militär von Anfang an verloren hatte, unternahm nichts, um Hoffmann zu helfen. Im Gegenteil, sie entsandte Kurt Riezler, in der Kaiserzeit engster Mitarbeiter des Reichskanzlers und Kriegstreibers Bethmann-Hollweg, als ständigen Regierungsvertreter nach Bamberg. Riezler war von Noske und Scheidemann mit den entsprechenden Vollmachten ausgestattet worden und verfolgte einzig und allein das Ziel, in Bayern den Boden für die militärische Intervention, die »Reichsexekution«, zu bereiten.

Reichspräsident Ebert brachte Hoffmann durch sein Telegramm vom 12. April noch zusätzlich in Schwierigkeiten. Ebert forderte ultimativ, daß die »Wiederherstellung des früheren Zustandes in Bayern baldigst erfolgt, zumal da nach neueren mir zugegangenen Nachrichten aus München man dort anfängt, sich an die Räte-Regierung zu gewöhnen. Wenn die wirtschaftlichen Maßnahmen, welche Sie in Aussicht genommen haben, nicht in kürzester Zeit zum Ziel führen, erscheint mir als einzige Lösung militärisches Vorgehen. Daß je rascher und durchgreifender dieses erfolgt, um so weniger Widerstand und Blutvergießen zu erwarten ist, hat uns die Erfahrung an anderen Stellen gelehrt.«[9]

Am selben Tag veröffentlichte die Bayerische Volkspartei im *Freistaat* einen Aufruf, in dem sie »jede Vergewaltigung des Volksganzen durch eine terroristische, von land- und rassefremden Elementen geführte Minderheit entschieden ab[lehnt] und verlangt, endlich die Verhetzung weiter Kreise durch ausländische politisierende Juden ein Ende hat.«[10]

Hoffmann mußte jetzt handeln. Dies war durchaus im Sinne Epps und Noskes, die darauf hofften, daß eine übereilte militärische Aktion der schwachen bayerischen Verbände fehlschlagen und ihnen endlich die Legitimation für den großen Aufmarsch von Reichswehr und Freikorps geben würde.

Zunächst suchte Hoffmann nach Verbündeten in Bayern. Dabei schreckte der Ministerpräsident, der Noske vorwarf, offen mit der Reaktion zu paktieren, nicht davor zurück, die Hilfe von Rechtsextremisten und Völkischen in Anspruch zu nehmen:

»Die Regierung Hoffmann war durch einen bekannten Augsburger Rechtsanwalt an Sebottendorf herangetreten und hatte angefragt, ob er für die Regierung tätig sein wolle. Um die nötigen Verabredungen zu treffen, war Sebottendorf nach Augsburg gefahren und im ›Goldenen Lamm‹, einem kleinen Gasthofe, in dem er nicht auffiel, abgestiegen. Dort wurde vereinbart, daß die Publikationen der Regierung durch Sebottendorf vervielfältigt werden sollten; er erhielt den Auftrag, die Gegenrevolution mit allen Mitteln zu organisieren, damit die Regierung Hoffmann in Kürze auch in München wieder die Macht habe. Mit diesem Auftrag waren alle Handlungen des Kampfbundes als legal gedeckt.«[11]

Schriftsteller als Revolutionäre

»Die Bairische Räterepublik hat mir das Vergnügen gemacht, meinen heutigen Geburtstag zum Nationalfeiertag zu machen. Ich bin nun Beauftragter für Volksaufklärung, Unterricht, Wissenschaft, Künste und noch einiges. Läßt man mir ein paar Wochen Zeit, so hoffe ich, etwas zu leisten; aber leicht möglich, daß es nur ein paar Tage sind, und dann war es ein Traum.«[12] Gustav Landauer war sich durchaus bewußt, daß er an der Aufgabe, die er und seine Mitstreiter sich gesetzt hatten, scheitern könnte. Doch selbst dieses Scheitern betrachtete er als positiven Beitrag für die Entwicklung eines egalitären, auf den Prinzipien der Solidarität und der Gerechtigkeit beruhenden Gemeinwesens. Für den Anarchisten Landauer existierte nicht –

wie etwa bei Marx die klassenlose Gesellschaft – von vornherein ein Ideal, das, historischen Gesetzmäßigkeiten folgend, durch Beschreiten eines genau festgelegten Wegs erreicht werden mußte. Landauers Utopie entsprach einem ständigen Veränderungs- und Verbesserungsprozeß und war daher laufend Korrekturen unterworfen. Er lehnte Ideologien strikt ab; auch den Marxismus, der seiner Meinung nach eher Fluch als Segen der sozialistischen Bewegung war. Vor allem kritisierte er den unerschütterlichen Fortschrittsglauben, der sowohl den Marxisten als auch den Sozialdemokraten anhaftete. Landauers vor dem Ersten Weltkrieg geübte Kritik würde heutzutage wieder in manches grüne Parteiprogramm hineinpassen:

»Fortschritt, was ihr Fortschritt nennt, dieses unaufhörliche Gewackel und Gefackel, dieses Schnellmüdewerden und neurasthenische, kurzatmige Jagen nach dem Neuen, wenn es nun mal wieder neu ist, Fortschritt und die damit in Zusammenhang stehenden verrückten Ideen der Entwicklungspraktiker und die maniakalische Gewohnheit, bei der Ankunft schon wieder Adieu zu sagen, Fortschritt, diese unstete Ruhelosigkeit und Hetze, dieses Nichtstillhaltenkönnen und dieses Reisefieber, dieser sogenannte Fortschritt ist ein Symptom unsrer abnormen Zustände, unsrer Unkultur.«[13]

Für Landauer war der doktrinäre, wissenschaftliche Marxismus eine Ersatzreligion, die in blindem Vertrauen auf die Gesetzmäßigkeit der geschichtlichen Entwicklung die Arbeiterklasse von revolutionärem Denken und Handeln abhielt. Da zudem ein Teil der gelernten Arbeiter bereits verbürgerlicht war und diese Arbeiteraristokratie mit ihren ungelernten Klassengenossen kaum noch etwas gemeinsam hatte, konnte von der vielbesungenen Einheitsfront aller Proletarier nicht mehr die Rede sein. Daher müßten die Intellektuellen die den Arbeitern zugedachte Rolle als Triebkraft der Revolution übernehmen.

Im Gegensatz zur marxistischen Lehre stand für Landauer nicht die Veränderung der Produktionsverhältnisse, sondern die Veränderung des menschlichen Bewußtseins im Vordergrund. Wenn auch seiner Meinung nach die Voraussetzungen für eine Einführung des Sozialismus in Deutschland noch nicht vollends geschaffen waren, so führte er dafür andere Gründe an als etwa Marx oder Lenin:

»Der Sozialismus, ihr Marxisten, ist zu allen Zeiten und bei jeder Technik möglich; und er ist zu allen Zeiten und bei jeder Technik, unmöglich. Er ist zu allen Zeiten, auch bei recht primitiver Technik, den rechten Menschen möglich; und er ist zu allen Zeiten, auch bei prachtvoll entwickelter Maschinentechnik, den unrechten Menschen unmöglich. Wir wissen von keiner Entwicklung, die ihn bringen muß; wir wissen von keinerlei solchen Notwendigkeit eines Naturgesetzes. Aber der Sozialismus *kann* kommen und *soll* kommen – wenn wir ihn *wollen* …«[14]

Landauer setzte auf den Willen des Menschen zu einer ständigen Verbesserung seiner Lebensumstände. Er wollte in der Bevölkerung zuerst das Bewußtsein für gesellschaftliche Veränderungen entwickeln. Demzufolge maß er seinem Amt in der neuen Räteregierung höchste Bedeutung zu. Leider blieb ihm wirklich nicht viel Zeit, etwas zu bewirken; doch zeigen bereits seine ersten Ansätze, welche tiefgreifenden Neuerungen seine Politik enthielt. Landauer betrachtete die Räterepublik nicht als Zwischenspiel; daher begann er sofort mit seinem Reformprogramm.

Nachdem der ehemalige Kultusminister Hoffmann das Erziehungswesen bereits auf eine staatliche Grundlage gestellt hatte, führte Landauer die Einheitsschule für alle Schüler vom 7. bis zum 13. Lebensjahr ein. Darauf aufbauend waren Handwerksschulen für die praktische und Mittelschulen für die weiterführende geistige Ausbildung vorgesehen, deren Besuch jeweils fakultativ war. Landauer schaffte die Prügelstrafe ab und hob auch das Zölibat für Lehrerinnen auf. Schulräte, in die Lehrer, Eltern und Schüler hineingewählt wurden, sollten für eine bessere Verständigung aller am Erziehungsprozeß Beteiligter, aber auch der verschiedenen Lehranstalten untereinander sorgen. Die Kirche spielte in Landauers Erziehungskonzept keine Rolle mehr.

Landauer entwickelte ein neues Hochschulprogramm für die nach Berlin zweitgrößte deutsche Universität. In München sollte fortan ein Revolutionärer Hochschulrat in Zusammenarbeit mit Landauers Ministerium über die Vergabe von Lehraufträgen, die Erstellung von Semesterprogrammen und die Neuaufnahme von Studenten entscheiden. Landauer war vor allem an einer Überprüfung des alten Lehrkörpers und der Studenten auf rechtsextremistische Aktivitäten gelegen. Schon bald nach Kriegsende hatten sich zahlreiche Studenten in politisch weit rechts stehenden Verbindungen organisiert. Max Weber, der berühmte Soziologe, prangerte in seinen Vorlesungen den neuen Korpsgeist an und wandte sich scharf gegen das Tragen von Farben, Mützen und Abzeichen. Daraufhin pfiffen die Studenten ihren Professor aus und bewarfen ihn mit Kollegheften. Weber blieb nichts anderes übrig, als sein Manuskript zusammenzupacken und wortlos den Hörsaal zu verlassen. Landauer ging sogar so weit, den Einsatz von Bewaffneten anzudrohen, um in Zukunft Störungen des Hochschulbetriebs zu vermeiden.

Im Kulturbereich plante Landauer die Förderung einer neuen Kunst und Literatur, die nicht mehr nur einer gesellschaftlichen Elite, sondern vor allem den arbeitenden Menschen zugute kommen sollten. Ein »Aktionsausschuß revolutionärer

Künstler«, dem auch Oskar Maria Graf angehörte und der Landauers Konzept in die Tat umsetzen sollte, formulierte in seiner ersten Bekanntmachung etwas übereifrig:

»Die Kunst ist das große Mittel. Sie hat keinen Zweck in sich, sie hat dem neuen Leben, das wahre Gemeinschaft sein soll, zu dienen, zu ihm aufzurufen und anzufeuern. Sie hat die Menschen reif zu machen und ihnen das Gewissen und die reine Schönheit zu geben, die alle menschlichen Beziehungen von nun an lebendig bestimmen sollen. Endlich ist der Künstler an die Stelle gerückt, die ihm gebührt, in die Mitte und in den fruchtbaren Anschluß an die hilfreich tätige Wirksamkeit und den sinnvollen Plan der allgemeinen Arbeit. Nur der Künstler hat Bestand und das Recht, der sich dieser verpflichtungsreichen Rolle bewußt ist. Nur der hat ein Recht, sich Künstler zu nennen, dessen Arbeit, sei sie welcher Art sie wolle, notwendig und gut für den Menschen ist, um sich als Mensch zu fühlen, um seine menschliche Aufgabe zu begreifen und stärker und selbstgewisser zur Vollkommenheit aufzustreben. Kunst ist weder Luxus noch Vergnügen. Kunst ist Brot; der unterdrückte, leidende, endlich sich befreiende Mensch ist hungrig nach Wahrheit und Schönheit. Nur was diesen Hunger stillt, ist Kunst. Die Kunst ist allen Menschen zugänglich zu machen. Sie ist rein zu halten von den leeren, überflüssigen, viel zu vielen schlechten und verseuchenden Erzeugnissen der alten Gesellschaft. Das Gute muß durchgesetzt werden.«[15]

Die erste Maßnahme des Künstlerausschusses war die Umfunktionierung des Prinzregententheaters zum »ersten wahren Theater des Volkes in Baiern«. Um die Volksbildung zu verbessern, plante Landauer die Einrichtung öffentlicher Büchereien, die Fortführung von Eisners Volkshochschulprogramm für Arbeiter und Bauern und die Gründung von Volksmuseen für moderne Kunst.

Viele Menschen, die unter der Unterdrückung im alten Kaiserreich gelitten hatten und sich auch von der Regierung Hoffmann nicht repräsentiert fühlten, setzten große Hoffnungen in die neue Räterepublik. Die Volksnähe der Revolutionäre ermöglichte es ihnen, ihre zum Teil irrationalen und skurrilen Vorstellungen dem Zentralrat direkt vorzustellen:

»In den Vorzimmern des Zentralrats drängen sich die Menschen, jeder glaubt, die Räterepublik sei geschaffen, um seine privaten Wünsche zu erfüllen. Eine Frau möchte sofort getraut werden, bisher hatte sie Schwierigkeiten, es fehlten notwendige Papiere, die Räterepublik soll ihr Lebensglück retten. Ein Mann will, daß man seinen Hauswirt zwinge, ihm die Miete zu erlassen. Eine Partei revolutionärer Bürger hat sich gebildet, sie fordert die Verhaftung aller persönlichen Feinde, früherer Kegelbrüder und Vereinskollegen. Verkannte Lebensreformer bieten ihre Programme zur Sanierung der Menschheit an, ihr seit Jahrzehnten befehdetes Lebenswerk bürge dafür, daß jetzt endlich die Erde in ein Paradies verwandelt werde. Sie wollen die Welt aus einem Punkt kurieren, läßt man die Prämisse gelten, ist ihre Logik unangreifbar. Die einen sehen die Wurzel des Übels im Genuß gekochter Speisen, die anderen in der Goldwährung, die dritten im Tragen unporöser Unterwäsche, die vierten in der Maschinenarbeit, die fünften im Fehlen einer gesetzlich vorgeschriebenen Einheitssprache und Einheitskurzschrift, die sechsten machen Warenhäuser und sexuelle Aufklärung verantwortlich.«[16]

Ernst Toller hatte als Vorsitzender des Zentralrats eine noch wichtigere Position als Landauer inne. Der Zentralrat war das Exekutivorgan der Räterepublik; er konnte alle Beschlüsse der Volksbeauftragten durch sein Vetorecht so lange blockieren, bis sie dem Volk zur Abstimmung vorgelegt wurden.

Landauer und Toller lagen in ihrer politischen Gesinnung eng beieinander. Toller gehörte dem linken Flügel der USPD an, war aber – wie der parteilose Landauer – ein Gegner der Kommunisten und ihrer Methoden. Noch vor seiner Heidelberger Studentenzeit hatte Toller den *Aufruf zum Sozialismus* gelesen und war von Landauers Ideen tief beeindruckt. Jetzt fanden sich der Mentor und sein Jünger Seite an Seite in der Räterepublik wieder und wurden zu ihren entschiedensten Protagonisten. Beide wollten ihre Ideale nicht mehr nur durch ihre Worte und Schriften verkünden, sondern durch die Tat überzeugen. Ihr Beispiel würde – auch wenn es nicht sofort von Erfolg gekrönt wäre – zukünftigen Generationen den Weg weisen.

Wie Landauer stürzte sich auch Toller sofort in seine Arbeit. Eine Reihe von Verordnungen, die das Leben im neuen Staat grundlegend verändern sollten, trug seine Unterschrift. Diese Verordnungen galten jedoch nur für das Bayern südlich der Donau, denn die Räteregierungen in den übrigen Landesteilen waren fast alle wieder abgesetzt worden. Bayern war mittlerweile ein geteiltes Land: Im Süden herrschten die Revolutionäre, im Norden die gewählte Regierung Hoffmann.

Tollers erste Verordnung betraf das Bankwesen. Zur Vermeidung weiterer Kapitalflucht aus Bayern ins Reich oder ins Ausland (was kaum noch einen Unterschied ausmachte) wurden alle Bankkonten gesperrt. Es durften nur noch Beträge bis zu 100 Mark täglich oder 700 Mark wöchentlich abgehoben werden. Von dieser Regelung ausgenommen waren ausstehende Rechnungen, Kreditrückzahlungen und Zinstilgungen sowie Lohnzahlungen und Zahlungen im Geschäftsverkehr von Firmen. Letztere bedurften allerdings der Gegenzeichnung des Betriebsrates. Innerhalb Rätebayerns waren Zahlungen per Verrechnungsscheck in unbegrenzter Höhe möglich.

Um der seit Kriegsende immer schlimmer werdenden Wohnungsnot zu begegnen, entschlossen sich Tollers Zentralrat und der Kommissar für das Wohnungswesen, Arnold Wadler, zu drastischen Maßnahmen. Sie beschlagnahmten sämtliche freistehenden Wohnungen in Bayern, darunter auch viele Schlösser von Adligen, und vermieteten sie an Wohnungssuchende. Darüber hinaus wurde der Wohnraum rationiert: Einzelpersonen stand nunmehr nur noch ein Zimmer plus Küche zu, Familien ein Gemeinschaftsraum, eine Küche und für jeweils zwei Kinder ein Schlafraum. Jedes freie Zimmer mußte der Gemeinde oder den Arbeiter-, Bauern- und Soldatenräten gemeldet werden. Wer Verwandte oder Freunde in den überzähligen Räumen einquartieren wollte, mußte dies innerhalb von zwei Wochen tun; andernfalls erfolgte die Belegung des freien Wohnraums durch die Gemeinde. Hier wurden kinderreiche gegenüber kinderlosen Familien und Verheiratete gegenüber Ledigen bevorzugt. Der Mietpreis wurde wie bisher zwischen Vermieter und Mieter ausgehandelt; kam keine Einigung zustande, setzte die Gemeinde die Miete fest. Private und kommerzielle Wohnraumvermittlung war streng verboten. Wer sich den Verordnungen widersetzte, mußte mit einer Geldstrafe bis zu 100000 Mark und einem Jahr Gefängnis rechnen.

Rigoros ging die Räteregierung gegen die größtenteils bürgerliche Presse vor. So gab der konservative *Bayerische Kurier* in einer Mitteilung an seine Leser bekannt:

»Nach neuerlicher Anordnung des revolutionären Zentralrats wird der gesamte Inhalt des »Bayer. Kurier« von der Preßabteilung des Revolutionären Zentralrats bestimmt. Das Blatt hat auch den gesamten Raum dem revolutionären Zentralrat zur Verfügung zu stellen.«[17]

Die Pressehäuser wurden sozialisiert, die Zeitungsbesitzer enteignet; ihre Betriebe gingen in die Hände der Arbeiter über. Die Redaktionen machten weiterhin das Blatt, doch stand ihnen ein Aufpasser zur Seite. Redakteure konnten auf eigenen Wunsch ihre Entlassung einreichen und erhielten sechs Monate lang ihr Gehalt weiterbezahlt. In der Zensurbehörde arbeitete in leitender Position der Schriftsteller Ret Marut, später unter dem Pseudonym B. Traven bekannt. Seine Zeitschrift *Der Ziegelbrenner* war in der Kaiserzeit selbst der Zensur unterworfen; erst in der liberalen Eisner-Ära hatte sie frei erscheinen können.

Eine unrühmliche Erscheinung der neuen Räterepublik waren die Revolutionstribunale. Doch nur der Name erinnerte an die blutigste Phase der Französischen Revolution. Es wurde kein einziges Todesurteil gefällt; die meisten Prozesse endeten mit Freisprüchen; die höchste Strafe waren eineinhalb Jahre Gefängnis, die höchste Geldbuße 5 000 Mark. Allerdings konnte von einer unabhängigen Justiz nicht die Rede sein. Die in Permanenz, also Tag und Nacht, tätigen Gerichte – insgesamt waren es vier – bestanden aus jeweils sieben Richtern und einem Juristen als Beisitzer. Hinzu kam ein Verteidiger, den der Angeklagte selbst wählen durfte. Die Verhandlungen waren öffentlich, die Urteile wurden sofort vollstreckt. Von den 28 Richtern gehörten je fünf der SPD, der USPD, der KPD und dem Bauernbund an; vier Richter waren Mitglieder des Revolutionären Arbeiterrates, weitere vier parteilose Anarchisten.

Wichtigste Aufgabe für Toller war die Verteidigung der Republik gegen einen zu erwartenden Angriff von Norden her. Bewaffnete Milizen reichten dazu nicht aus; es bedurfte einer schlagkräftigen Armee. Nach russischem und ungarischem Vorbild rief Toller in einem Erlaß zur Bildung einer Roten Armee auf. Es meldeten sich auch viele Freiwillige; doch es war höchst unwahrscheinlich, daß ein zusammengewürfeltes, mangelhaft ausgerüstetes Heer, das nur wenige Offiziere aufweisen konnte, den gut organisierten Reichswehr- und Freikorpstruppen standhalten würde.

Um die Republik auch gegen Feinde von innen zu sichern, wurde die Entwaffnung des Bürgertums verfügt. Innerhalb von 24 Stunden mußten alle, die die Räterepublik nicht ausdrücklich unterstützten, ihre Waffen abliefern. Später wurden in München auch Haussuchungen durchgeführt. Toller veranlaßte ebenfalls die Entwaffnung der Polizei, in der immer noch dieselben Beamten ihren Dienst versahen, die dies bereits zu Zeiten des Kaiserreichs getan hatten und von denen zu erwarten war, daß sie sich im Falle einer Gegenrevolution auf die Seite der Angreifer schlagen würden.

Angesichts der drohenden Kämpfe in Bayern verfügte Toller die rasche Freilassung aller Kriegsgefangenen, die nicht durch erneute Kampfhandlungen in Mitleidenschaft gezogen werden sollten. Sie konnten sich ab sofort frei bewegen und durften Bayern auf dem schnellstmöglichen Weg Richtung Heimat verlassen.

In einigen Politikbereichen waren Landauer und Toller zu ungewöhnlichen Experimenten bereit. So berief Landauer den Freigeldtheoretiker Silvio Gesell zum neuen Volksbeauftragten für Finanzen. Gesell, der aus dem Eifelstädtchen St. Vith stammte und sich in der Finanzwelt Respekt verschafft hatte, als er die marode Wirtschaft Argentiniens sanierte, war von Landauer schon in dessen *Aufruf zum Sozialismus* gerühmt worden. Er nahm den Auftrag sofort an. Bereits am 7. April traf Gesell in München ein und nahm sofort die Arbeit auf. Aber wie sollte er mit Otto Neurath kooperieren, der als Anhänger der Planwirtschaft doch eher das Gegenteil des Gesellschen Modells anzustreben schien?

Immerhin hatten beide Modelle eines gemeinsam: die Zurückdrängung der Geldwirtschaft zugunsten des Warenaustauschs. Doch während Neurath für eine staatliche Kontrolle plädierte, vertraute Gesell auf die Kraft des freien Marktes. Er wollte die Attraktivität des Geldes als Anlagemittel senken, indem die Währung nicht länger eine feste Größe bildete, sondern wie die Ware einem Wertverlust unterworfen war. Je länger die Ware lagert, desto mehr verliert sie an Wert; das gleiche sollte jetzt mit dem Geld passieren. Bankguthaben sollten keine Zinsen mehr abwerfen, sondern im Gegenteil langsam abbröckeln. Wer am 1. Januar 100 Mark auf sein Konto einzahlte, hatte am Jahresende nur noch 90 Mark übrig. Dies entsprach in etwa dem Verlust, den durchschnittliche Waren in derselben Zeitspanne erlitten. So wurde ein Konsumanreiz geschaffen und das Geld direkt wieder dem Wirtschaftskreislauf zugeführt. Gewinne aus unproduktivem Kapital waren nicht mehr möglich.

Gesell rechnete, in 15 bis 20 Jahren sein System komplett realisieren zu können. In der Übergangszeit mußten für gesellschaftliche Gruppen, die dem Arbeitsmarkt nicht mehr zur Verfügung standen, wie etwa die Rentner, Übergangslösungen geschaffen werden. Doch sollten ihm keine 15 Tage bleiben!

Gesell telegrafierte an den Reichsbankpräsidenten Rudolf Havenstein, er plane die Sanierung der Währung unter Verzicht auf die »systemlose Papiergeldwirtschaft«. Mit diesem Telegramm trat Gesell eine Lawine los. Die *Vossische Zeitung* in Berlin titelte: »Abschaffung des Bargelds in Bayern«. Über den bayerischen Volksbeauftragten hieß es im selben Artikel:

»Gesell ist ein Schriftsteller, der seit vielen Jahren in unendlich vielen Artikeln und Broschüren für die Lösung der sozialen Frage durch Abschaffung des baren Geldes und seine Ersetzung durch ein Arbeitswertzeichen geworben hat. Gesell, der mit einem Kern gesunder währungspolitischer Kritik utopische Ideen der Lösung aller Fragen durch seine sogenannte absolute Währung verband, wurde in Fachkreisen nicht ganz ernst genommen. Sein Auftauchen in der Münchener Räteregierung rief einiges Lächeln hervor, und das neueste Telegramm dürfte auch kaum dem Reichsbankdirektorium Anlaß zu sehr schwierigen Beratungen geben.«[18]

Tatsächlich lautete Havensteins Antwort lapidar: »Ich

warne Sie vor Experimenten!«[19] Sonst stand nichts in seinem Telegramm. Allerdings hatte die *Vossische Zeitung*, nach der Auflage schielend, Gesells Gedankengang falsch wiedergegeben. Seine Warnung vor der Papiergeldwirtschaft und dem Anwerfen der Notenpresse war nicht unbegründet. Bereits im Frühjahr 1919 war die Inflation, die Deutschlands Wirtschaft vollends ruinieren sollte, abzusehen. Der Dollar, der vor dem Krieg 4,20 Mark gekostet hatte, stand zu diesem Zeitpunkt bei knapp 14 Mark und kletterte kontinuierlich weiter bis zum Höhepunkt der Inflation im November 1923, als für einen Dollar 4,2 Billionen Mark gezahlt werden mußten.

Viel schlimmer als die ablehnende Haltung der Reichsbank war die Panik, die die Berichterstattung in der Presse unter der bayerischen Bevölkerung auslöste. »Gesell will uns unser Geld wegnehmen!« hieß es dort. Banken wurden von ihren Kunden belagert; jeder versuchte, von seinem Konto zu retten, was noch zu retten war. Erstmals waren große Teile des Volkes gegen die Räteregierung aufgebracht. Von der negativen Stimmung in München profitierte die Bamberger Exilregierung. Hoffmann hatte angeordnet, die Zufuhr von neuen Banknoten nach Südbayern einzustellen, um die Geldknappheit zu verstärken und ein wirtschaftliches Chaos anzurichten. Die Gerüchte über Gesells Währungspolitik, die trotz der Pressezensur bis nach München drangen, taten ein übriges.

Noch unglücklicher als Gesell agierte der Volksbeauftragte für das Auswärtige. Franz Lipp, ein Stuttgarter Schriftsteller und Journalist, hatte in Mailand beim *Corriere della Sera* als Redakteur gearbeitet und war im Weltkrieg für die politische Abteilung des deutschen Generalstabs in Italien tätig gewesen. Von der bürgerlichen Presse wurde Lipp immer wieder Spionagetätigkeit nachgesagt.

Unmittelbar nach seinem Amtsantritt versandte der neue Außenminister Depeschen in alle Welt, die von der Errichtung der Räterepublik in Bayern kündeten. In seinem Funkspruch nach Moskau, mit dem er »brüderliche Grüße« an Lenins Sowjetregierung übermittelte, heißt es:

»Proletariat Oberbayerns glücklich vereint. Sozialisten plus Unabhängige plus Kommunisten fest als Hammer zusammengeschlossen, mit Bauernbund einig. Klerikal uns wohlgesinnt. Liberales Bürgertum als Preußens Agent völlig entwaffnet. Bamberg Sitz des Flüchtlings Hoffmann, der aus meinem Ministerium den Abtrittsschlüssel mitgenommen hat. Die preußische Politik, deren Handlanger Hoffmann ist, geht dahin, uns von Norden, Berlin, Leipzig, Nürnberg abzuschneiden, auch von Frankfurt und vom Essener Kohlengebiet und uns gleichzeitig bei der Entente als Bluthunde und Plünderer zu verdächtigen, dabei triefen die haarigen Gorillahände Gustav Noskes von Blut. Wir erhalten Kohle und wir erhalten Lebensmittel in reichlichen Mengen aus der Schweiz und aus Italien. Wir wollen den Frieden für immer. Immanuel Kant: Ewigen Frieden 1795 Thesen 2 bis 5. Preußen will den Waffenstillstand zur Vorbereitung des Rachekrieges. Brüderliche Grüße«.[20]

Die Kontrollbeamten im Telegraphenamt sandten den Funkspruch ab, wandten sich anschließend jedoch an den Zentralrat mit der Bitte um Klarstellung. Toller stellte umgehend Nachforschungen über Lipp an und erfuhr, daß dieser sich bereits mehrfach in psychiatrischer Behandlung befunden hatte. Toller sah sich zu sofortigem Eingreifen genötigt:

»Zweifellos, Lipp ist wahnsinnig geworden. Wir beschließen, ihn sofort in eine Heilanstalt zu überführen. Um Aufsehen in der Öffentlichkeit zu vermeiden, muß er freiwillig seinen Rücktritt erklären. Im Ministerium des Auswärtigen sind die Zimmer der Sekretärinnen mit roten Nelken geschmückt, Herr

Lipp hat sie den Damen als Morgengruß gebracht, dann ist er fortgegangen, niemand weiß wohin, wahrscheinlich entwirft er neue Depeschen. Endlich erreichen wir ihn […]. – ›Haben Sie diese Telegramme aufgegeben?‹ Sorgfältig liest Lipp die Telegramme. ›Ich habe sie sogar mit eigener Hand geschrieben.‹ – ›Sie werden zurücktreten, der Text Ihrer Erklärung ist vorbereitet, seien Sie so freundlich, Ihre Unterschrift darunter zu setzen.‹ Lipp erhebt sich, zupft an seinem grauen Gehrock, zieht ein Kämmchen aus der Tasche, frisiert mit eleganter Geste seinen Henri-Quatre-Bart, steckt sein Kämmchen wieder in die Tasche, ergreift die Feder, stützt sich einen Moment auf den Schreibtisch und sagt mit trauriger Stimme: ›Was tue ich nicht für die Revolution.‹ Er unterschreibt das Dokument und geht. Nachmittags sitzt er wieder im Ministerium, beschenkt die Sekretärinnen und redigiert Telegramme. Samariter entführen ihn von seiner Arbeitsstätte.«[21]

Die Eskapaden Lipps und die Gerüchte über Gesell hatten einen nicht unbeträchtlichen Gesichtsverlust der Räteregierung zur Folge, die aber dennoch von einem großen Teil der Münchner Bevölkerung weiter unterstützt wurde. Noch ungeschickter als die Machthaber in der Hauptstadt stellte sich die Bamberger Exilregierung an. An einem einzigen Tag verspielte Hoffmann sämtliche Chancen auf eine friedliche Regierungsübernahme in München.

Münchner Palmsonntag

»Das Bürgertum war furchtbar aufgeregt, da trotz der Mangelhaftigkeit aller diktatorischen Maßregeln doch schon eine Reihe von Symptomen da waren, die den Unterschied einer Räterepublik von einem Bourgeoisstaat deutlich machten. Vor allem wirkte die Besetzung der Banken, die Rationierung der Depotabhebungen und die Aufhebung des Bankgeheimnisses niederschlagend auf die Kapitalisten. Durch die Entwaffnung der Polizei fühlten sie sich in ihrer Sicherheit, durch das Revolutionstribunal in ihren konterrevolutionären Bestrebungen, durch Wadlers sehr energische Tätigkeit als Wohnungskommissar in ihrem Besitzrecht auf die häusliche Bequemlichkeit schwer bedroht. Dazu hingen die Ankündigungen Gesells gegen das spekulierende Kapital wie ein Damoklesschwert über ihrer Existenz. Gründe genug, um etwas Entscheidendes zu versuchen. Der Schlag wurde in der Nacht zum 13. April (Palmsonntag) ausgeführt, und zwar unter Leitung und auf Anstiften von Mehrheitssozialisten. Früh um 4 Uhr wurde ich aus dem Bett heraus von Angehörigen der Republikanischen Schutztruppe, die uns kurz zuvor ihrer unbedingten Treue versichert hatte, verhaftet und zum Hauptbahnhof gebracht, wo sich im Laufe der Morgenstunden noch zwölf Genossen einfanden.«[22]

Erich Mühsam war einer der ersten Leidtragenden des sogenannten Palmsonntagsputsches. Die Republikanische Schutztruppe, die ihn verhaftete, war im November 1918 vom Gefreiten Alfred Seyfferitz, einem Sozialdemokraten, gegründet und vom Ministerium für militärische Angelegenheiten für den Personenschutz eingesetzt worden. Ihre Aufgabe bestand darin, die persönliche Sicherheit der Regierungsmitglieder zu garantieren. Der Antikommunist Seyfferitz fühlte sich jedoch nur dem Ministerpräsidenten Hoffmann verpflichtet. Mit einem Teil der Republikanischen Schutztruppe versuchte er, aus seiner günstigen Position heraus die Räteregierung gewaltsam zu stürzen.

Zwei Tage zuvor hatte sich Seyfferitz in Bamberg mit Hoffmann und Schneppenhorst getroffen und seinen beiden Verhandlungspartnern einen Putschplan unterbreitet. Hoffmann schwankte anfangs noch; es widerstrebte ihm, mit Waffengewalt gegen Münchner Arbeiter und Sozialisten vorzugehen. Doch der Druck, den die Reichsregierung unter Scheidemann und Noske und vor allem das Telegramm Eberts vom 12. April, in dem der Reichspräsident den Ministerpräsidenten zur sofortigen Beseitigung der Räteregierung aufforderte, ausübten, ließ ihn schließlich einlenken und das Putschvorhaben billigen. Allerdings machte Hoffmann zur Bedingung, daß nur die »Rädelsführer« zu verhaften seien.

Die Republikanische Schutztruppe drang in der Nacht zum Sonntag zunächst ins Wittelsbacher Palais ein und verhaftete die USPD-Volksbeauftragten Wadler, Hagemeister und Soldmann. Paulukum war nicht anwesend, dafür nahmen die Putschisten Ex-Minister Lipp, der sich trotz seiner Entfernung am Tage zuvor schon wieder Zugang ins Ministerium verschafft hatte, in Gewahrsam. Anschließend wurden mehrere Mitglieder des Zentralrats, unter ihnen auch Mühsam, festgenommen. Toller konnte seiner Verhaftung entgehen, da er rechtzeitig gewarnt wurde.

Die Gefangenen wurden zum Bahnhof geschafft, wo Seyfferitz auf die versprochene Verstärkung wartete. Der Kommandeur der für die Sicherheit des Bahnhofsgeländes verantwortlichen Truppen, der Sozialdemokrat Heinrich Aschenbrenner, sympathisierte mit den Aufrührern und ließ Seyfferitz freie Hand. In Ingolstadt stand Schneppenhorst mit 600 Soldaten bereit und wartete auf Nachricht. Er hatte mit Seyfferitz vereinbart, sofort nachzustoßen, sobald der erste Teil des Putsches erfolgreich abgeschlossen war. Der Kurier, der die Nachricht überbringen sollte, wurde jedoch von einer Patrouille der Roten Armee am nördlichen Stadtrand von München aufgegriffen.

Am Nachmittag rückten Arbeitermilizen unter Leitung des kommunistischen Matrosen Rudolf Egelhofer und des anarchistischen Schriftstellers Kurt Sontheimer mit Maschinengewehren bewaffnet zum Hauptbahnhof vor. Eine aus drei

Mann bestehende Abordnung wurde in den Bahnhof geschickt, um mit Seyfferitz zu verhandeln. Aschenbrenner nahm die drei jedoch fest und ließ sie sofort erschießen. Daraufhin nahmen die Belagerer das Bahnhofsgebäude unter Beschuß. Das anschließende Gefecht dauerte fünf Stunden und forderte mehr als zwei Dutzend Tote und über hundert Verwundete. Oskar Maria Graf, der eher zufällig in die Schießerei hineingeraten war, beschreibt das Kampfgeschehen:

»Das Schießen und Krachen, das Lärmen und Rennen übertönte alles. In der Luft blinkten, über die Köpfe hinweg, unablässig kleine Funken aus den Gewehrläufen und lösten sich in Rauchwölkchen auf. [...] Im Rauchgeschwader tauchte Sontheimer auf, schwang das Gewehr und schrie zurück: ›Vorwärts! Sturm! Sturm!‹ Zwei Gewehre hatte er außerdem umgehängt, auf seinem Bauch baumelten zwei Feldstecher, eine breite rote Schärpe trug er, drinnen steckte ein mächtiger Revolver. Um ihn herum pfiffen die Kugeln. ›Vorwärts! Auf! Sturm!‹ brüllte er abermals, und alles stürzte hinter ihm nach, wieder ein Kanonenschuß, Fensterscheiben klirrten, Getroffene fielen um, Boden und Häuser zitterten, die Menge, in der ich steckte, wogte weiter vor mit den Stürmen und mit furchtbarem Geschrei in den krachenden Bahnhof. Keine Waffe! Einfach so wie ein Fleischklumpen sich wegschießen lassen, tobte immerfort durch meinen wirren Kopf, und mit zusammengebissenen Zähnen, mit festverkrampften Fäusten ließ ich mich weiterdrängen. [...] Ich war nahe daran, einfach irgendwen anzupacken und ihn in Stücke zu zerreißen, bloß aus dem blindwütigen Drang heraus, nicht ganz und gar umsonst niedergeknallt zu werden. Nebenher lief immer der Gedanke: Dumm! Saudumm! Immer kommst du ins Gedräng', und nie hast du einen Zweck. Seitdem kann ich mir ungefähr vorstellen, auf welche Art ein Feigling zu einem Helden wird.«[23]

Erst der Einsatz von Minenwerfern und schwerem Geschütz, das aus den umliegenden Kasernen angefordert werden mußte, brachte die Entscheidung zugunsten der Angreifer. Am späten Abend gaben die Putschisten auf. Ihre Anführer, darunter auch Seyfferitz und Achenbach, konnten unter Mitnahme ihrer Gefangenen auf einer Lokomotive nach Nordbayern entkommen; die übrigen wurden verhaftet. Ein weiterer Teil der Aufrührer, der sich im Münchner Luitpoldgymnasium verschanzt hatte, wurde von bewaffneten Arbeitern unter der Führung Tollers ebenfalls zur Aufgabe gezwungen.

Der Palmsonntagsputsch war gescheitert. Sowohl für die Regierung Hoffmann wie für die Räterepublik endete er mit einer Niederlage. Hoffmann hatte bei dem Versuch, das Problem der bayerischen Räterepublik intern zu lösen, eine herbe Schlappe erlitten. In Zukunft konnte er die Hilfe des Großen Bruders aus Berlin nicht mehr zurückweisen, zumal Scheidemann und Noske befürchteten, die feindlichen Brüder in Bayern könnten sich zusammenraufen und doch noch zu einer Einigung kommen. Der mehrheitlich aus Pazifisten bestehenden Räteregierung in München hatte es an der notwendigen militärischen Organisation gefehlt, um sich gegen einen Angriff feindlicher Kräfte erfolgreich wehren zu können. Die erste Räterepublik war über das Stadium eines Experiments nicht hinausgekommen.

Früher als erhofft bot sich den Kommunisten die Gelegenheit, ihre Forderung nach einer Diktatur des Proletariats in die Tat umzusetzen und in München eine Räteregierung sowjetischen Vorbilds einzurichten. Die Leidenschaft, mit der die Münchner Arbeiter die Räterepublik gegen die Putschisten verteidigt hatten, überzeugte die Kommunisten von der Notwendigkeit, ihre Taktik zu ändern. Sie konnten nicht länger abseits stehen, sondern mußten ihrerseits die Initiative ergreifen, auch wenn die Aussichten, sich längere Zeit an der Macht zu halten, alles andere als günstig waren. Bayern sollte innerhalb von sechs Monaten seine vierte Revolution erleben.

Im Münchner Palmsonntagsputsch hatte, wie bei fast allen Umsturzversuchen seit Ausrufung der Republik in Bayern, die Thule-Gesellschaft wieder ihre Hand im Spiel. Im Verlauf der Bürgerwehr-Affäre hatte vor allem der Kampfbund der Thule regen Zulauf erhalten. Eine weitere Aufstockung des Personals war durch die Anwerbung von Freiwilligen für das an der thüringisch-bayerischen Grenze stationierte Freikorps Epp möglich. Diese Aufgabe hatte der Leiter des Thule-Kampfbundes, Heinz Kurz, übernommen. Kurz sonderte die Bewerber aus, die er für besonders geeignet hielt, und brachte sie nach Eching. In dem 20 Kilometer nördlich von München gelegenen Städtchen hatte der Kampfbund während der letzten Wochen heimlich eine eigene Truppe, das Freikorps Oberland, aufgebaut. Einige führende Thule-Mitglieder blieben aber weiter beim Freikorps Epp.

Sebottendorf hielt es für unbedingt notwendig, eine nachrichtendienstliche Abteilung aufzubauen. Zu diesem Zweck beauftragte er den Leutnant Edgar Kraus, Thule-Anhänger in Behörden, Rätekörperschaften, Militärorganisationen und Parteiapparate einzuschleusen. Kraus war sehr erfolgreich in seiner Spionagetätigkeit. Ihm gelang die fast lückenlose Bespitzelung aller kommunistischen Organisationen einschließlich der Roten Armee. Allerdings wurde seinen Agenten nur wenig Mißtrauen entgegengebracht, da die Kommunisten mit der Verteidigung der Räterepublik gegen den äußeren Feind vollauf beschäftigt waren. Durch die Verbindung zu Epp war der Thule-Kampfbund auch über die Absichten der Regierung Hoffmann stets bestens informiert.

Kurz stand bereits in den ersten Aprilwochen in ständigem Kontakt mit Seyfferitz. Von einer Zusammenarbeit mit der Republikanischen Schutztruppe versprach sich der Thule-Kampfbund die reichliche Zuteilung von Waffen aus den Arsenalen der Landes- und der Reichsregierung. Kurz sagte Seyfferitz die Unterstützung von mehreren hundert Mann für seine Aktion gegen die Räteregierung zu. In den letzten Tagen vor dem Putsch war es offenbar zu Differenzen zwischen Seyfferitz und Kurz gekommen, denn am Palmsonntag rückten keine Kampfbündler zur Verstärkung der Republikanischen Schutztruppe an. Möglicherweise scheiterte – wie bei der versuchten Kontaktaufnahme mit Schneppenhorst – die Herstellung einer Verbindung zwischen Seyfferitz und Kurz. Es ist aber auch denkbar, daß Seyfferitz auf den Beistand der völkischen Truppe verzichtete und ausschließlich auf die Unterstützung Schneppenhorsts vertraute.

Ernst Toller

* 1. 12. 1893 Samotschin, Provinz Posen,
Königreich Preußen
† 22. 5. 1939 New York

Toller stammte aus einer jüdischen Kaufmannsfamilie im preußisch annektierten Teil Polens. Schon als Gymnasiast entdeckte er seine Liebe zum Theater. Im Februar 1914 schrieb er sich an der Ausländeruniversität von Grenoble als Jurastudent ein. Als Kriegsfreiwilliger verbrachte er dreizehn Monate in vorderster Front vor Verdun. Er erhielt verschiedene Tapferkeitsauszeichnungen und wurde zum Unteroffizier befördert. Im Mai 1916 erlitt er einen Nervenzusammenbruch; nach monatelangem Sanatoriumsaufenthalt wurde er als kriegsuntauglich entlassen.

Anfang 1917 ging Toller zum Studium nach München, schloß Freundschaft mit Rainer Maria Rilke und begann mit den Arbeiten an seinem Drama *Die Wandlung*. Toller lernte Kurt Eisner kennen, begeisterte sich für die Idee des Sozialismus und schloß sich der USPD an. Als Redner auf Studentenversammlungen vertrat er einen radikalen Pazifismus.

An der Novemberrevolution in München wirkte Toller aktiv mit; er übernahm eine führende Position im Arbeiter- und Soldatenrat. In der ersten bayerischen Räterepublik bekleidete er als Vorsitzender des Zentralrats das höchste Regierungsamt. Als Abschnittskommandant der Roten Armee besiegte der Pazifist Toller die Truppen der Gegenrevolution bei Dachau. Nach der Niederschlagung der Räterepublik wurde Toller verhaftet und verbrachte fünf Jahre in Festungshaft.

Im Herbst 1919 erschien sein Erstling *Die Wandlung*. Das Drama wurde auf Anhieb ein Erfolg mit 115 Aufführungen in Berlin und fünf weiteren Inszenierungen im Reichsgebiet.

Während seiner Haft schrieb Toller weitere Dramen, die zum Durchbruch in ganz Europa führten: *Die Maschinenstürmer*, *Masse Mensch*, *Hinkemann* und *Der entfesselte Wotan*. Toller wurde zum erfolgreichsten deutschen Dramatiker der zwanziger Jahre. Weltruhm erlangte er mit seinem 1927 uraufgeführten Stück *Hoppla, wir leben!*

Die Machtübernahme der Nationalsozialisten erlebte Toller in der Schweiz. Nach seiner Ausbürgerung siedelte er nach London über, wo er 1935 die Schauspielerin Christiane Grautoff heiratete. Als seine Frau ihre berufliche Karriere in den USA fortsetzte, folgte Toller der Gattin über den Atlantik.

Zwei Jahre später erlitt Toller eine schwere seelische Krise und war seitdem in ständiger psychiatrischer Behandlung. Der ausbleibende Erfolg machte ihm zu schaffen: In Deutschland waren seine Werke verboten; sein Schriftenglisch reichte nicht aus, um weitere erfolgreiche Stücke in der fremden Sprache zu verfassen. Hinzu kamen schwere Depressionen, ausgelöst durch die hoffnungslose politische Situation in Deutschland.

Im spanischen Bürgerkrieg unterstützte Toller die Republikaner. Nach mehrmaligen Besuchen in Barcelona und an der katalanischen Front gründete er ein Hilfsprojekt für die notleidende spanische Bevölkerung. Privat folgten weitere Krisen, unter anderem die Trennung von seiner Frau.

Im Frühjahr 1939 erfuhr Tollers leidenschaftliches Engagement für die Spanienhilfe durch den Sieg Francos ein jähes Ende. Depressionen und Schlaflosigkeit zermürbten ihn. Der Plan zur Veröffentlichung eines neuen Dramas drohte zu scheitern. Toller schwankte zwischen dem Entschluß zu einem Sanatoriumsaufenthalt oder einer Europareise. Beim Kofferpacken in seinem New Yorker Hotelzimmer traf er eine andere Entscheidung: Er erhängte sich, offenbar einer spontanen Eingebung folgend, mit dem Gürtel seines Bademantels.

KAPITEL 9

DIE REPUBLIK DER KOMMUNISTEN

So macht man eine Revolution

»Wir danken für Ihren Gruß und begrüßen unserseits von ganzem Herzen die Räterepublik in Bayern. Wir bitten Sie sehr, möglichst oft und möglichst konkret mitzuteilen, welche Maßnahmen Sie zum Kampf gegen die bürgerlichen Henker Scheidemann und Co. durchgeführt haben. Haben Sie Arbeiter- und Gesinderäte in den Stadtteilen geschaffen, die Arbeiter bewaffnet, die Bourgeoisie entwaffnet, die Bestände an Kleidung und anderen Erzeugnissen verwendet, um den Arbeitern und besonders den Landarbeitern und Kleinbauern sofortige und umfassende Hilfe zu leisten, haben Sie die Fabriken und die Reichtümer der Kapitalisten in München wie auch die kapitalistischen landwirtschaftlichen Betriebe in seiner Umgebung enteignet, die Hypotheken und Pachtzahlungen für die Kleinbauern aufgehoben, die Löhne für Landarbeiter und ungelernte Arbeiter verdoppelt oder verdreifacht, alles Papier und alle Druckereien zum Druck populärer Flugblätter und Zeitungen für die Massen beschlagnahmt, den Sechsstundentag bei gleichzeitiger zwei- oder dreistündiger Beschäftigung in der Verwaltung des Staates eingeführt, den Wohnraum der Bourgeoisie in München beschränkt, um sofort Arbeiter in die Wohnungen der Reichen einzuweisen, alle Banken in Ihre Hände genommen, Geiseln aus der Bourgeoisie festgesetzt, für die Arbeiter größere Lebensmittelrationen als für die Bourgeoisie eingeführt und die Arbeiter ausnahmslos sowohl für die Verteidigung als auch für die ideologische Propaganda in den umliegenden Dörfern mobilisiert? Die schnellste und umfassendste Durchführung dieser und ähnlicher Maßnahmen bei eigener Initiative der Arbeiter- und Landarbeiterräte und gesondert von ihnen der Kleinbauernräte wird ihre Stellung festigen. Es ist notwendig, der Bourgeoisie eine außerordentliche Steuer aufzuerlegen und in der Lage der Arbeiter, Landarbeiter und Kleinbauern sofort und um jeden Preis eine faktische Verbesserung herbeizuführen. Die besten Grüße und Wünsche für den Erfolg.«[1]

Lenins Telegramm, ein Schnellkurs in Sachen Umsturz für alle angehenden Revolutionäre, erreichte die neuen Machthaber in München nicht. Zu diesem Zeitpunkt war der Belagerungsring um die Hauptstadt von den weißen Truppen bereits geschlossen worden, und sämtliche Telephon- und Telegraphenverbindungen waren längst unterbrochen. Aber auch ohne Lenins Anweisungen wußten die Münchner Kommunisten genau, was zu tun war; und ihre Taktik entsprach ziemlich genau den Vorgaben ihres großen Vorbilds.

Eugen Leviné, ihr neuer Führer, der Anfang März mit exakt zu befolgenden Instruktionen aus der Berliner Parteizentrale nach München gekommen war und Max Levien als bayerischen KP-Chef abgelöst hatte, hielt jetzt die Fäden in der Hand. Am Abend des 13. April – die Kämpfe um den Hauptbahnhof waren noch nicht beendet – berief Leviné eine Sitzung der Münchner Betriebs- und Kasernenräte (die kommunistische Variante der Arbeiter- und Soldatenräte) ins Hofbräuhaus ein. Die Versammlung erklärte den Zentralrat für aufgelöst; die Regierung übernahm ein fünfzehnköpfiger Aktionsausschuß, in dem Mitglieder von KPD und USPD und sogar einige linke Mehrheitssozialdemokraten vertreten waren. An der Spitze der neuen Regierung stand ein Vollzugsrat, dem außer dem Vorsitzenden Leviné die beiden Kommunisten Max Levien und Willi Budich sowie Emil Maenner und Wilhelm Duske von der USPD angehörten.

Als »Räteparlament« diente das Hofbräuhaus, in dem sich fast jeden Abend an die 2000 Arbeiter und Soldaten einfanden. Oft kam es dabei zu chaotischen Szenen, was aber aufgrund der angespannten politischen und militärischen Situation nicht weiter verwunderlich war. Auffallend waren jedoch die Grabenkämpfe, die zwischen Unabhängigen Sozialisten und dogmatischen Kommunisten geführt wurden. In den Betriebs- und Soldatenräten hatten die Unabhängigen ein leichtes Übergewicht; doch das eigentliche Regierungsorgan, der Vollzugsrat, wurde von Leviné beherrscht. Ihm gelang es, den Einfluß der Arbeiter immer weiter zurückzudrängen, in dem er ständig die alles überragende Bedeutung der Partei mit dem Hinweis auf die erfolgreiche russische Revolution hervorhob. Später, als der Verweis auf das russische Beispiel bei der Arbeiterschaft nicht mehr zog, mußte die angespannte militärische Lage als Rechtfertigung für die Diktatur der Partei und der Roten Armee herhalten. Militärische Fragen spielten im Verlauf der letzten bayerischen Räterepublik eine zunehmend wichtigere Rolle; der Oberkommandierende der Roten Armee, der Matrose Rudolf Egelhofer, wurde neben Leviné zur zentralen Figur der kommunistischen Regierung.

In der marxistischen Geschichtsschreibung liest sich die Begründung für die Ausschaltung der Arbeiter- und Soldatenräte wie folgt:

»Die in die Vollversammlung entsandten Betriebs- und Soldatenräte verfügten nicht über jenen Grad revolutionärer Reife und Bewußtheit, den die objektiven Bedingungen des revolutionären Prozesses erforderten. […] Die Versammlung der Betriebs- und der Soldatenräte war kein Organ der revolutionären Staatsmacht, sondern eine Massenversammlung, ein günstiger Nährboden für den Opportunismus. Auf die Massen übte sie während der gesamten Zeit der Räterepublik eine verwirrende Wirkung aus.«[2]

Trotz ihrer Terrormethoden, die Leviné und Egelhofer bei der Übernahme und vor allem bei der Sicherung ihrer Macht anwandten, kann beiden ein gewisses Maß an Idealismus nicht abgesprochen werden. Die Berliner Parteizentrale hatte eine Machtübernahme in Bayern zum damaligen Zeitpunkt aus taktischen Erwägungen heraus abgelehnt, weil die äußeren Bedingungen – Epp und Noske warteten nur darauf, die Räterepublik mit allen nur möglichen Mitteln zu liquidieren – sehr ungünstig waren und die Chancen, sich länger als zwei Wochen zu halten, schlecht standen. Leviné und Egelhofer wußten um die Schwere ihrer Aufgabe, aber sie waren bereit, sich für die Weltrevolution, die früher oder später das kapitalistische System hinwegfegen würde, zu opfern; sie waren sogar bereit, für ihre Überzeugung mit dem Leben zu bezahlen, wie Leviné seinen im Hofbräuhaus versammelten Anhängern versicherte:

»Ich fürchte, wir sind verloren, so oder so. Es gilt nur, in Ehren unterzugehen. Das bedeutet für uns, aus der jetzigen Situation eine machtvolle Kundgebung des Willens des Proletariats zu gestalten. Wir wollen aus der Schein-Räte-Republik eine richtige Räte-Republik gestalten. Wir wollen den Massen Anschauungsunterricht geben, ihnen zeigen, wie eine Räte-Republik aufgebaut wird und was sie von ihr zu erwarten haben. Den blutigen Preis müssen wir doch zahlen. Viele von uns werden die Sonne nicht mehr lachen sehen, viele von uns durch unseren Tod die künftige Freiheit einleiten. Wir wollen wissen, wofür wir sterben. Ich weiß es aus den Beispielen in Rußland. […] Wir dürfen es der Konterrevolution nicht so leicht machen, unser Blut zu vergießen. Wenn sie uns zur Abwehr bereit findet, wird sie einsehen, daß das Spielen mit Räte-Republiken ein doppelschneidiges Schwert werden kann, an dem sie sich selber die Finger verwundet.«[3]

Der kommunistischen Regierung blieb, wie zuvor schon der anarchistischen Räterepublik, nicht viel Zeit. Ihr Hauptaugenmerk mußte sie auf die Verteidigung Münchens gegen die bevorstehenden Angriffe der »Konterrevolutionäre« richten. Am 14. April wurde ein neuntägiger Generalstreik ausgerufen, der genutzt wurde, um die Arbeiter in den Betrieben zu bewaffnen und die Rote Armee aufzubauen. Noch bevor Egelhofer einen Verteidigungsring nördlich und westlich von München aufziehen konnte, tauchte bereits das erste Invasionsheer im Dunstkreis der Stadt auf.

Ein Sieg, der die Feinde stärkt

Nach dem gescheiterten Palmsonntagsputsch war Ministerpräsident Hoffmann gezwungen, die Hilfe der Reichsregierung in Anspruch zu nehmen. Am 14. April wandte er sich mit einem entsprechenden Gesuch an seinen Amtskollegen Scheidemann in Berlin. Hoffmann schien bereits resigniert zu haben. Der erklärte Militärhasser warf sich im Eingeständnis seiner Machtlosigkeit dem »Bluthund« Noske an den Hals, der in den Monaten zuvor in Berlin, im Ruhrgebiet und in Norddeutschland die Streikbewegung der Arbeiter zusammengeschossen hatte. Hoffmann wollte nur noch Schadensbegrenzung betreiben und wenigstens dem Freikorpsführer Epp verbieten, als Truppenkommandant an der Erstürmung Münchens teilzunehmen.

Einen kleinen Hoffnungsschimmer, die Krise doch noch landesintern zu meistern, sah dagegen Militärminister Schneppenhorst. Dem Freistaat Bayern lag ein Angebot des württembergischen Nachbarn vor, in dem der Stuttgarter Ministerpräsident Blos versprach, 5000 Soldaten für die Niederschlagung der Räterepublik bereitzustellen. Blos lag daran, die Eigenständigkeit

Süddeutschlands im Reich zu stärken; sollte Bayern vollständig unter die Reichshoheit fallen, würden in Zukunft auch die anderen süddeutschen Länder nur noch eine untergeordnete Rolle gegenüber Preußen spielen.

Um das Terrain für die Nachbarschaftshilfe zu bereiten und den Zugang nach München von Nordwesten her frei zu machen, zog Schneppenhorst einen Tag später seine bayerischen Verbände im Dachauer Moos zusammen. Er hoffte auf einen Überraschungscoup, denn in der kurzen Zeit ihrer Regierung durfte es den Kommunisten kaum möglich gewesen sein, ihre Rote Armee gefechtsbereit zu machen.

Am Abend des 15. April läuteten in München plötzlich die Sturmglocken. Das Gerücht verbreitete sich, die »weißen« Garden der Gegenrevolution seien im Anmarsch. Egelhofer ließ den Hauptbahnhof räumen und in Verteidigungszustand setzen. Sämtlicher Zugverkehr von und nach München wurde unterbrochen. Egelhofer informierte in aller Eile die Soldatenräte in den Kasernen und die Betriebsräte. Die meisten Soldaten hatten bereits Dienstschluß, und wegen des Generalstreiks befanden sich kaum Arbeiter in den Fabriken. Sie mußten aus ihren Wohnungen oder aus den Wirtshäusern herausgeholt werden. Immer wenn eine Gruppe von etwa zwei Dutzend Mann komplett war, wurden sie auf Lastwagen an die Front gefahren. Am nordwestlichen Stadtrand bei Allach bildeten sie eine improvisierte Schützenlinie. Den Befehl führten einige Rotgardisten, die im Weltkrieg als Offiziere Kampferfahrung gesammelt hatten. Einer von ihnen war der Kommunist und Medizinstudent Erich Wollenberg, ein Reserveleutnant:

»Bald zählte die Rote Garde über 1000 Mann: Arbeiter aus den Fabriken, Soldaten von den Truppenteilen, halbe Kinder und Greise, uniformiert und in Zivil. Der alte tapfere Sontheimer ist wieder dabei. Er, der Nichtsoldat, dem bis zu seiner Ermordung die Geheimnisse des Zielens ein Buch mit sieben Siegeln geblieben sind, trägt die Knarre in der Faust und hat ein halb Dutzend Patronengurte um die Schulter gehängt. Unentwegt feuert er die Arbeiter an. Kaum ist eine Schützenlinie gebildet, als die bewaffneten Proletarier vorzurücken beginnen. Andauernd gliedern sich neue Rotgardisten in die Reihen ein. Kurz südlich der Straße Allach-Ludwigsfeld stoßen sie auf den Feind. Nach heftigem Feuergefecht geht die Rote Garde zum Sturm vor und wirft den Gegner bis nach Karlsfeld zurück, wo er am Würmkanal versucht, Widerstand zu leisten. Vor den angreifenden Rotgardisten fliehen die Weißen und ziehen sich fluchtartig nach Dachau zurück.«[4]

Der Sieg fiel den Verteidigern verhältnismäßig leicht, weil die Angreifer nicht über den notwendigen Kampfesmut verfügten. Ihnen widerstrebte es, auf ihre bayerischen Kameraden zu schießen; und viele Soldaten in Schneppenhorsts erst vor wenigen Tagen zusammengestellten Armee liefen zum Feind über. Hinzu kam, daß die Verteidiger wirklich zu allem entschlossen waren und bereitwillig ihr Leben einsetzten, um eine Invasion fremder Truppen in ihre Heimat zu verhindern. So kam es, daß ein gut ausgerüstetes Heer überraschend eine schwere Niederlage einstecken und sein Heil in der Flucht suchen mußte.

Ernst Toller, der sich nach anfänglichem Widerstreben in die neue Regierung hatte wählen lassen, irrte zu dieser Zeit durchs nächtliche München und versuchte in Erfahrung zu bringen, was geschehen war. Auf der Stadtkommandantur wurde ihm gesagt, die weißen Truppen stünden bereits hinter Dachau. Toller lief nach draußen, hielt einen Lastwagen an und ließ sich nach Nymphenburg bringen. Vor einer Gastwirtschaft wartete eine rote Kavallerieeinheit. Toller sprach mit den Soldaten, ließ sich ein Pferd geben und ritt, begleitet von zwei Kavalleristen, in Richtung Front:

»Bei Karlsfeld erreichen wir Münchener Arbeiter und Soldaten, die spontan, ohne militärische Leitung, die weißen Truppen, die München vom Norden überfallen wollten, zur Umkehr gezwungen und vor sich hergetrieben haben. Nun, da sie den Angriff abgewehrt und die Fühlung mit den weißen Truppen verloren haben, zerfällt die einheitliche Wucht der vorstürmenden Massen, es bilden sich ratlose Gruppen. Wir reiten auf der Chaussee in der Richtung Dachau weiter. Plötzlich pfeifen Kugeln, mein Pferd scheut. ›Zurück!‹ rufe ich. Wie ich mich umwende, sehe ich das Pferd des einen Kavalleristen sich aufbäumen, der Reiter, getroffen, stürzt zu Boden. Wir haben den Toten erst am nächsten Morgen bergen können. [...] Im Karlsfelder Gasthaus sind die Vertrauensleute der Münchener Arbeiter versammelt. ›Der Toller soll die Führung übernehmen!‹ ruft einer. ›Von einem Geschütz?‹ antworte ich. Ich denke daran, daß ich im Krieg Artillerieunteroffizier war. ›Na, vom Heer‹, ruft ein alter weißhaariger Krupparbeiter. Ich sträube mich und versuche zu erklären, daß ein Heerführer andere Fähigkeiten braucht. ›Oana muaß sein Kohlrabi herhalten, sonst gibts an Saustall, und wennst nix vastehst, wirst es lerna, die Hauptsach is, dich kennen wir.‹ Ich weiß nichts zu erwidern, welche Gründe konnten auch dieses törichte, rührende Vertrauen von Männern, die eben eine aktive, militärisch geführte Truppe besiegt hatten, erschüttern? So werde ich Heerführer.«[5]

Die erste Order, die der neue Heerführer vom Hauptquartier Egelhofer erhielt, befahl die Bombardierung und anschließende Erstürmung Dachaus. Tollers erste Amtshandlung war eine Befehlsverweigerung. Der überzeugte Pazifist ließ sich zwar von der Notwendigkeit überzeugen, die Räterepublik mit Waffengewalt zu verteidigen, lehnte es aber ab, das Leben von Zivilisten zu gefährden, die zudem noch mit den Roten sympathisierten. Der geplante Artillerieangriff auf Dachau fand nicht statt.

Trotzdem konnte Toller ein weiteres Vorrücken einzelner roter Truppenteile nicht unterbinden. Um zu verhindern, daß sie in einen Hinterhalt gerieten, gab er den Befehl zum Vormarsch der gesamten Streitmacht. Der strategisch wichtigste Punkt der Stadt war die Dachauer Munitionsfabrik. Es wäre sicherlich leichter gewesen, sie vorher mit Artillerie sturmreif zu schießen, doch hätte ein solches Vorgehen große Zerstörungen zur Folge gehabt. Indem er ausschließlich Infanterie einsetzte, schonte Toller das Leben vieler Weißer, gefährdete aber auch das Leben seiner eigenen Leute. Doch Toller hatte wiederum Glück: Der Widerstand der Weißen war schwächer als erwartet; nach kurzem Feuergefecht ergaben sich viele Gegner oder ergriffen die Flucht. Binnen 24 Stunden hatte die Räterepublik ihre ersten beiden Gefechte gegen Feinde von außerhalb gewonnen.

Toller meldete den Sieg nach München. Die Antwort Egelhofers war ein erneuter Befehl:

»Egelhofer sendet einen Kurier, die gefangenen Offiziere sollten sofort vor Standgerichte gestellt und erschossen werden. Ich zerreiße den Befehl, Großmut gegenüber dem besiegten Gegner ist die Tugend der Revolution, glaube ich. Die gefangenen Soldaten dürfen frei umhergehen, sie werden verpflegt wie unsere Truppen, es sind irregeleitete Brüder, sie werden die Gerechtigkeit unserer Sache erkennen, sie werden sich überzeugen, daß sie belogen wurden, sie dürfen sich frei entscheiden, ob sie bei uns bleiben oder in die Heimat zurückkehren wollen. Mögen die Gesetze des Bürgerkriegs noch so brutal sein, ich weiß, die Konterrevolution hat in Berlin rote Gefangene ohne Schonung gemordet, wir kämpfen für eine gerechtere Welt, wir fordern Menschlichkeit, wir müssen menschlich sein. Die gefangenen Soldaten, die in die Heimat zurückkehrten, kämpften einige Tage später wieder gegen uns.«[6]

Seine doppelte Befehlsverweigerung hätte Toller fast den Kopf gekostet. Als er seine Handlungsweise in der Betriebsräteversammlung rechtfertigte, warf ihm Leviné Hochverrat und Feigheit vor dem Feind vor. Wollenberg bezeichnete Toller als wildgewordenen Spießbürger, dessen einziges Ziel der Sturz der proletarischen Diktatur und die Wiedererrichtung der Herrschaft des radikalen Kleinbürgertums sei. Erst die heftigen Proteste der im Hofbräuhaus zusammengekommenen Arbeiter verhinderten Tollers Entlassung; aber für die Zukunft mußte er hoch und heilig versprechen, alle Befehle Egelhofers auszuführen.

Wollenberg warf Toller vor, den Sieg der Roten Armee nicht ausgenutzt zu haben. Der Gegner hätte weiter verfolgt, seine Truppen vollständig aufgerieben werden müssen. Militärisch wäre dies sicher möglich gewesen; die württembergischen Truppen waren noch nicht vollständig mobilisiert, und auch die Reichswehrsoldaten waren noch durch Kämpfe gegen rebellierende Arbeiter in Sachsen und in Norddeutschland gebunden. Aber wie weit hätte die Rote Armee vorrücken sollen? Etwa bis nach Bamberg? Für einen solchen Angriffs- oder Präventionskrieg wäre sie nicht gerüstet gewesen. Die einzige Chance für die Rote Armee bestand darin, die Angreifer auf heimatlichem Boden zu erwarten und darauf zu hoffen, daß nur die württembergischen Truppen und die Freikorpsverbände einrückten. Hätte der Verteidigungskampf der Roten Armee noch dazu eine Signalwirkung gehabt und Arbeiteraufstände in anderen Teilen Deutschlands ausgelöst, die wiederum starke Reichswehrverbände gebunden hätten, dann hätte Aussicht auf ein Weiterleben der bayerischen Räterepublik bestanden.

In dieser Hinsicht allerdings war die Taktik Tollers und seines Stellvertreters und Parteifreundes Klingelhöfer derjenigen Levinés und Egelhofers vorzuziehen. Jetzt wäre eine massive Propagandaoffensive in allen Teilen des Reiches vonnöten gewesen. Doch waren die Südbayern durch die Bamberger und die mit Hoffmann verbündete württembergische Regierung vom restlichen Deutschland abgeschnitten. Die Nachrichtenverbindungen nach außen waren abgebrochen; Versuche, die Kontakte nach außen wiederaufzunehmen, versprachen keinen Erfolg.

Wollenberg bezeichnete den militärischen Triumph von Dachau als Sieg, der die Feinde stärkte. Im Hochgefühl des Erfolges hätte sich das Münchner Proletariat in Sicherheit gewiegt und die zur Verteidigung der Räterepublik notwendigen Maßnahmen vernachlässigt. Aber auch der KPD-Spitze in Berlin warf Wollenberg Versagen vor:

»Hinzu kommt noch, daß die Mehrheit der Reichszentrale der K.P.D. unter Führung von Paul Levi und August Thalheimer den bayerischen Ereignissen philiströs-skeptisch und praktisch hemmend, wenn nicht gar sabotierend, gegenüberstand, wodurch die Stoßkraft der bayerischen KP gelähmt war.«[7]

Die im Reichsgebiet isolierte bayerische Räterepublik blickte nach Osten. Vielleicht war ja Hilfe aus Österreich oder aus Ungarn zu erwarten? Doch auch diese Hoffnung trog.

In Wien war die Lage seit Anfang November 1918 ähnlich wie die in München. Doch spielten in der österreichischen Politik Unabhängige Sozialisten keine Rolle. Die österreichische Sozialdemokratie war revolutionärer eingestellt als die deutsche, stand aber in scharfem Gegensatz zu den Kommunisten. Durch das Fehlen einer dritten linken Kraft wie der USPD in Bayern, die viele Sympathien in der Arbeiterschaft besaß und zahlreiche Mehrheitssozialisten ins Lager der Räteanhänger hinüberzog, waren die Grenzen zwischen kommunistischer und sozialdemokratischer Politik klar abgesteckt: Die einen traten vehement für die Errichtung der Räterepublik ein, die anderen lehnten sie ebenso strikt ab. Der Sieg bei den Parlamentswahlen im Februar 1919 festigte die Stellung der Sozialdemokraten, anstatt sie, wie in Bayern, in Frage zu stellen. Auftrieb erhielten die Kommunisten durch die Proklamierung der Räterepublik in Ungarn. In Wien und in Graz organisierte die KPÖ, unterstützt von Agitatoren aus Budapest, Massendemonstrationen, bei denen sie zum Sturz der Regierung Renner aufrief. Den Höhepunkt erlebte die Rätebewegung am 17. April, als eine aufgebrachte Menge in Wien das Parlamentsgebäude anzündete. Ein für den Tag zuvor geplanter Putsch der Kommunisten war von der Polizei aufgedeckt worden. Am 18. April rief die KPÖ zum Generalstreik auf, der jedoch von den Wiener Arbeitern nicht befolgt wurde. Die Rätebewegung hatte sich in Österreich nicht durchsetzen können.

In Ungarn war die Regierung Kun unter starken außenpolitischen Druck geraten. Im Osten waren rumänische Truppen über die Theiß marschiert, und von Norden her drangen die Tschechen vor und zwangen die ungarische Armee zum vollständigen Rückzug aus der Slowakei. Es gelang den Tschechen und Rumänen, sich bei Kosice zu vereinigen und Ungarn von Sowjetrußland abzuschneiden. Budapest war in Gefahr. Erst die Gründung einer ungarischen Roten Armee und die Ausrufung des Nationalen Befreiungskampfes, dem sich alle Parteien anschlossen, brachten die Wende. Die Rumänen wurden über die Theiß zurückgeworfen, die Tschechen aus der Slowakei herausgedrängt. Die ungarische Armee rückte bis zur polnischen Grenze vor, und in Kosice wurde die slowakische Räterepublik ausgerufen.

Auswirkungen auf Österreich oder auf Bayern hatte dieser

Erfolg der ungarischen Volksfront nicht mehr. In Wien verabschiedeten sich die Sozialdemokraten allmählich von ihren revolutionären Ideen, und in München waren die Würfel zu diesem Zeitpunkt längst gefallen.

Die Vorbereitung der Invasion

In Bamberg und in Weimar gab es nach der militärischen Schlappe Schneppenhorsts kein Halten mehr. Am 16. April gab Reichskanzler Scheidemann seinem Kabinett bekannt, daß er dem Ersuchen des bayerischen Ministerpräsidenten um Militärhilfe stattgeben würde. Der Ständige Vertreter Berlins in Bamberg, Kurt Riezler, übergab Hoffmann die Antwort:

»Die Dt.R.Reg. ist zur Hilfe für Bayern fest entschlossen, doch kann größere militärische Hilfsunternehmung nicht in wenigen Tagen begonnen und durchgeführt werden. Es wird sofort mit Vorbereitungen angefangen, Sammlung der Kräfte erfolgt im Norden und Westen der bayerischen Grenze. Befehle zum Einrücken nichtbayerischer Truppen nach Bayern behält sich die Reichsregierung vor. [...] Die Reichsregierung behält sich für Regelung der Befehlsverhältnisse selbst vor, die Führer für Hilfstruppen zu bestimmen.«[8]

Riezler hatte genau das erreicht, was er wollte. Die Regelung der Verhältnisse in Bayern lag vollständig in der Hand der Reichsregierung. Hoffmann war noch nicht einmal ein Mitspracherecht geblieben. Auf die vom Stuttgarter Ministerpräsidenten Blos angebotenen württembergischen Hilfstruppen konnte er ebenfalls nicht mehr zurückgreifen, da diese unter den Oberbefehl der Reichswehr gestellt wurden. Die letzte Bestimmung im Antwortschreiben der Reichsregierung gab sogar Oberst Epp freie Hand, denn jetzt lag es an Noske und nicht an Hoffmann, zu bestimmen, ob Epp das Kommando über seine Freikorpstruppen übertragen werden sollte. Über Noskes Entscheidung brauchte sich Hoffmann keine Illusionen zu machen.

Einen Tag später übertrug der Reichswehrminister als Leiter der Operation in Bayern dem preußischen Generalleutnant Ernst von Oven den militärischen Oberbefehl. Hoffmann hatte als Kandidaten den bayerischen General Arnold von Möhl vorgeschlagen, war aber von Noske barsch zurückgewiesen worden. Bayern hatte seine militärische Eigenständigkeit gegenüber dem Reich endgültig verloren; die verhaßten Preußen würden bald wieder die gleiche Dominanz wie schon während des Weltkriegs ausüben.

In den Reihen der Invasionstruppen standen die Freikorps, auf die sich Hitlers nationalsozialistische Bewegung später stützen konnte: das von Thule-Chef Sebottendorf gegründete Freikorps Oberland, das unter dem Namen »Bayerisches Schützenkorps« operierende Freikorps Epp und die Marinebrigade Ehrhardt, die im weiteren Verlauf der Weimarer Republik für die Ermordung von Erzberger und Rathenau verantwortlich zeichnete und die führende Rolle im fehlgeschlagenen Kapp-Putsch einnahm. Die Liste der Freikorpsangehörigen, die aktiv am Marsch auf München teilnahmen, liest sich wie ein Who is Who der nationalsozialistischen Bewegung. Dort finden sich unter anderem die Namen folgender späterer Nazigrößen: Rudolf Heß, Hitlers Stellvertreter; Ernst Röhm, Stabschef der SA; Heinrich Himmler, Reichsführer der SS; Hermann Esser, Goebbels' Vorgänger als Propagandachef der NSDAP; Karl Wolff, General der Waffen-SS und im Krieg Verbindungsoffizier zu Hitler; Sepp Dietrich, Befehlshaber der »Leibstandarte Adolf Hitler«; Adolf Hühnlein, Reichsleiter der NSDAP; Otto Gohdes, Initiator der Bewegung »Kraft durch Freude«; Konstantin

Hierl, Reichsarbeitsführer; Hans Baur, Hitlers persönlicher Pilot; Hans Frank, Generalgouverneur im besetzten Polen; Manfred von Killinger, Mitglied des Führungsstabs der SA; Franz Xaver Schwarz, Reichsschatzmeister der NSDAP.

Insgesamt bot Noske 30000 Soldaten gegen die Räterepublik auf; ihnen standen auf seiten der Roten Armee knapp 20000 Verteidiger gegenüber, die an Ausrüstung ihren Angreifern allerdings hoffnungslos unterlegen waren.

Am 25. April beschloß die Regierung in Bamberg einstimmig die Verhängung des Standrechts über das rechtsrheinische Bayern. Ursprünglich als Unterdrückungsinstrument des kaiserlichen Regimes von allen Sozialdemokraten bekämpft, sollte das Gesetz aus dem Jahre 1912 jetzt dazu dienen, gegen die Anhänger der Räterepublik, zu denen nicht nur Kommunisten und Unabhängige, sondern auch Mehrheitssozialdemokraten gehörten, vorzugehen. Hoffmann wollte mit der Einführung des Standrechts verhindern, daß es während und nach der Besetzung Münchens zu Übergriffen und willkürlichen Erschießungen durch die Invasionstruppen kam.

Nicht nur bei der Zusammenstellung der Freikorps, auch bei der Bespitzelung der Räteregierung konnten die Thule-Aktivisten Erfolge verzeichnen. Der Leutnant Hans Schnitzlein, der als Verbindungsoffizier den Kontakt der Bamberger Regierung zur Thule-Gesellschaft in München hielt, war erstaunt, als sich bei seinem Besuch im Hauptquartier der Völkischen einige Männer ihm gegenüber als kommunistische Parteimitglieder auswiesen. Tatsächlich handelte es sich bei den Papieren um perfekte Fälschungen, hergestellt in der hauseigenen Druckerei. Aus der gleichen Quelle stammten Eisenbahninspektorenausweise, mit denen Thule-Mitglieder die Personenkontrollen an den Bahnhöfen passieren und sich trotz des stark eingeschränkten Bahnverkehrs ungehindert im gesamten räterepublikanischen Bereich bewegen konnten.

Auch Schnitzlein erhielt einen Ausweis als Bahnbeamter, ausgestellt auf den Namen Kirschner, und zusätzlich Freifahrtscheine und einen Chiffre-Schlüssel für den Schriftverkehr mit der Bamberger Regierung.

Die Thule-Gesellschaft war bemüht, vor dem Anrücken der Invasionstruppen so viele Anhänger wie möglich aus München herauszuschleusen. Zur gleichen Zeit lief in der Hauptstadt die Anwerbung für die Freikorps Epp und Oberland weiter. Mehr als 500 Freifahrtscheine gab die Thule an frisch rekrutierte Kämpfer aus, nachdem Rudolf Heß die Neulinge auf ihre Zuverlässigkeit überprüft hatte. Heß verließ München am 24. April, um sich dem Freikorps Regensburg anzuschließen. Sebottendorf, der sich bereits eine Woche zuvor nach Nordbayern abgesetzt hatte, erfuhr, daß allein an diesem Tag über hundert Freifahrtscheine ausgegeben worden waren. Die verstärkte Reisetätigkeit, so befürchtete er, mußte bald auch den sorglosen Räterepublikanern auffallen.

Zur selben Zeit spionierte der Thule-Nachrichtendienst weiter die Parteizentrale der Kommunisten aus. Täglich wurde ein entsprechender Bericht nach Bamberg gesandt. Die konspirative Tätigkeit wurde den Thule-Spitzeln allerdings sehr leicht gemacht, wie der Bericht eines Verschwörers zeigt:

»Als unsere Lage hier in den ›Vier Jahreszeiten‹ immer brenzliger wurde und wir die militärischen Operationen der Roten Armee noch auskundschaften wollten, fehlte es uns an den nötigen kommunistischen Ausweisen. Kurz entschlossen ließ ich mich am 16. April in die Kommunistische Partei aufnehmen [...]. Als armer Handlungsgehilfe stand meiner Aufnahme nichts im Wege. Ich gab an, daß für mich eine Aufnahme gar keinen Wert hätte, wenn ich mich nicht geistig betätigen könnte. Dies wurde mir sofort zugebilligt. [Am 17. April wurde ich damit beauftragt], Ausweiskarten auszustellen. Zwei

Stunden Arbeit – und man war mit meiner Leistung zufrieden. Für uns habe ich natürlich gut gesorgt in bezug auf Kommunistenausweise.«[9]

Am 26. April schöpfte die Räte-Regierung endlich Verdacht und ging erfolgreich gegen die Thule-Gesellschaft vor. Bis dahin hatten sich jedoch schon viele Mitglieder aus München abgesetzt und konnten den Angreifern wertvolle Informationen über Abwehrstellungen, Truppenstärke, Bewaffnung und Verteidigungsstrategie der Roten Armee liefern.

Diktatur des Proletariats in München

»Seit 13. April sind wir ohne Zeitungen und von der Außenwelt so abgeschnitten, wie das belagerte Paris, eigentlich viel ärger, weil wir nicht einmal mehr erfahren, was in unserer eigenen Stadt vorgeht. Es könnten die nächsten Bekannten sterben, wir würden es nicht erfahren, da es keine Todesanzeigen gibt. Wir können selbst sterben, unsere nächsten Verwandten würden es nicht erfahren.«[10]

Diese Zeilen schrieb Josef Hofmiller am 26. April in sein Tagebuch. Es war der Tag, an dem die Thule-Gesellschaft im Hotel »Vier Jahreszeiten« ausgehoben wurde; es war auch der Tag, an dem Generalleutnant von Oven seinen Truppen die Stadtpläne für den Einmarsch in München aushändigen ließ. Hofmiller wußte von all dem nichts; als Gegner der Räterepublik hoffte er nur darauf, daß die Herrschaft der Roten in Bayern, die inzwischen nur noch auf das Dreieck München – Garmisch – Rosenheim beschränkt war, möglichst bald ein Ende nehmen würde.

Die Politik in den drei Wochen kommunistischer Räteherrschaft war fast ausschließlich durch die bevorstehende

Invasion bestimmt. Den Machthabern wurde bald klar, daß der Sieg von Dachau bestenfalls eine aufschiebende Wirkung haben würde. Am 20. April mußte Augsburg vor den anrückenden weißen Truppen kapitulieren. Obwohl die Kämpfe wegen der Übermacht der Angreifer nicht sehr heftig geführt wurden, kamen bei der Einnahme der Stadt fünfzig Menschen ums Leben.

Am 22. April war die Bewaffnung der Münchner Arbeiter abgeschlossen. Mit einer großen Truppenparade, die die Stärke der Roten Armee demonstrieren sollte, wurde der Generalstreik beendet. Die zuvor bereits entwaffnete Münchner Polizei wurde durch eine Rote Garde ersetzt.

Die Räterepublik hatte mit großen innenpolitischen Schwierigkeiten zu kämpfen:

»Die Folgen des zehntägigen Generalstreiks zeigen sich, Kohle fehlt, Geld fehlt, die Lebensmittel werden knapp, bisher lieferten die Bauern täglich 150000 Liter Milch nach München, jetzt nur noch 17000 Liter, ein Edikt der Regierung verbietet das Verarbeiten der Milch zu Butter und Käse und bezeichnet es als konterrevolutionäre Handlung.«[11]

Da die Regierung Hoffmann die Notenpresse nach Bamberg mitgenommen hatte, litten die Südbayern unter erheblichem Geldmangel. Der Volksbeauftragte für Finanzen und Amtsnachfolger Silvio Gesells, Emil Maenner, ordnete die Beschlagnahme des Papiergeldvorrats der Banken an. Sämtliche Münchner Betriebe mußten zudem ihre Tageseinnahmen täglich bei den Banken abliefern. Leviné begab sich nach Budapest, um bei der ungarischen Regierung zusätzliche Geldmittel zu beschaffen. Doch schlug dieser Plan fehl. Der Pilot, der mit den Weißen sympathisierte, täuschte einen Defekt der Maschine vor und landete sein Flugzeug auf einem Acker in der Nähe von Wasserburg.

Am 26. April kam es auf einer Betriebsräteversammlung

zum Konflikt zwischen den kommunistischen und den unabhängigen Aktionsausschußmitgliedern. Der Russe Towia Axelrod, Gesandter von Lenins Regierung in München, wurde Maenner als politischer Kommissar für das Finanzwesen zur Seite gestellt. Axelrod verfügte die Aufhebung des Bankgeheimnisses und die Beschlagnahme sämtlicher Banksafes in München. Die Inhaber sollten sich bei ihren Geldinstituten melden und den Inhalt ihrer Safes dem Finanzkommissariat aushändigen. Diese Maßnahme rief den Widerstand Maenners hervor, der die Beschlagnahmung von privatem Schmuck und Wertgegenständen schlicht für Diebstahl hielt. Dieser Meinung waren auch Toller und sein Parteikollege Klingelhöfer. Die Unabhängigen traten von ihren Ämtern zurück.

Zwei Tage später wurde ein neuer Aktionsausschuß gewählt, dem die Kommunisten nicht mehr angehörten. Daraufhin umstellte die Rote Garde das Hofbräuhaus und forderte die Ausstattung des Oberkommandos der Roten Armee mit allen Vollmachten, »um den erfolgreichen Kampf gegen die Weiße Garde und besonders gegen die innere Reaktion führen zu können.«[12]

Ernst Toller legte seinen Posten als Truppenkommandant nieder, da er es nicht mehr verantworten konnte, mit den Führern der Kommunistischen Partei und der Roten Armee, deren Maßnahmen er verabscheute, zusammenzuarbeiten.

Aus der Diktatur des Proletariats war in den letzten Tagen der Münchner Revolution eine Diktatur der Roten Armee geworden. Ihr Oberbefehlshaber Egelhofer beantragte in einer Sitzung der Stadtkommandantur, daß möglichst viele Angehörige der Bourgeoisie auf der Theresienwiese zusammengetrieben und beim Einmarsch der weißen Truppen erschossen werden sollten. Der Antrag wurde nur äußerst knapp mit sieben gegen sechs Stimmen abgelehnt. Eine weitere Resolution der Roten Armee, die von Egelhofer mitunterzeichnet war, sah vor:

»Die Mannschaften des 1. Infanterie-Regiments haben beschlossen, nachdem 8 Mann bei Dachau gefallen sind, sofort Geiseln zu erschießen: pro Mann 5 Geiseln, also 40 Geiseln. Diese Resolution muß sofort vollzogen werden.«[13]

Zwei Versuche der Roten Garde, den Erzbischof von München und Freising, Kardinal Faulhaber, in seiner Residenz zu verhaften, schlugen fehl, weil Faulhaber sich beide Male außer Haus befand. Der päpstliche Nuntius in München, Eugenio Pacelli, der spätere Papst Pius XII., wurde vor seinem Amtssitz von Roten Garden mit vorgehaltenem Revolver gezwungen, den Dienstwagen der Nuntiatur der Roten Armee zur Verfügung zu stellen. Am 29. April floh Pacelli aus München und kehrte erst wieder im August in die bayerische Hauptstadt zurück.

Die Kommunisten hatten eine »Kommission zur Bekämpfung der Konterrevolution« gebildet, deren Aufgabe es war, gegen Feinde im Innern der Räterepublik vorzugehen. Dazu zählte in erster Linie die Thule-Gesellschaft, die die verstärkten Aktivitäten der Staatsschützer bald schmerzlich zu spüren bekam.

Die Erschießungen im Luitpoldgymnasium

Sebottendorf sollte mit seinen Befürchtungen recht behalten. Die hundert Pässe, die die Thule-Gesellschaft am 24. April ausgestellt hatte, waren des Guten zuviel gewesen. Die »Kommission zur Bekämpfung der Konterrevolution« schöpfte Verdacht und veranlaßte eine Hausdurchsuchung im Hotel »Vier Jahreszeiten«. Die Geheimpolizisten fanden Flugblätter mit antisemitischem Inhalt, Karten, in denen die Verteidigungslinien der Roten Armee verzeichnet waren, und eine große Menge Waffen. Sie fanden auch Stempel mit der faksimilierten Unterschrift Egelhofers und das Siegel der Stadtkommandantur. Und sie fanden die Mitgliederkartei der Thule-Gesellschaft samt Lichtbildern und den dazugehörigen Adressen.

Nun war es für die Rotgardisten ein leichtes, die noch in München verbliebenen Mitglieder der Thule festzunehmen. Nur wenige von ihnen waren in der Hauptstadt geblieben; die führenden Köpfe hatten sich längst in Richtung Norden abgesetzt oder zu den Freikorps durchgeschlagen. Zwanzig Thule-Aktivisten konnten schließlich dingfest gemacht werden.

Alle wurden sorgfältig überprüft; die Gräfin Hella von Westarp (übrigens eine Nichte des Generalleutnants von Oven, der gerade mit seinen Regierungstruppen im Anmarsch auf Munchen war und von ihrer Verhaftung nichts ahnte) und der Prinz Gustav Franz Maria von Thurn und Taxis wurden sogar zweimal wieder auf freien Fuß gesetzt, nachdem sich erste Verdachtsmomente scheinbar zerstreut hatten. Dann fanden die Rotgardisten neues Belastungsmaterial und verhafteten die mutmaßlichen Verschwörer ein drittes Mal. Die Thule-Aktivisten wurden keinem Revolutionstribunal vorgeführt, sondern im Luitpoldgymnasium untergebracht, in dem sich nach der Vertreibung der Putschisten am Palmsonntag radikale Kommunisten niedergelassen hatten.

In der Schule befanden sich außer den Thule-Mitgliedern zwei Soldaten eines Berliner Husarenregiments, die beim Vormarsch der Regierungstruppen in der Nähe von Oberschleißheim in die Gefangenschaft der Roten Armee geraten waren, sowie eine Anzahl bürgerlicher Geiseln, darunter Wolfgang Kerschensteiner, der Sohn des Pädagogen Georg Kerschensteiner. Egelhofer hatte befohlen, die Thule-Leute so lange festzuhalten, bis sie alle Einzelheiten über ihre Spionagetätigkeit und ihre Sabotageaktionen preisgegeben hatten. Vor allem wollte er mehr über die Anführer der Thule-Gesellschaft erfahren.

Am 30. April drangen erste Nachrichten von Übergriffen der weißen Truppen nicht nur gegen Angehörige der Roten Armee, sondern auch gegen gänzlich Unbeteiligte nach München. Ernst Niekisch berichtet:

»Die Freikorps verrichteten bei ihrem Vormarsch gegen München grauenvolle Dinge. [...] Bei Starnberg trafen sie auf eine Arbeiter-Sanitäter-Kolonne, die übte. Die Sanitäter wurden kurzerhand an einem Bahndamm niedergeschossen; nur ein einziger, ein Referendar Schlesinger, wurde im letzten Augenblick durch das Eingreifen eines Hauptmanns vor dem Tode bewahrt.«[14]

Nachdem Egelhofer von den Greueltaten der Freikorps erfahren hatte, befahl er dem Kommandanten der Wachmannschaften im Luitpoldgymnasium, Fritz Seidel, die Thule-Mitglieder und die beiden gefangenen Regierungssoldaten zu erschießen. Am Vormittag des 30. April wurde Wolfgang Kerschensteiner Zeuge der Hinrichtung der beiden Husaren. Nach dem Mittagessen wurden die Thule-Mitglieder abgeführt:

»Um 2 Uhr kam ein Mann ins Zimmer, der mit höhnischer Miene erklärte, es würden heute noch alle Geiseln vernommen. Nachdem die Namen der anwesenden Gefangenen aufgenommen worden waren, kamen drei Posten und holten die ersten vier Geiseln ›zur Vernehmung‹. Einer von ihnen wurde sofort freigelassen. Es dauerte wenige Minuten, als aus dem Hofe her bereits Lärm der Soldaten ertönte. Darauf hörte man, daß eine kurze Ansprache an die Soldaten gehalten wurde, darauf zwei Salven. Da ich mir nicht denken konnte, daß das Verhör schon vorbei wäre, sprang ich trotz des Verbots rasch ans Fenster und sah die Leichen bereits an der

Wand liegen. Es erschienen wieder drei Posten und holten die nächsten drei Gefangenen, darunter Professor Berger, der mittags nach eigener Aussage eingeliefert wurde, weil er ein aufhetzendes Plakat auf der Straße abgerissen hatte. Es darf angenommen werden, daß Professor Berger nicht verhört wurde, denn einige Augenblicke nach seiner Wegführung fielen die nächsten Salven. Prinz Thurn und Taxis, der bereits an der Wand stand und noch einmal auf Wunsch heraufgeführt wurde, weil er verlangte, daß seine Papiere nachgesehen würden, […] wurde wenige Minuten darauf wieder geholt und erschossen. Dann erschienen zum dritten Male die drei Posten, um die nächsten Geiseln zu holen, die auch wenige Augenblicke darauf, offensichtlich ebenfalls ohne Verhör, ihr Leben lassen mußten.«[15]

Unter den Erschossenen befanden sich neben der Gräfin Westarp und dem Prinzen Thurn und Taxis der Freiherr Friedrich Wilhelm von Seydlitz, Freiherr Franz Karl von Teuchert, Anton Daumenlang, Walter Deicke, Walter Nauhaus und Ernst Berger. Bis auf Berger waren alle Mitglieder der Thule-Gesellschaft. Bei der Erschießung Bergers lag offenbar ein Mißverständnis vor: Berger wurde »am 30. April 1919 mit den Thule-Leuten im Luitpoldgymnasium ermordet, weil er sich im Glauben, sie würden entlassen, in die Reihen derselben gedrängt hatte«.[16]

Die Erschießungen im Luitpoldgymnasium wurden überall in der Öffentlichkeit mit Abscheu aufgenommen, auch bei den Unabhängigen Sozialdemokraten und den Betriebs- und Soldatenräten. Sie wollten sich nicht mit den Freikorps und Regierungstruppen, die wahllos Hinrichtungen an »Roten« vornahmen, auf eine Stufe stellen, sondern jedes unnötige Blutvergießen vermeiden. Als Toller von den Erschießungen hörte, eilte er sofort ins Luitpoldgymnasium. Dort befreite er eine Gruppe von Gefangenen, die von den Bewachern, die sich längst davongemacht hatten, im Keller zurückgelassen worden waren. In einem Schuppen fand Toller die Leichen der zehn Erschossenen.

Die Zeitungen in München schrieben, wie fast die gesamte deutsche Presse, über die Erschießungen im Luitpoldgymnasium als Morde an bürgerlichen Geiseln. In der Tat handelte es sich um den ersten Racheakt deutscher Kommunisten an nationalistischen Verbrechern. Allerdings beruhten die Erschießungen – die der beiden Husaren ausgenommen – auf dem Standrecht, das nicht nur Ministerpräsident Hoffmann in Bamberg, sondern auch Rudolf Egelhofer in seiner Eigenschaft als Kommandeur der Roten Armee und als Regierungsoberhaupt der Münchner Räterepublik verhängt hatte. Die eigentliche Absicht und die Entschlossenheit der Thule-Gesellschaft, den demokratischen Staat zu beseitigen und durch eine völkische Diktatur zu ersetzen, hatte zu diesem Zeitpunkt niemand im bürgerlichen Lager erkannt. Typisch ist die Reaktion Josef Hofmillers, der am 10. Mai in sein Tagebuch schrieb:

»Diese Thule-Gesellschaft scheint eine harmlose alldeutsche Loge gewesen zu sein, die in den Verdacht monarchistischer Umtriebe gekommen war und an der die Roten offenbar ein Exempel statuieren wollten. Sie hatten als Vereinsabzeichen das germanische Hakenkreuz.«[17]

Über die wahren Absichten der Thule-Gesellschaft machten sich die Völkischen keine Illusion. In seinem Buch *Bevor Hitler kam* streicht Rudolf von Sebottendorf sehr deutlich die Verstrickung der im Luitpoldgymnasium Erschossenen in die Umsturzpläne der völkischen Bewegung heraus:

»Jetzt kann endlich gesagt werden, was bisher nicht gesagt werden durfte, um nicht den Haß des ›Systems‹ auf die Wegbereiter zu lenken. Es braucht nun nicht mehr verhehlt zu werden, daß jene sieben Thule-Leute nicht als Geiseln starben, nein, daß sie gemordet wurden, weil sie Antisemiten waren. Sie starben für das Hakenkreuz, sie fielen Juda zum Opfer, sie wurden gemordet, weil man die Ansätze der nationalen Erhebung vernichten wollte.«[18]

Nach dem Sturz der Räteregierung bemühten sich die bayerischen Liberalen und Konservativen um die propagandistische Ausschlachtung der angeblichen Geiselmorde. Die Initiative zur Bildung einer speziellen »Geiselmord-Aufklärungsstelle« ging vom Justizminister der Ende Mai gebildeten sozialdemokratisch-bürgerlichen Koalitionsregierung, Ernst Müller-Meiningen, aus. Unterstützt wurde er von BVP-Finanzminister Karl Speck, der sich dafür einsetzte, daß der Abscheu, den die Erschießungen im Luitpoldgymnasium in der Bevölkerung hervorgerufen hatten, möglichst lange anhalten sollte. Im September 1919 bewilligte der Ministerrat 30000 Mark für das geforderte Aufklärungsprogramm.

Den Nationalsozialisten war ein solches Vorgehen höchst willkommen. Sie warteten nur darauf, mit der Geiselmordaffäre wider besseres Wissen antikommunistische und vor allem antijüdische Propagandahetze zu betreiben. Auch nach der Machtergreifung erinnerte die NSDAP in öffentlichen Veranstaltungen an den Jahrestag der Erschießungen.

Die Sensationspresse schlachtete die Tragödie im Luitpoldgymnasium zu ihren Gunsten aus. Allerdings standen hier die kommerziellen Interessen im Vordergrund. So veröffentlichte die *Münchener Neue Illustrierte* am 29. September 1919 eine »Special-Geisel-Ausgabe«.

Eugen Leviné

* 10. 5. 1883 St. Petersburg
† 5. 6. 1919 München

Eugen Levinés Vater Julius, ein vermögender jüdischer Geschäftsmann, besaß neben der russischen auch die italienische Staatsangehörigkeit. Seinen ursprünglichen Familiennamen Levin hatte er geändert, weil der ausländische Klang in den besseren Kreisen des zaristischen Rußlands, in denen er verkehrte, sein ohnehin schon hohes Ansehen noch steigerte. Als Leviné drei Jahre alt war, starb der Vater. Seine Mutter Rosalia, eine Russin, die aber eine deutsche Erziehung genossen hatte, zog mit ihm zuerst in die Schweiz, später nach Wiesbaden.

Leviné absolvierte das Gymnasium; anschließend studierte er Rechtswissenschaft in Heidelberg. An der Universität kam er mit russischen Emigranten zusammen und zum ersten Mal mit revolutionären Ideen in Berührung. 1904 ging er nach Berlin, um dort sein Studium fortzusetzen. Nach dem Petersburger »Blutsonntag« vom 9. Januar 1905, als der Zar auf friedliche Demonstranten schießen ließ und Hunderte von Toten zu beklagen waren, hielt es Leviné nicht länger in Deutschland. Er ging zurück nach Petersburg und schloß sich der ersten russischen Revolution an, die vom Zarenregime blutig unterdrückt wurde. Leviné landete wegen seiner politischen Tätigkeit mehrmals im Gefängnis. Erst im Frühjahr 1908 kehrte er nach Deutschland zurück.

Leviné studierte wieder in Heidelberg, wechselte aber das Fach. Kurz vor Kriegsausbruch erwarb er den Doktortitel in Nationalökonomie, nachdem er ein Jahr zuvor deutscher Staatsbürger geworden war. Während seines gesamten Studiums war er in der Arbeiterbewegung aktiv – ausreichend Gelegenheiten dazu boten sich in der benachbarten Industriestadt Mannheim an.

Als deutscher Staatsbürger mußte Leviné in der kaiserlichen Armee Dienst tun. Im Ersten Weltkrieg kam er als Dolmetscher in einem russischen Gefangenenlager zum Einsatz. 1916 wurde er als untauglich aus dem Heeresdienst entlassen. Leviné ging nach Berlin. Zunächst hielt er sich mit Gelegenheitsarbeiten über Wasser, Anfang 1918 fand er eine Anstellung als Redakteur und Übersetzer bei der russischen Nachrichtenagentur »Rosta«.

In Berlin schloß sich Leviné der USPD an. Er machte Bekanntschaft mit Karl Liebknecht und Rosa Luxemburg. Leviné war dabei, als sich nach der Abspaltung des linken Flügels der Spartakusbund gründete, aus dem später die KPD hervorging. Im Januar 1919 nahm Leviné am Berliner Aufstand der Spartakisten teil; anschließend ging er auf Geheiß seiner Partei nach Braunschweig und ins oberschlesische Kohlenrevier, wo ebenfalls Arbeiteraufstände tobten.

Der letzte Auftrag der Partei führte Leviné am 5. März 1919 nach München. Es gelang ihm, einen großen Teil der Arbeiterschaft für die Sache der Kommunisten zu gewinnen. Entgegen der ausdrücklichen Order des KPD-Führers Paul Levi, nichts zu unternehmen, was eine Auseinandersetzung zwischen Arbeitern und Militär provozieren könnte, rief Leviné die zweite bayerische Räterepublik aus. Ihre Niederschlagung löste in Bayern ein Blutbad aus.

Leviné wurde wegen seiner Beteiligung an der Räterepublik zum Tode verurteilt und am 5. Juni 1919 in der Haftanstalt München-Stadelheim hingerichtet.

KAPITEL 10

DER SIEG DER GEGENREVOLUTION

Der Vormarsch der Weißen

Am 30. April hatten Regierungssoldaten und Freikorps den Belagerungsring um München geschlossen. Nach heftigen Gefechten bei Dachau, in denen die Rote Armee zunächst erbitterten Widerstand geleistet hatte, war den Regierungstruppen unter Generalleutnant von Friedeburg der Durchbruch gelungen. In wilder Flucht zogen sich die Verteidiger ins Zentrum von München zurück. Von Westen rückte Generalmajor Haas mit den württembergischen Verbänden an, im Osten war Oberst Deetjen mit seinen Reichswehrtruppen und den Freikorps Lützow und Ehrhardt von Schleißheim kommend bis in die Außenbezirke der Hauptstadt vorgedrungen. Epp als einzigem bayerischen Heerführer wurde die Ehre zuteil, die Südfront zu kommandieren und über Starnberg nach München einzurücken. Ihm schlossen sich einige rasch gebildete kleinere Freiwilligeneinheiten an, darunter das Freikorps Werdenfels aus Garmisch mit etwa zweihundert bayerischen »Patrioten«, die in Lederhose und mit Gamsbarthut über Unterhaching und Grünwald ins Münchner Arbeiterviertel Giesing einmarschierten.

Ministerpräsident Hoffmann hatte sich ausbedungen, daß die Regierungstruppen erst nach dem 1. Mai, dem »Tag der Arbeit«, München einnehmen sollten. So kam es, daß sowohl die Kommunisten als auch die Sozialdemokraten ungestört ihre Maifeiern im Zentrum Münchens abhalten konnten. Gegen Mittag war es allerdings mit der Ruhe endgültig vorbei; vor allem die Freikorpssoldaten konnten es nicht erwarten, ihren Feinden die Herrschaft über die bayerische Hauptstadt zu entreißen, und preschten entgegen ihren Befehlen vorzeitig los.

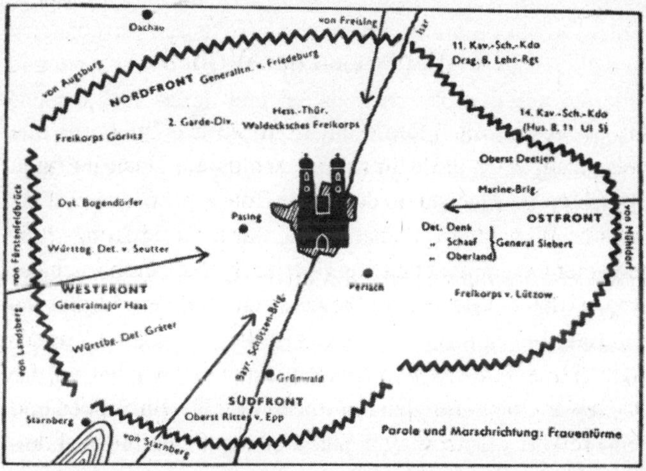

Die Angreifer hatten sich die Einnahme Münchens leichter vorgestellt, als sie sich im Nachhinein erweisen sollte. Es war alles andere als eine Vergnügungstour, auch wenn es zu Beginn manchem Offizier so erschien. Ernst Röhm, der als Verbindungsoffizier des Bayerischen Schützenkorps zum Oberkommandierenden von Oven diente, berichtet von seiner Aufgabe wie von einem Betriebsausflug:

»Mit stolz wehender schwarzweißroter Fahne fuhren wir, vielfach begeistert und mit Blumen begrüßt, durch Nymphenburg und Neuhausen in München ein. Ich konnte noch meinen Eltern Grüß Gott sagen und mich überzeugen, daß zu Hause alles wohlauf, wenn auch infolge der letzten Tage sehr abgespannt war.«[1]

Nicht überall in München wurde gekämpft. Egelhofer hatte an die Rote Armee als Tagesbefehl die »Parole Trotzki«

ausgegeben, mit der er seine Kämpfer zur Niederlegung der Waffen bewegen wollte. Die Anweisung wurde in einigen Stadtvierteln befolgt, an anderen Schauplätzen fanden dafür um so heftigere Auseinandersetzungen statt. In den traditionellen Arbeitervierteln Giesing und Haidhausen verschanzten sich die Anhänger der Räterepublik in den Wohnhäusern und feuerten aus den oberen Fenstern und durch ausgehobene Dachziegel auf die einrückenden Truppen. Im Stadtzentrum errichteten die Verteidiger Barrikaden; die schwersten Kämpfe fanden am Karlsplatz statt:

»Hier war gegen ½ 2 Uhr ein Auto mit einem Offizier als einzigem Insassen neben dem Wagenlenker, von der Neuhauser Straße kommend, angefahren und hatte dort gehalten. Der Offizier sprang vom Wagen und schwenkte zum Zeichen, daß die Regierungstruppen eingetroffen seien, eine weiß-blaue Fahne über seinem Kopfe. In diesem Augenblicke kam aus dem Karlstor heraus ein Zug mit roten Fahnen tragenden Demonstranten. Einige Männer aus dem Zuge warfen sich sofort auf den Offizier, der nur einen Arm besaß und angesichts der Gefahr die Fahne mit dem Revolver vertauscht hatte, mit diesem aber nicht schoß. Von rückwärts wurde der Offizier überwältigt und mit einem Dolchstich niedergestreckt. Nun warf man sich auf das Auto, aus dem man ein Maschinengewehr hervorholte, das auf dem Bürgersteig beim Nornenbrunnen sofort in Stellung gebracht wurde, da von der Richtung der Deutschen Bank her Regierungstruppen gemeldet waren. Unmittelbar darauf, das Publikum konnte mit Not noch den Platz verlassen, setzte auch schon ein Gefecht ein.«[2]

Im Verlauf des Gefechts kamen sechs Maschinengewehrschützen der Roten, aber auch der Anführer der Regierungstruppen und mehrere seiner Leute ums Leben kamen. Die

Weißen setzten Geschütze ein und schossen den Kiosk am Stachus in Brand, die Roten zogen sich etwas zurück und antworteten mit Maschinengewehrfeuer: »Unbegreiflicherweise fanden sich Leute, darunter Frauen und Kinder, die in den Geschoßhagel hineinsprangen, um sich aus dem brennenden Laden heraus noch einige Wäschestücke oder Zigaretten zu retten. Drei so Waghalsige sind dabei verwundet worden.«[3]

Die Verteidiger konnten die Weißen vorübergehend zurückschlagen und den Karlsplatz bis zum 2. Mai halten. Auch um den Hauptbahnhof wurde heftig gekämpft. Ein Panzerzug der Weißen wurde bei der Einfahrt von einer Mine getroffen und außer Gefecht gesetzt. Der nächste Versuch, durch einen Vorstoß über die Hackerbrücke zum Ziel zu gelangen, schlug ebenfalls fehl. Es dauerte bis zum Nachmittag des 2. Mai, ehe es den Regierungstruppen, von zwei weiteren Panzerzügen gedeckt, glückte, bis zum Hauptbahnhof vorzudringen. Bei der Verteidigung des Gebäudes ließen viele Rotgardisten, die bis zur letzten Patrone kämpften, ihr Leben. Oskar Maria Graf, der innerhalb von drei Wochen das zweite erbarmungslose Gefecht um den Hauptbahnhof erlebte, schildert die furchtbaren Szenen:

»Zwischen ängstlich an die Hauswände gepreßten Menschen wand ich mich weiter, denn am Bahnhof tobte ein besonders wütender Kampf. Vom Stiglmaierplatz herunter dröhnte ein Panzerauto und schoß immerfort. Jeder von uns stemmte sich hilfesuchend an die verschlossenen Haustüren, wir jagten Hals über Kopf in das Torgewölbe des Apollotheaters. Das Panzerauto war vorüber. Wir drückten uns wieder auf die Straße und sahen die mörderische Beschießung der von den Arbeitern besetzten Polizeistation. Es krachte, dampfte, und das Gemäuer staubte rieselnd auseinander, Fenster klirrten, und Splitter flogen. Hartnäckig erwiderten die Befestigten das

Feuer, allmählich ließ es nach, immer weniger und weniger Schüsse kamen aus dem Haus. Aus der Marsstraße rückte eine Abteilung Regierungssoldaten mit schußbereit gehaltenem Gewehr vor, erbrach die Tür. Kein Schuß kam mehr aus dem Innern. ›Die sind alle tot‹, sagte ein Mann unter uns. Das Schießen hatte aufgehört, das Panzerauto war schon am Bahnhof vorne. Wir wollten weiter. Eine alte Frau humpelte über die Straße. Vorne an der Ecke legte ein Regierungssoldat an. Es krachte, die Frau fiel und blieb nach einigen Zuckungen liegen. ›Ja-ja! Um Gottes willen! Um Gottes willen!‹ schrie ein Mädchen händeringend. ›Nicht schießen! Nicht schießen!‹ brüllten wir alle. Ein Knäblein hatte sich unbemerkt aus uns gewunden, lief mit flatterndem roten Taschentuch auf die Leiche zu. Es knallte schon wieder. Gellend schrie der Bub, machte einige Purzelbäume und lag still.«[4]

Nicht immer gingen die Freikorpssoldaten mit rücksichtsloser Brutalität gegen das Münchner Proletariat vor. In manchen Fällen zeigten sogar die Offiziere der berüchtigten Brigade Ehrhardt ein Herz, wenn es um die Erhaltung eines Arbeiterlebens ging – vor allem wenn es an der äußeren Erscheinung des Betroffenen nichts zu beanstanden gab. Manfred von Killinger, der später unter Hitler als SA-Gruppenführer und sächsischer Ministerpräsident Karriere machte, berichtet, wie er einem von seiner Brigade verhafteten jungen Mann das Leben rettete:

»Eine Frau macht sich an mich heran: ›Lassen Sie bitte meinen Mann los, der ist bloß verführt.‹ ›Welcher ist es?‹ ›Der da.‹ Der Kerl sieht gut aus, denke ich. Groß, schlank, breite Schultern. Blondes Haar, rassiges Gesicht. Ich winke ihn heran. Trotzig steht er vor mir. Nachdem ich ihn eine Weile betrachtet, sage ich: ›Haben Sie denn gar kein Rassebewußtsein? Sehen Sie sich doch mal dieses rasselose Gesindel an, und dann gucken Sie mal in den Spiegel. Gehen Sie mit Ihrer Frau nach Hause, und bedanken Sie sich bei ihr.‹ Sein trotziger Blick war verschwunden. Wie ein erstauntes Kind sah er mich an, dann zog ihn seine Frau mit sich fort.«[5]

Bei ihrem Einrücken waren die weißen Truppen von einem Teil der Münchner Bürgerschaft zwar jubelnd begrüßt worden, doch verhielten sich viele Einwohner – zum Leidwesen der Freikorps und ihres Anführers Epp – merkwürdig passiv. Der bayerische Historiker Heinrich Hillmayr bemerkt dazu:

»Die überwältigende Mehrzahl der Münchener Bürger hat sich in den Tagen des Kampfes jeweils am Morgen nicht deshalb erhoben, um den Regierungstruppen hilfreich zur Seite zu stehen, sondern um als Zuschauer nichts von dem ganzen Geschehen zu verpassen. Das einzige, wozu man sich gedrängt fühlt, ist, den Befreiern zuzuwinken oder sie mit Klatschen und Hochrufen anzufeuern.«[6]

Der Sieger im bayerischen Bürgerkrieg schien von vornherein festzustehen. Doch obwohl die Weißen bis an die Münchner Stadtgrenze zügig vorankamen, trafen sie auf viel größeren Widerstand, als sie erwartet hatten. Nachdem auch am zweiten Tag mit unverminderter Heftigkeit gekämpft wurde, machten sich einige Bürger Sorgen um den Ausgang des Kampfes, unter ihnen auch Thomas Mann:

»War nachmittags recht erregt und besorgt. Das Telephon funktionierte vorübergehend nicht. Die Kanonade und das Maschinengetack war heftig und unaufhörlich. Ich fürchtete für den Ausgang der Sache. Schließlich ist, wie die Dinge liegen, der definitive Sieg der Truppen eine persönliche Lebensnotwendigkeit geworden; der gegenteilige Ausgang wäre eine unausdenkbare Katastrophe.«[7]

Am 3. Mai wurde Thomas Mann erlöst. Der Widerstand erlahmte, und bald hatten die Weißen die Stadt vollständig unter ihrer Kontrolle. Nur in den Arbeitervierteln nahmen Heckenschützen vereinzelte Regierungssoldaten noch unter Feuer. Der Kampf um München war entschieden. Nach sechs Monaten war die so hoffnungsvoll begonnene bayerische Revolution am Boden zerstört. Für ihre Anhänger begann eine lange Leidenszeit, denn die Sieger beschlossen, über die bayerische Hauptstadt ein drakonisches Strafgericht zu verhängen.

Vergeltung

Die Bilanz der ersten Maitage ist erschreckend. Bei der Einnahme Münchens und den anschließenden Säuberungen der Weißen starben zwischen dem 30. April und dem 8. Mai 557 Menschen. Diese Erhebung wurde von der Münchner Polizei durchgeführt und bezieht sich nur auf den Stadtbezirk München. Nicht einbezogen in diese Zahlenangabe sind, um nur ein Beispiel zu nennen, 52 ehemalige russische Kriegsgefangene, die an einem einzigen Vormittag von württembergischen Soldaten in der Gräfelfinger Kiesgrube erschossen wurden. Daher liegt die tatsächliche Zahl der in diesen Tagen gewaltsam ums Leben Gekommenen wesentlich höher. Interessant ist die Aufschlüsselung der amtlichen Statistik: Demnach starben bei der Einnahme Münchens 38 Regierungssoldaten und 107 Angehörige der Roten Armee im Gefecht; 186 Anhänger der Räterepublik wurden standrechtlich erschossen, weitere 184 »verunglückten tödlich«, das heißt sie wurden von Freikorpssoldaten ermordet; bei 42 Personen konnte weder die Identität noch die Todesursache bestimmt werden. In den ersten Wochen nach dem Fall der Räterepublik wurden über 4000 Strafverfahren gegen ihre Anhänger angestrengt; etwa 3000 Personen verbrachten zumindest eine Nacht in Gefängnissen.

Die meisten Verhaftungen und Erschießungen fanden aufgrund von Denunziationen statt: Der arbeitslose Maurer Max Hecksteiger, ein USPD-Mitglied, wurde von fünf Freikorpssoldaten aus seiner Giesinger Wohnung geholt, weil er Mitglied des Ordnungsdienstes seiner Partei war. Die Soldaten führten ihn in einen Garten in der Nachbarschaft und erschossen ihn. Der Schmied Johann Schredinger wurde ebenfalls von einem Freikorpstrupp verhaftet, weil er angeblich Kommunist war. Obwohl er sein SPD-Parteibuch vorzeigte, nahmen ihn die Soldaten nach Stadelheim mit und erschossen ihn dort. Die Kontoristin Maria Kling, die freiwillig Sanitätsdienst in der Roten Armee leistete, wurde verhaftet und nach Stadelheim gebracht. Obwohl das Standgericht sie freisprach, wurde sie erschossen. Dabei mißbrauchten die Freikorpssoldaten die 23jährige als Zielscheibe, schossen ihr in die Fußgelenke, in die Wade, in die Oberschenkel und schließlich in den Kopf. Der Maurer Anton Oswald wurde am 3. Mai frühmorgens aus dem Bett geholt, weil er angeblich bei der Entwaffnung der Polizei durch Rote Garden mitgeholfen hatte. Freikorpssoldaten schleppten ihn in eine Kiesgrube. Als die ersten Schüsse fielen, tauchte plötzlich eine versprengte Abteilung der Roten Armee auf und vertrieb das Hinrichtungskommando. Der schwerverletzte Oswald schleppte sich zu einem Haus in der Nähe. Bei einer erneuten Säuberung durch die Freikorps wurde er gefunden, aus dem Bett gezerrt, an einen Zaun gestellt und erschossen.

Fast alle Erschießungen wurden willkürlich vorgenommen. Der Schlosser Ludwig Ganserer, der sich nicht ausweisen konnte, wurde von Freikorps abgeführt und in der Residenz erschossen. Ebenfalls ohne Ausweis wurde der 21jährige Fuhrmann Johann Stelzer auf der Ludwigsbrücke angehalten. Die Soldaten erschossen ihn kurzerhand und warfen seine Leiche ins Wasser. Josef Steininger trug eine bei der Säuberung des Arbeiterviertels Au erschossene Frau in ein Geschäft. Dabei ließ er einige abfällige Bemerkungen über die Freikorps fallen. Die Soldaten nahmen in fest, führten ihn in die Grünanlagen an der Frühlingstraße und erschossen ihn. Der Schuhmacher Emeran Rötzer und der Tagelöhner Johann Kohlmann hatten einen verwundeten Rotarmisten in der Nähe des Südbahnhofs aufgelesen. Von Nachbarn darauf aufmerksam gemacht, drangen Soldaten in die Wohnung ein, erschlugen den Rotarmisten mit ihren Gewehrkolben und brachten Rötzer und Kohlmann zum Schlachthof, wo beide erschossen wurden. In keinem der genannten Fälle wurde eine polizeiliche Untersuchung eingeleitet.

Zwei Drittel der ums Leben gekommenen Personen waren Zivilisten, die meisten von ihnen stammten aus der Arbeiterschicht. Die Toten wurden auf dem Ostfriedhof bestattet, wo ihre Angehörigen und Freunde sie noch einmal sehen durften. Oskar Maria Graf begab sich auch dorthin:

»Auf dem schmutzigen Pflaster lagen die toten Arbeiter. Hingeschmissen, gerade, schief, auf dem Rücken oder auf der Seite. Nur die Füße bildeten eine gerade Linie mit der Hand. Es roch gräßlich nach Blut und Leichen. Man schlurfte auf den rotgefärbten Sägespänen dahin von Mann zu Mann. Um mich herum flüsterten, weinten, klagten und wimmerten die Leute und beugten sich ab und zu nieder auf die Toten, an die man Paketadressen oder kleine Pappendeckel geheftet hatte. Darauf stand der Name oder eine Nummer. Ich konnte kaum mehr atmen, ich wollte davonlaufen, aber es standen viele um mich, hinter mir und vor mir und schoben mich sacht weiter.

Ich starrte sekundenlang an die Wand, dann wieder auf die leblos Daliegenden. Herz, Magen und Darm drehten sich mir. Ich fäustete gewaltsam die Hände und raffte mich zusammen. Ich versuchte zu zählen – bis zwanzig, bis vierzig, weiter, bis siebzig, immer noch weiter, bis neunzig, bis hundert und immer noch weiter. Ich zählte nicht mehr. Es ging nicht mehr.«[8]

Die Säuberungen der Freikorps arteten in Massaker aus. Am 2. Mai fand die Massenerschießung der Russen in Gräfelfing statt. Zwei Tage später rückte das Freikorps Lützow in Perlach ein, wo keine Kämpfe stattgefunden hatten. Morgens um drei Uhr nahmen die Soldaten anhand einer Liste Verhaftungen von Arbeitern vor. Emil Gumbel, der später die amtliche Untersuchung leitete, schreibt in seinem Bericht:

»Die Verhafteten mußten Brieftaschen, Messer und Geldbörsen abgeben, wurden in der Früh um 5 Uhr auf ein Lastauto verladen und nach dem Hofbräuhauskeller gebracht. [...] Keiner war bei der Roten Armee gewesen. Keiner hatte sich an den Kämpfen beteiligt, bei keinem waren Waffen gefunden worden, Zeugen schildern, daß die Gefangenen einen niedergeschlagenen, ja geistesabwesenden Eindruck machten und flehentlich um ihr Leben baten. Zwischen 11 und 1 Uhr wurden in Abständen erst zwei, dann drei Personen auf dem Hof auf einem Kohlenhaufen erschossen. Zwei weitere Gefangene, zuerst zurückgestellt, wurden später erschossen. Insgesamt wurden in Abständen 12 Gefangene ohne Urteil, ohne den Schatten eines Rechts erschossen.«[9]

Major Schulze vom Freikorps Lützow gab am 4. Mai, dem Tag der Erschießungen im Hofbräuhaus, folgenden Tagesbefehl an seine Offiziere heraus, der die Gesinnung seiner Truppe verdeutlicht und keines weiteren Kommentars bedarf:

»Wer nicht begreift, daß wir energisch durchgreifen müssen, und wer Gewissensskrupel hat, der soll lieber gleich wegbleiben. Besser ein paar Unschuldige tot, als ein einziger Schuldiger entkommen.«[10]

Die Erschießungswelle erreichte am 6. Mai ihren Höhepunkt mit der Ermordung von 21 Mitgliedern eines katholischen Gesellenvereins. Sämtliche Opfer waren unpolitisch und hatten nichts mit der Räterepublik zu tun. Kurz vor neun Uhr abends drangen Regierungssoldaten auf eine Denunziation hin in das Vereinsheim St. Joseph in Schwabing ein und forderten die Gesellen, die soeben gehen wollten, auf, ihre Hände zu erheben und mitzukommen. Ein Augenzeuge schildert die Szene:

»Beim Austritt aus dem Lokal wurden noch einige der Verhafteten mißhandelt und einer durch einen Bajonettstich an einer Hand, ein anderer mit dem schweren Revolver im Gesicht verletzt. Die Behandlung der Gefangenen war menschenunwürdig. Wir wurden in das Palais des Prinzen Georg am Karolinenplatz geführt und mit Gewehrkolbenstößen, ohne daß wir wußten warum, in einen Keller unterhalb der Palastwohnung getrieben. Wir waren insgesamt 25 Mann, meist junge Leute aus guten Familien. Einige von uns wollten sich ausweisen, fanden aber kein Gehör. Man schrie uns nur Schimpfworte zu und befahl: Haltet das Maul! Nun erfuhren wir, daß, vermutlich in einer Anzeige, unsere Zusammenkunft als Geheimversammlung von Spartakisten bezeichnet wurde und daß wir ein Maschinengewehr im Lokal hätten. Daher kam anscheinend die Wut. Als einige von uns erklärten, daß wir keine Spartakisten seien, sondern Gegner derselben, wurde den Aussagen kein Gehör geschenkt. Jetzt kam für mich ein qualvoller Anblick, der mir fast die Sinne raubte. Es wurde einer nach dem andern ohne Gericht vor meinen Augen erschossen. Als mein Freund erklärte, selbst Soldat zu sein, wurde er beiseite gestellt. Nun sollte auch mich das Los treffen, erschossen zu werden. Als mein Name gerufen und bereits erneut das Gewehr gegen mich in Anschlag gebracht wurde, rief einer der Soldaten: ›Halt, den erschießts net, den kenn ich, das ist der Sohn von der Köchin im Palast!‹ Dieses wirkte. Wir beide, die noch am Leben waren, flohen aus dem Raum des Grauens hinaus in die Nacht zum Hause des Verwalters, der uns barg. Die Soldaten sandten uns noch etwa 20 Schüsse nach, glücklicherweise ohne zu treffen. Wir brachen in seelischer Erregung zusammen.«[11]

Die Opfer waren zwischen 19 und 26 Jahre alt. Nur vier entkamen dem Massaker, zwei von ihnen lediglich deshalb, weil sie schwer verletzt und für tot gehalten worden waren. So zynisch es klingt, ein Gutes hatte die Greueltat von Schwabing: Als die Nachricht von der Ermordung der Gesellen in der Stadt bekannt wurde, erhob sich ein Sturm der Entrüstung in der Bevölkerung. Die bürgerlichen Zeitungen, die wieder erscheinen durften, prangerten die Erschießungen in ihren Leitartikeln an und machten Stimmung gegen die ›preußischen‹ Truppen im Land. Endlich schritt auch die Bamberger Regierung ein und verfügte, daß die Vollstreckung von Todesurteilen, die aufgrund des Standrechts verhängt wurden, der Genehmigung des Ministerrats bedurften. Nach dem 8. Mai hörten die willkürlichen Erschießungen auf.

Am selben Tag bedankte sich Ministerpräsident Hoffmann bei Generalleutnant von Oven für die erhaltene Hilfe:

»Für die umsichtige Leitung und Durchführung der zur Befreiung Münchens aus der Hand der Bolschewisten notwendigen militärischen Operation spreche ich zugleich im Namen des Gesamtministeriums den herzlichsten Dank aus. Größte Anerkennung gebührt den aus allen Gauen Deutschlands herbeigeeilten Truppen, die in selbstloser Opferbereitschaft unserm bedrängten Bayernland und dem ganzen Reich den größten Dienst erwiesen.«[12]

Das Ende der Revolutionäre

Nach dem Einmarsch in München machten Regierungstruppen und Freikorps Jagd auf die führenden Köpfe der Räterepublik. Eine Verhaftungswelle setzte ein, der fast alle prominenten Revolutionäre zum Opfer fielen. Dabei waren diejenigen, die hinter Gittern landeten, gar nicht einmal so schlecht dran – verglichen mit denen, die der Rache der Freikorps ausgesetzt waren.

Als einen der ersten erwischte es Gustav Landauer. Nach seiner Absetzung als Volkskommissar hatte Landauer aus Pflichtgefühl den neuen Machthabern seine Mitarbeit angeboten, doch die Kommunisten hatten dankend abgelehnt. Landauer zog sich daraufhin völlig aus der Öffentlichkeit zurück und wohnte in den letzten Wochen der Räterepublik als Untermieter bei Else Eisner, der Witwe des ermordeten Ministerpräsidenten, wo er auch polizeilich gemeldet war.

Als die württembergischen Truppen Großhadern erreichten, wurden sie von einem Denunzianten auf Landauers Aufenthaltsort aufmerksam gemacht. Tatsächlich fanden sie ihn im Hause Eisner vor, verhafteten ihn und brachten ihn ins Gefängnis Stadelheim, das kurz zuvor vom Freikorps Epp kampflos eingenommen worden war. Was anschließend geschah, berichtete ein ungenannter Augenzeuge in der *Münchner Zeitung* vom 3. Juni 1919:

»Am 2. Mai stand ich als Wache vor dem großen Tor zum Stadelheimer Gefängnis. Gegen 1¼ Uhr brachte ein Trupp bayrischer und württembergischer Soldaten Gustav Landauer. Im Hof begegnete der Gruppe ein Major in Zivil (im Prozeß als Rittergutsbesitzer Freiherr v. Gagern festgestellt), der mit einer schlegelartigen Keule auf Landauer einschlug. Unter Kolbenschlägen und den Schlägen des Majors sank Landauer zusammen. Er stand jedoch wieder auf und wollte zu reden anfangen. Da rief ein Vizewachtmeister: ›Geht mal weg!‹ Unter Lachen und freudiger Zustimmung der Begleitmannschaften gab der Vizewachtmeister zwei Schüsse ab, von denen einer Landauer in den Kopf traf. Landauer atmete immer noch. Unter dem Ruf: ›Geht zurück, dann lassen wir ihm noch eine durch!‹ schoß der Vizewachtmeister Landauer in den Rücken, daß es ihm das Herz herausriß und er vom Boden wegschnellte. Da Landauer immer noch zuckte, trat ihn der Vizewachtmeister mit Füßen zu Tode. Dann wurde ihm alles heruntergerissen und seine Leiche zwei Tage lang ins Waschhaus geworfen.«[13]

Rudolf Egelhofer hielt sich im Stadtzentrum versteckt. Dort fand er Unterschlupf in der Wohnung der Kommunistin Hildegard Menzi, einer Ärztin, bei der er wegen einer tuberkulösen Erkrankung vorübergehend in Behandlung war. Sein Versteck in der Maximilianstraße wurde jedoch von Nachbarn verraten. Daraufhin nahmen Regierungssoldaten Egelhofer fest und sperrten ihn in einem Kellerraum in der Residenz ein. Ein Offizier der Wachtmannschaft versicherte allen Anwesenden, daß Egelhofer das Gebäude mit Sicherheit nicht mehr lebend verlassen werde; darauf gebe er sein Ehrenwort als Offizier. Am Morgen des 3. Mai wurde Egelhofer in den Innenhof der Residenz geführt und dort mit einem Kopfschuß getötet. Da der Exekution keine Gerichtsverhandlung voranging, handelte es sich bei der Erschießung Egelhofers um vorsätzlichen Mord.

Josef Sontheimer wurde von einer Abteilung des aus Thule-Kampfbündlern bestehenden Freikorps Oberland verhaftet. Die Soldaten, die ihn abführten, gaben ihm absichtlich Gelegenheit zur Flucht, um ihn dann hinterrücks zu erschießen.

Ret Marut, der in der ersten Räterepublik Leiter der Zensurbehörde gewesen war, wurde von Studenten, die sich den weißen Truppen angeschlossen hatten, erkannt und von Regierungssoldaten vor ein Feldgericht gebracht, das aus einem einzigen Leutnant bestand:

»Dieser Leutnant erledigte in jedesmal etwa drei Minuten die Sache in der Weise, daß er auf Grund der Zeugen-Aussagen von Denunzianten entschied, ob der Verhaftete sofort standrechtlich zu erschießen oder ob er freizulassen sei. Im Zweifelsfalle wurde der Verhaftete erschossen, weil es sicherer war. [...] So verging eine Stunde qualvollen Wartens. M [*gemeint ist Marut*] fragte seinen Wächter, ob er noch einen Zettel an seine Freunde schreiben dürfe, damit sie wüßten, wo er geblieben sei. Das wurde ihm verweigert. Da wurde der letzte Mann, der vor M dem Leutnant überantwortet werden sollte, aufgerufen und hineingeführt. Bei der Unruhe, die dadurch entstand, daß der Mann von den Landsknechten zu roh angepackt wurde, was er sich verbat, gelang es M zu entkommen. Zwei Soldaten, denen einen Augenblick lang wohl ein Funken Menschlichkeit aufstieg, als sie sahen, wie hier mit dem Kostbarsten, was der Mensch besitzt, mit dem Leben, umgegangen wurde, waren an diesem Entkommen nicht unbeteiligt. Ihnen sei an dieser Stelle gedankt für die Erhaltung eines Menschenlebens.«[14]

Die meisten führenden Politiker der Rätezeit wurden verhaftet und mit hohen Gefängnisstrafen bedacht. Todesurteile wurden gegen den Kommandanten des Luitpoldgymnasiums,

Fritz Seidel, und gegen sechs an der Erschießung der Thule-Mitglieder und der beiden Geiseln beteiligte Wächter verhängt; zehn weitere Wachleute erhielten wegen Beihilfe zum Mord je 15 Jahre Zuchthaus.

Erich Mühsam, der bereits am 13. April verhaftet worden war – sonst hätte ihn wahrscheinlich das gleiche Schicksal getroffen wie seinen Freund Landauer – wurde wegen Hochverrats zu 15 Jahren Festungshaft verurteilt. Towia Axelrod konnte zunächst ins benachbarte Tirol fliehen, wurde aber am 14. Mai im Achental gefaßt und nach Bayern ausgeliefert. Wie Mühsam wurde Axelrod zu 15 Jahren Festungshaft verurteilt; später durfte er aber, von der russischen Regierung mit einem Diplomatenpaß versehen, Deutschland verlassen. Der Kommunist Anton Waibel, der in Würzburg die Räterepublik ausgerufen hatte, wurde zu 15 Jahren Zuchthaus verurteilt, konnte aber 1921 aus dem Gefängnis fliehen und überlebte die Nazizeit. Der Unabhängige Fritz Sauber, Vorsitzender des Münchner Arbeiter- und Soldatenrats, der ebenfalls eine führende Rolle bei der Proklamation der Räterepublik in Würzburg spielte, erhielt zwölf Jahre Festungshaft. Gegen Felix Fechenbach, der zusammen mit Eisner die Akten zur Kriegsschuldfrage veröffentlicht hatte, wurde wegen Landesverrats eine elfjährige Zuchthausstrafe ausgesprochen; 1933 wurde Fechenbach von der SA »auf der Flucht erschossen«. August Hagemeister, in der ersten Räterepublik Volksbeauftragter für soziale Fürsorge, erhielt zehn Jahre Haft. Er starb 1923 in der Festung Niederschönfeld. Arnold Wadler, Kommissar für Wohnungsangelegenheiten, erhielt eine achtjährige Zuchthausstrafe. Die Kommunisten Max Strobel, Leiter der Kommission zur Bekämpfung der Gegenrevolution, und Wilhelm Reichart, Volksbeauftragter für das Militärwesen, wurden zu sieben beziehungsweise vier Jahren Zuchthaus verurteilt. Gustav Klingelhöfer, Tollers Stellvertreter als

Abschnittskommandant der Roten Armee vor Dachau, erhielt wegen Hochverrats eine fünfeinhalbjährige Festungsstrafe; der Weltkriegsoffizier Erich Wollenberg, Stabschef der Roten Armee, kam mit zwei Jahren Festungshaft davon. Gegen Gustav Paulukum, Volksbeauftragter für das Verkehrswesen, wurde eine zweieinhalbjährige Haftstrafe ausgesprochen. Der Zentralratsvorsitzende Ernst Niekisch wurde zu zwei Jahren Festungshaft verurteilt; im Dritten Reich war er nochmals acht Jahre lang inhaftiert. Der Planwirtschaftsexperte Otto Neurath erhielt eine Gefängnisstrafe von eineinhalb Jahren. Silvio Gesell, Volksbeauftragter für Finanzen in der ersten Räterepublik, wurde als einziger Revolutionär in leitender Position freigesprochen.

Drei führende Mitglieder der Räterepublik hatten sich ihrer Verhaftung durch Flucht entzogen: Toller, Leviné und Levien waren nach der Niederschlagung der Revolution die meistgesuchten Männer in Bayern. Ihre Schicksale entwickelten sich höchst unterschiedlich. Levien hatte von allen dreien das meiste Glück. Obwohl er steckbrieflich gesucht und auf ihn eine Belohnung von 30000 Mark ausgesetzt war, gelangte er unerkannt nach Österreich. Zwar wurde er am 7. Oktober in Wien verhaftet, doch weigerte sich die österreichische Regierung, ihn auszuliefern, da ihm in Bayern die Todesstrafe drohte. Später konnte sich Levien in die vermeintlich sichere Sowjetunion absetzen. Seine Spur verliert sich in der zweiten Hälfte der 30er Jahre; vermutlich ist er Stalins Säuberungen zum Opfer gefallen.

Eugen Levinés Flucht endete am 13. Mai. Er hatte sich, getarnt als »Privatgelehrter Ludwig Geisenberg«, in der Wohnung des befreundeten Kunstmalers Botho Schmidt im Arbeiterviertel Haidhausen versteckt. Ein Freund, der ihm neue Ausweispapiere beschaffen wollte, fiel einem Polizeispitzel in die Hände. Daraufhin schwärmte eine ganze Kompanie in die Schneckenburgerstraße 30 aus, um Leviné festzunehmen und nach Stadelheim zu bringen. Die Vorbereitungen für den Prozeß verliefen in Windeseile. Am 30. Mai wurde den Verteidigern Akteneinsicht gewährt, am 2. Juni begann der Prozeß. Das Urteil stand von vornherein fest. Das Gericht bestand aus Offizieren, die sich nicht an das Strafgesetzbuch, sondern an das Standrecht hielten. Die Anklage lautete auf Hochverrat und Urheberschaft des Geiselmordes, doch mußte letzter Punkt fallengelassen werden, da Leviné keine Mitverantwortung an den Ereignissen im Luitpoldgymnasium nachgewiesen werden konnte. In seiner Verteidigungsrede ließ Leviné auch den ersten Punkt der Anklage nicht gelten:

»Der Hochverrat ist daher da, weil die Räterepublik unterlegen ist. Dasselbe ist in dem Leitartikel der ›Münchener Neuesten Nachrichten‹ gesagt worden, wo es heißt, daß nur der mißlungene Hochverrat Hochverrat, jeder gelungene kein Hochverrat sei. Hochverrat resultiert aus politischen Erwägungen, nicht aus juristischen.«[15]

Leviné glaubte nach wie vor an die Weltrevolution. Er sprach dem Gericht, das in seinen Augen die Klassenjustiz verkörperte, jegliche Daseinsberechtigung ab und rechtfertigte die Ausrufung der kommunistischen Räterepublik als politisch notwendigen Akt:

»Wir Kommunisten sind alle Tote auf Urlaub. Dessen bin ich mir bewußt. Ich weiß nicht, ob Sie mir meinen Urlaubsschein noch verlängern werden oder ob ich einrücken muß zu Karl Liebknecht und Rosa Luxemburg. Ich sehe jedenfalls Ihrem Spruch mit Gefaßtheit und innerer Heiterkeit entgegen. Denn ich weiß, was für einen Spruch Sie fällen werden.«[16]

Leviné wurde wegen Hochverrats zum Tode verurteilt; eine Milderung der Strafe kam – so die Richter – nicht in Betracht, da »seine Handlung aus einer ehrlosen Gesinnung entsprungen«[17] sei. Standrechturteile mußten laut Vorschrift binnen 24 Stunden vollzogen werden, doch bedurfte ihre Vollstreckung der Genehmigung durch den bayerischen Ministerrat.

Leviné hatte also noch eine Chance. Der Prozeß gegen ihn war im In- und Ausland mit großer Spannung verfolgt worden. Nach der Urteilsverkündung trafen von überall her Telegramme in Bamberg ein, die eine Begnadigung Levinés forderten. Unter den Absendern befanden sich Albert Einstein, Hugo Haase, Maximilian Harden und sogar Ministerpräsident Scheidemann.

Am späten Abend des 4. Juni kam der Ministerrat in Bamberg zusammen. Seit Ende Mai regierte eine Koalition aus SPD, DDP und BVP in Bayern, mit vier Sozialdemokraten, zwei Liberalen und zwei Konservativen sowie dem parteilosen Frauendorfer als Minister. Hoffmann war zwei Tage zuvor in die Schweiz nach Davos gefahren, um seine erkrankte Frau im Sanatorium zu besuchen. Er entsandte einen Stellvertreter in die Abstimmung. Ernst Müller-Meiningen (DDP) stellte den Antrag, das Todesurteil zu vollstrecken. Nur die SPD-Minister stimmten dagegen; Müller-Meiningens Antrag wurde mit fünf zu vier Stimmen angenommen. Am 5. Juni, mittags um ¾ 2, wurde Leviné in Stadelheim vor ein Erschießungskommando gestellt. Er starb mit dem Ruf: »Es lebe die Weltrevolution!«

Ernst Toller erlebte den Einmarsch der weißen Truppen am 1. Mai vom Fenster einer Schwabinger Wohnung aus. Zunächst versteckte er sich bei einem Freund, dem Medizinstudenten Eduard Trautner. Als dieser Unterschlupf zu unsicher wurde – mittlerweile wurde Toller steckbrieflich gesucht; auf seine Ergreifung waren 10000 Mark Belohnung ausgesetzt –, besorgte Trautner ein neues Versteck. Das Haus des Fürsten Karl zu Löwenstein war als Zufluchtsort bestens geeignet. Hier würde niemand einen flüchtigen Revolutionär vermuten. Löwenstein fand sich allein aus humanitären Gründen zu einer solchen Handlungsweise bereit; weder kannte er Toller persönlich, noch unterstützte er auch nur im entferntesten die Politik der Räterepublikaner.

Die Verfolger waren Toller dicht auf den Fersen. Kriminalkommissar Gradl von der Münchner Polizei hatte Tollers Spuren seit dem 28. April minuziös verfolgt. Zum Glück für Toller bemerkte Löwenstein, daß sein Haus observiert wurde. Soldaten durchsuchten die oberen Stockwerke, klingelten aber nicht an der Wohnung, in der Toller sich aufhielt. Fieberhaft suchte Trautner nach einem neuen Versteck. Er fragte Rainer Maria Rilke, der Toller daraufhin besuchte, ihm aber absagen mußte, da seine Wohnung bereits mehrfach durchsucht worden war. Schließlich kam Toller bei dem Schwabinger Maler Johannes Reichel unter. Toller hatte sich inzwischen einen Oberlippenbart wachsen lassen und seine Haare rot gefärbt, so daß er unerkannt sein Quartier wechseln konnte.

Bei der Fahndung nach Toller kam es zu einer folgenschweren Panne. Kommissar Gradl war zusammen mit einem Kollegen in eine Wohnung in der Schwabinger Römerstraße eingedrungen, in der er Toller vermutete. Als er ihn dort nicht antraf, wartete er auf ihn. Plötzlich klingelte es an der Tür. Gradl öffnete; ihm gegenüber standen Freikorpssoldaten, die ebenfalls Toller auf der Spur waren. Sie verwechselten Gradl mit dem Gesuchten und eröffneten sofort das Feuer auf ihn. Der Kommissar war seiner eigenen Fahndung zum Opfer gefallen.

Toller hielt sich in Reichels Atelier hinter einer Tapetentür versteckt. Seine Freunde planten, ihn aus München herauszuschmuggeln. Doch am 4. Juni, morgens um vier Uhr, hörte Toller plötzlich das Geräusch von Soldatenstiefeln vor der Wohnungstür:

»Schritte nähern sich, ich höre Stimmen, ich höre, wie man die Zimmerwände abklopft, das Klopfen kommt näher und näher, noch eine Sekunde, noch eine Sekunde, jetzt klopfen sie gegen meine Tür, jetzt müssen sie mich finden, ich halte den Atem an, wieder wird geklopft, wieder, das Klopfen entfernt sich, ich höre Schritte, nach einer Weile ist es still. Sie haben mich nicht gefunden, merkwürdig, ich bin nicht froh, ich weiß, sie werden mich finden, wenn sie mich nur nicht quälen, wie Landauer, wie Egelhofer, wie die andern. [...] Wieder nähern sich Menschen, ich höre eine gequetschte Stimme: ›Wo ist die Tapetentür, die wir in der gleichen Wohnung im ersten Stockwerk gesehen haben?‹ Eine andere Stimme schreit: ›Dort!‹ Bilder werden abgenommen, durch die Türritzen dringt Licht. Ich reiße die Tür auf, ich sehe Kriminalkommissare und Soldaten. ›Sie suchen Toller, ich bin's.‹«[18]

Toller hatte Glück im Unglück. Der Sturm der Entrüstung, der sich nach Levinés Erschießung im In- und Ausland erhoben hatte, half ihm jetzt. Er kam zwar wie Leviné vor ein Standgericht, doch waren ihm die Richter besser gesonnen. Am 16. Juli wurde Toller wegen Hochverrats zu der für ein solches Vergehen vorgesehenen Mindeststrafe von fünf Jahren Festungshaft verurteilt, die er vollständig im Gefängnis Eichstätt absaß.

Somit war Max Levien der einzige führende Kopf der bayerischen Räterepublik, der gänzlich ungeschoren davonkam.

»Ordnungszelle« Bayern

Mit der Niederschlagung der Räterepublik im Mai 1919 setzte in Bayern ein Rechtsruck ein. Zwar konnte sich Johannes Hoffmann noch eine Zeitlang im Ministerpräsidentensessel halten, doch nahm der Einfluß der Sozialdemokraten auf das politische Geschehen stetig ab. Hoffmann wurde immer mehr ins bürgerliche Lager getrieben. Eine Verständigung mit den Kommunisten war ausgeschlossen; aber auch eine Zusammenarbeit mit der USPD war unmöglich. Die Bruderparteien standen sich unversöhnlicher denn je gegenüber; viele Mehrheitssozialdemokraten schwenkten aus Enttäuschung über das Verhalten der SPD-Regierung im Bürgerkrieg zur USPD über. Ernst Niekisch hatte noch vor seiner Einweisung ins Gefängnis das dringende Bedürfnis, einen solchen Schritt zu vollziehen. Als er am 5. Mai verhaftet wurde, bat er die Beamten, kurz zu warten. Er nutzte die Zeit, um sein Austrittsschreiben aus der SPD zu verfassen und gleichzeitig sein Eintrittsgesuch in die USPD zu stellen. Bei den Kommunalwahlen in München im Juni 1919 verlor die SPD drei Viertel ihrer Wähler; stärkste Partei in der Landeshauptstadt wurde die USPD.

Die Militärs bestimmten fortan das Schicksal Bayerns; sie waren der eigentliche Sieger des Machtkampfs zwischen Bamberg und München. Generalleutnant von Oven konnte sich sogar die Unverschämtheit erlauben, Hoffmann mit einem Staatsstreich zu drohen für den Fall, daß er sich weigerte, seinen Militärminister Schneppenhorst zu entlassen und Oberst von Epp zum Befehlshaber des neuen bayerischen Reichswehrgruppenkommandos zu ernennen. Reichswehrminister Noske, der Epp weiterhin protegierte, stellte sich in dem Konflikt bedingungslos hinter von Oven, so daß Hoffmann nichts anderes übrigblieb, als im Konflikt um seinen Erzfeind Epp nachzugeben.

Das Standrecht wurde am 1. August aufgehoben, der über Bayern verhängte Kriegszustand am 1. Dezember. Der Ausnahmezustand blieb dagegen bis September 1922 bestehen – um kurz darauf anläßlich des Hitlerputsches erneut verhängt zu werden. Die Regierung und der Landtag kehrten am 17. August aus dem Bamberger Exil nach München zurück. Eine

Woche später statteten Reichspräsident Ebert und Reichswehrminister Noske der bayerischen Hauptstadt ihren ersten Besuch ab. Der Anlaß war für die meisten Bayern ein zutiefst trauriger: die Abtretung des bayerischen Militärreservats und die Übergabe der kompletten bayerischen Armee an die Reichswehr, gleichbedeutend mit dem Ende der jahrhundertelangen Eigenständigkeit des Landes.

Bis zur Rückkehr der Regierung Hoffmann füllte das Militär das Machtvakuum in München aus. Neuer Stadtkommandant wurde Oberstleutnant Adolf Herrgott, ein Offizier des bayerischen Schützenkorps. Ihm zur Seite stand als Stabschef Hauptmann Ernst Röhm. Der neue Leiter der Politischen Polizei, Wilhelm Frick, und Münchens neuer Polizeipräsident Ernst Pöhner vervollständigten das Quartett.

Die nationale Rechte hatte ihre Lehren aus der Revolutionszeit gezogen. Nie wieder sollte Sozialisten und Kommunisten die Möglichkeit gegeben werden, zentrale Machtpositionen in einem deutschen Staat zu besetzen. Bayern wurde zum Experimentierfeld der Republikfeinde. Röhm und Hitler gaben rückblickend auf die ersten Jahren der Weimarer Republik unumwunden zu, daß ihre ganze Politik nur auf den Staatsstreich ausgerichtet war. Einen allerdings recht stümperhaften Versuch unternahmen sie gemeinsam mit Frick und Pöhner im November 1923. Erfolgreicher war ihre Beteiligung an den Morden an führenden Politikern der Weimarer Republik. Die Ermordung Erzbergers wurde in Pöhners Büro geplant; Flick stellte den Mördern Rathenaus falsche Papiere für die Flucht nach Österreich aus. In Bayern blieb politischer Mord – sofern er von rechts ausgeführt wurde – seit der Zerschlagung der Räterepublik ein Kavaliersdelikt, das zu verfolgen sich nicht mit der Berufsehre von Polizeioffizieren und Staatsschützern vertrug.

In den ersten Maitagen baute Röhm in München das Wachregiment und die Einwohnerwehr auf. Das Wachregiment, eine paramilitärische, 3000 Mann starke Einheit, die mit Artillerie, Minenwerfern, Panzerwagen und sogar Gefechtstanks ausgerüstet war, sollte die Stadt vor kommunistischen und sozialistischen Aufrührern schützen. Die Einwohnerwehr gab den neuen Machthabern eine bewaffnete Reservearmee in die Hand, die sie jederzeit gegen einen beliebigen Feind ins Feld führen konnten. Aus beiden Organisationen rekrutierte Röhm später seine gefürchtete SA.

Hoffmanns Sturz als Ministerpräsident wurde nicht von München, sondern von Berlin aus eingeleitet. Am 13. März 1920 besetzten Reichswehrtruppen und Freikorps, angeführt von der Brigade Ehrhardt, das Regierungsviertel in der Reichshauptstadt. Die rechtmäßige Regierung floh zunächst nach Dresden, dann nach Stuttgart. Neuer Reichskanzler wurde der Rechtsnationale Wolfgang Kapp – um nach vier Tagen wieder aufzugeben, nachdem ihm die hauptstädtischen Beamten die Gefolgschaft verweigert und die Gewerkschaften im ganzen Reich den Generalstreik ausgerufen hatten

In Berlin war der rechte Spuk bald vorbei, nicht aber in Bayern. Dort verlangten die Militärs von der Regierung die vollständige Übertragung der Exekutive, angeblich um Berliner Verhältnisse in Bayern zu verhindern. Im Ministerrat stimmten nicht nur die Bürgerlichen, sondern auch zwei SPD-Mitglieder für diese Variante des »kalten« Staatsstreichs. Daraufhin trat Hoffmann, der sich von allen im Stich gelassen fühlte, am 14. März von seinem Amt zurück. Von diesem Zeitpunkt an spielten die Sozialdemokraten in der bayerischen Politik bis zum Ende des Zweiten Weltkriegs keine Rolle mehr.

Hoffmanns Nachfolger wurde der parteilose Gustav von Kahr, der seine politische Heimat zwischen BVP und Mittelpartei sah, aber auch mit den Völkischen sympathisierte. Die sozialdemokratischen Minister weigerten sich, mit Kahr zusammenzuarbeiten, und stellten ihre Posten zur Verfügung. Es war Kahrs erklärtes Ziel, Bayern aus dem »Chaos«, das Revolution und Räterepublik hinterlassen hatten, wieder herauszuführen und das Land zu einer »Ordnungszelle« umzugestalten, von der die Neugestaltung des gesamten Reichs ausgehen sollte. Ein erster, etwas stümperhaft ausgeführter Versuch scheiterte mit der Niederschlagung des Hitlerputsches im November 1923. Doch konnte auch dieser Rückschlag die braune Bewegung nicht mehr aufhalten.

Lehrjahre eines Diktators

Während der gesamten Revolutionszeit lebte Adolf Hitler in München. Obwohl er reichlich Gelegenheit gehabt hätte, sich in einer rechten Bürgerwehr oder einer völkischen Organisation zu engagieren, tat er dies nicht. In *Mein Kampf* schreibt er zwar, er habe im Anschluß an die Ausrufung der Republik beschlossen, Politiker zu werden; in Wirklichkeit bedurfte es einer ganz anderen Initialzündung: Ohne die Erfahrung der Räterepublik und ihrer Liquidierung wäre er wohl in der Passivität verharrt, die während der gesamten Revolutionszeit von November 1918 bis Mai 1919 charakteristisch für ihn war. Selbst am Einmarsch der Freikorps hatte er sich nicht beteiligt. Hitler mußte sich diesbezüglich von Otto Strasser, einem führenden Nationalsozialisten und Mitgefangenen in der Festung Landsberg, unangenehme Fragen gefallen lassen: »Wo war Hitler an diesem Tag? In welchem Winkel Münchens versteckte sich der Soldat, der in unseren Reihen hätte kämpfen müssen?«[19]

Hitler hatte während des letzten halben Jahres erleben müssen, wie in seinen Augen »land- und rassefremdes Gesindel«

Bayern beherrschte. Die herausragenden Persönlichkeiten der verschiedenen Revolutionsregierungen waren Juden gewesen: Kurt Eisner, Gustav Landauer, Erich Mühsam, Ernst Toller und Eugen Leviné. Sämtliche bürgerliche Parteien von den Liberalen bis zu den Deutschnationalen bauten allein auf dieser Tatsache ihre antisemitische Kampagne auf, von der sie sich politische Vorteile erhofften. Sie bezeichneten die Revolution als rein jüdisches Produkt, von Juden für Juden gemacht. Dabei übersahen sie geflissentlich die Tatsache, daß es sich bei sämtlichen Führern der Revolution um weltliche Juden handelten, die sich vorrangig als Sozialisten, nachrangig als Deutsche fühlten. Ihres Judentums wurden sie sich erst zu einem Zeitpunkt bewußt, als sie von überall her antisemitischen Angriffen ausgesetzt waren; je schärfer diese Attacken ausfielen, um so fester standen sie zu ihrem Judentum.

In der Niederschlagung der Räterepublik waren alle Kräfte von Mitte links bis rechtsaußen vereint; das Band, das sie zusammenschloß, war der Antisemitismus. Hitler hatte bereits in seiner Wiener Zeit, als Juden aus dem Osten in großer Zahl in die Stadt strömten, Antipathien gegen die Juden entwickelt. In München lernte er dann, wie die Juden als Gesamtheit bekämpft werden konnten, obwohl sie ein sehr heterogenes Bild darstellten: vor dem Krieg waren deutsche Juden im gleichen Maße kaisertreu oder kaiserfeindlich eingestellt wie ihre nichtjüdischen Landsleute, und nach dem Krieg waren sie in den bürgerlichen Parteien ebenso stark vertreten wie in den sozialistischen; die große Mehrzahl waren Juden nur ihrer Herkunft nach. Erst der Antisemitismus machte sie zu Juden, zu einer Minderheit, deren Verfolgung für die Völkischen eine willkommene Mehrheitsbeschaffungsmaßnahme werden sollte.

Noch etwas lernte Hitler in seiner Münchner Zeit: In Deutschland kam es nicht darauf an, eine Revolution zu *machen.* Diesen Fehler beging er nur einmal. Viel wichtiger war es, aus einer Revolution Kapital zu schlagen. Die bayerische Revolution lieferte ihm Argumente für seinen militanten Antisemitismus und Antikommunismus, das brutale Vorgehen der Freikorps lehrte ihn, wie auch in einer Demokratie der politische Feind erfolgreich bekämpft werden konnte; das konspirative Wirken der Thule-Gesellschaft diente ihm als Lektion in politischer und militärischer Unterwanderung eines Staates.

Hitler fand bald Verwendung im »befreiten« München. Anfang Mai baute Ernst Röhm, der für die politische Bildung oder, je nach Lesart, auch Indoktrinierung des neuen bayerischen Reichswehrgruppenkommandos zuständig war, die Abteilung I b/P auf. Zum Leiter der Propagandaabteilung bestimmte er den Hauptmann Karl Mayr. Teilnehmer des Aufklärungskurses Nr. 1 war der Gefreite Adolf Hitler.

Schon bald fiel Hitler den Ausbildern aufgrund seiner rednerischen Begabung auf. Im Verlauf des Kurses beauftragte ihn Mayr, einen Aufsatz über das Thema »Regierungssozialdemokratie und Judentum« zu schreiben. In seiner ersten schriftlichen Abhandlung seiner noch jungen politischen Karriere bot Hitler den organisierten Antisemitismus als einzig taugliches Mittel zur Lösung des von ihm als solches empfundenen Judenproblems an:

»Der Antisemitismus aus rein gefühlsmäßigen Gründen wird seinen letzten Ausdruck finden in der Form von Progromen [*sic!*]. Der Antisemitismus der Vernunft jedoch muß führen zur planmäßigen gesetzlichen Bekämpfung und Beseitigung der Vorrechte des Juden, die er nur zum Unterschied der anderen zwischen uns lebenden Fremden besitzt (Fremdengesetzgebung). Sein letztes Ziel aber muß unverrückbar die Entfernung der Juden überhaupt sein. Zu beidem ist nur fähig eine Regierung nationaler Kraft und niemals eine Regierung nationaler Ohnmacht.«[20]

Hitler erhielt Unterstützung durch seinen Vorgesetzten Mayr:

»Ich bin mit dem Herrn Hitler durchaus der Anschauung, daß das, was man Regierungssozialdemokratie heißt, vollständig an der Kette der Judenheit liegt. Bevor man aber über ›Gleichberechtigung‹ der Völker reden will, muß zuerst die Eigenberechtigung oder das ›Selbstbestimmungsrecht‹ der einzelnen Völker sichergestellt sein. Dieses Recht ist verankert in der Rasse. Alle schädlichen Elemente müssen wie Krankheitserreger ausgestoßen oder ›verkapselt‹ werden. So auch die Juden!«[21]

Nach Absolvierung des Kurses wurde Hitler zur Überwachung politisch aktiver Gruppen in deren Veranstaltungen eingeschleust. Ein solcher Auftrag führte ihn in eine Versammlung der Deutschen Arbeiterpartei (DAP). Bei der Gründung der Vorgängerpartei der NSDAP hatte die Thule-Gesellschaft Pate gestanden. Karl Harrer, Sportjournalist und Thule-Mitglied, war von Sebottendorf beauftragt worden, Arbeiter für die völkische Bewegung zu gewinnen. Zusammen mit dem Eisenbahner Anton Drexler rief er im Oktober 1918 einen »Politischen Arbeiterzirkel« ins Leben, aus dessen Reihen am 5. Januar 1919 die DAP entstand. Harrer wurde Vorsitzender der Reichspartei, Drexler führte die Münchner Ortsgruppe an. Die Partei erregte anfangs wenig Aufsehen, was ganz im Sinne Harrers war, der die DAP nach dem Vorbild der Thule Gesellschaft als Loge organisieren wollte.

Am 15. September 1919 trat Adolf Hitler mit der Mitgliedsnummer 555 in die völkische Partei ein; Ernst Röhm folgte kurze Zeit später mit der Mitgliedsnummer 623. Hitlers Ziel war es, die DAP zu einer Massenpartei umzugestalten. Diese Absicht rief den Widerstand Harrers hervor, der kurz darauf aus der Partei austrat. Neuer Vorsitzender wurde

Drexler. Im Februar 1920 wurde die DAP in Nationalsozialistische Deutsche Arbeiterpartei umbenannt; am 29. Juli übernahm Hitler, der die Geschicke der Partei schon seit längerem leitete, auch offiziell den Vorsitz.

Der Weg Deutschlands in die Diktatur war damit vorgezeichnet. Was am 7. November 1918 so hoffnungsvoll begonnen hatte, endete am 2. Mai 1919 in einem Blutbad. Der Neuanfang, den deutsche Demokraten nach dem verlorenen Krieg wagten, war bereits an seinem Ende angelangt. Es wurde ein Ende mit Schrecken, von dem sich Deutschland erst nach 1945 wieder erholen durfte.

Das letzte Wort soll an dieser Stelle ein tschechoslowakischer Staatsbürger haben, der während der gesamten Revolutionszeit in München lebte. Nach dem Fall der Räterepublik machte er Bekanntschaft mit den Methoden, die Polizei und Militär Andersdenkenden gegenüber anwandten; sein ausländischer Paß rettete ihn vor Schlimmerem. Enttäuscht, angewidert und verbittert verließ er daraufhin München und Deutschland, um nie wieder zurückzukehren. Über das letzte Jahr seiner Münchner Zeit äußerte er sich rückblickend:

»Deutschland hätte, im Jahre 1918, im Moment des Zusammenbruchs, alle, die Welt beschämen und erschüttern können durch einen Akt tiefer Wahrhaftigkeit und Umkehr. Damals … hoffte ich einen Augenblick.«[22]

Ernst Röhm

* 28. 11. 1887 München
† 1. 7. 1934 München

Der Sproß einer monarchistischen Beamtenfamilie schlug nach Abschluß des Gymnasiums die Offizierslaufbahn ein. Im Ersten Weltkrieg war Röhm Kompanieführer an der Westfront. Dreimal wurde der Oberleutnant schwer verwundet und büßte dabei seine halbe Nase ein. Im letzten Kriegsjahr erhielt Röhm, der ein überaus fähiger Organisator war, eine Generalstabsausbildung und wurde zum Hauptmann befördert.

Wie viele ehemalige Frontsoldaten lehnte Röhm eine Rückkehr ins Zivilleben ab. Aber auch der Dienst in der demobilisierten regulären bayerischen Armee konnte ihn nicht befriedigen. In dieser Situation kam ihm seine neue Aufgabe als Stabsoffizier beim neugeschaffenen Freikorps Epp gerade recht. Hier konnte er sein Organisationstalent beweisen und rüstete die zusammengewürfelte Truppe zu einer schlagkräftigen Einheit auf.

Im Mai 1919 wurde Röhm Stabschef der Münchner Stadtkommandantur. In kürzester Zeit gelang es ihm, die gesamten für die Sicherheit Münchens zuständigen Organe mit völkischen Gesinnungsgenossen zu durchsetzen. Aus dieser Zeit stammte auch seine Freundschaft mit Hitler. Röhm war einer der wenigen, denen Hitler das »Du« angeboten hatte.

Röhm legte trotz des im Versailler Vertrag festgelegten Verbots überall in Bayern geheime Waffenlager an, gründete eine eigene paramilitärische Organisation, die »Reichskriegsflagge«, und versorgte andere nationalistisch gesinnte Wehrverbände mit Waffen. Es gelang ihm, alle Einzelorganisationen unter dem Dach der Arbeitsgemeinschaft vaterländischer Verbände zusammenzuschließen.

Nach seiner Beteiligung am fehlgeschlagenen Hitlerputsch vom 9. November 1923 wurde Röhm zu 15 Monaten Festungshaft verurteilt; die Strafe wurde jedoch auf Bewährung ausgesetzt. Röhm reorganisierte die sieche SA und legte die Grundlage für ihre spätere Verwendung als politische Schlägertruppe. Als Hitler nach der Neugründung der NSDAP ein streng legalistisches Konzept verfolgte, in dem für paramilitärische Verbände zunächst kein Platz vorgesehen war, legte Röhm den Vorsitz der SA nieder.

Röhm zog sich einige Jahre lang zurück, übernahm eine Tätigkeit als militärischer Berater der bolivianischen Armee und kehrte erst 1930 nach Deutschland zurück. Auf Hitlers Wunsch übernahm er im Januar 1931 den Posten des Obersten Stabschefs der SA und führte eine straffe, generalstabsmäßige Organisation in den Wehrverband ein. Röhm setzte die SA zielstrebig als Instrument des politischen Terrors ein und hatte wesentlichen Anteil am Aufstieg des Nationalsozialismus bis zur Machtergreifung im Januar 1933.

Im Dritten Reich versuchte Röhm die SA zu einem entscheidenden politischen und militärischen Machtfaktor auszubauen. indem er auf ihrer Grundlage eine neue Volksmiliz schuf, in die auch die Reichswehr integriert werden sollte. Diesen Plänen widersetzte sich die Reichswehrführung. Hitler, der für seine Aufrüstungs- und Kriegspläne auf die Generäle angewiesen war, entschied sich für die Reichswehr und gegen die SA.

Von der SS-Führung ausgestreute Gerüchte über eine »zweite Revolution«, einen von der SA vorbereiteten Putsch, nahm Hitler zum Anlaß, um sich der SA zu entledigen. Am 30. Juni 1934 ließ er auf einer SA-Tagung in Bad Wiessee die gesamte SA-Führung verhaften. Hitler wollte Röhm schonen, aber Göring drängte auf dessen Liquidierung. Nachdem Röhm sich geweigert hatte, sich mit seiner eigenen Dienstpistole zu erschießen, wurde er von SS-Führern in seiner Zelle ermordet.

ANMERKUNGEN

Kapitel 1
Das Ende eines Zeitalters

1 Josef Hofmiller, *Revolutionstagebuch*, S. 12f, S. 18f.

Kapitel 2
Bayern am Vorabend der Revolution

1 Oskar Maria Graf, *Wir sind Gefangene*, S. 317f.
2 Annelies Laschitza, Kurt Eisner – *Kriegsgegner und Feind der Reaktion*, S. 476f.
3 Kurt Eisner, »Die Aufgabe der Räte«, in: Eisner, *Die halbe Macht den Räten*, S. 282.
4 Rede Gustav Landauers »Gegen den alten Parlamentarismus, für das Rätesystem«, in: Ulrich Linse, *Gustav Landauer und die Revolutionszeit*, S. 78f.
5 Franz Schade, *Kurt Eisner und die bayerische Sozialdemokratie*, S. 52.

Kapitel 3
Revolution

1 Oskar Maria Graf, *Wir sind Gefangene*, S. 387; s. auch Felix Fechenbach, *Der Revolutionär Kurt Eisner*, S. 37, Ernst Müller-Meiningen, *Aus Bayerns schwersten Tagen*, S. 29.
2 Ernst Müller-Meiningen, a.a.O., S. 31.
3 Felix Fechenbach, a.a.O., S. 40f.
4 Oskar Maria Graf, a.a.O., S. 394ff.
5 Abgedruckt in: Kurt Sendtner, *Rupprecht von Wittelsbach, Kronprinz von Bayern*, München 1954.
6 Ernst Müller-Meiningen, a.a.O., S. 28f.
7 Herbert Kapfer/Carl-Ludwig Reichert, *Umsturz in München. Schriftsteller erzählen die Räterepublik*, München 1988, S. 86.
8 Josef Hofmiller, *Revolutionstagebuch*, S. 35.

9 ebd., S. 63.
10 ebd., S. 27, S. 31.
11 Wilhelm Herzog, *Menschen, denen ich begegnete*, S. 67f.
12 *Revolution und Räterepublik in München 1918/19 in Augenzeugenberichten*, hrsg. v. Gerhard Schmolze, S. 135.
13 Thomas Mann, *Tagebücher 1918–1921*, S. 63.
14 Ernst Müller-Meiningen, a.a.O., S. 50f.
15 Bruno Merkle, Eisners Sekretär; zitiert in: *Revolution und Räterepublik in München 1918/19 in Augenzeugenberichten*, S. 151f.
16 Kurt Eisner, Ansprache anläßlich der Revolutionsfeier am 17. November 1918., in: Kurt Eisner, *Die halbe Macht den Räten*, hrsg. v. Renate und Gerhard Schmolze, S. 280.
17 Oswald Spengler, *Briefe 1913–1936*, hrsg. v. Anton M. Koktanek, S. 111.
18 Thomas Mann, *a. a. O.*, S. 85.
19 Klaus Mann, *Kind der Zeit*, S. 54.
20 Zitiert in: Klaus-Dieter Schwarz, *Weltkrieg und Revolution in Nürnberg*, S. 290.
21 Gerhard Müller, »Das Wirken der Räte 1918/19 in Burglengenfeld«, in: *»Vorwärts immer, rückwärts nimmer!« Ein Bilderlesebuch zur Geschichte der ostbayerischen Arbeiterbewegung*, Regensburg 1985.
22 Ernst Niekisch, *Gewagtes Leben*, S. 42.

Kapitel 4
Bayern wird Republik

1 *Münchner Neueste Nachrichten* vom 8. 11. 1918; abgedruckt in: Karl-Ludwig Ay (Hg.), *Appelle einer Revolution*, Anlage 6.
2 Stoiber beruft sich meist auf die Tradition des Freistaats Bayern seit 1945. (Unter der Herrschaft der Nationalsozialisten durfte Bayern diesen Titel nicht führen). Der Beschluß der Stadt München, das 1989 eingeweihte Eisner-Denkmal mit der Inschrift »der erste Ministerpräsident des Volksstaates Bayern« zu versehen, verkennt ebenfalls Eisners Urheberschaft für die Freistaat-Bezeichnung.
3 Johannes Merz, »Freistaat Bayern«. Metamorphosen eines Staatsnamens«, in: *Vierteljahrsschrift für Zeitgeschichte*, 45 (1997), Heft 1, S. 121–142. Merz verficht die These, daß der Begriff ›Freistaat‹ aufgrund seines anti-räterepublikanischen Gehalts zu der Zeit, als sein Einzug in die bayerische Verfassung beschlossen wurde, nicht auf

Eisner zurückgeführt werden kann. Eisner habe lediglich den Begriff ›Volksstaat‹ geprägt. Dagegen vertritt Freya Eisner, »Erwiderung zu Johannes Merz« in: *Vierteljahrsschrift für Zeitgeschichte*, 46 (1998), Heft 3, S. 487–496, die Auffassung, Eisner habe den Begriff ›Freistaat‹ sowohl als anti-monarchisch als auch als anti-räterepublikanisch verstanden und sei sehr wohl Urheber des Begriffs ›Freistaat‹ in seiner auch noch heute gültigen demokratischen Tradition.

4 Denkschrift des früheren Staatsministers des Innern Dr. v. Brettreich, Revolution 1918. Bayerisches Hauptstadtarchiv, MInn 66269.

5 *Die Münchner Räterepublik. Zeugnisse und Kommentar*, hrsg. v. Tankred Dorst, S. 69.

6 *Bayerischer Kurier* vom 6. Dezember 1918, zitiert in: Allan Mitchell, *Revolution in Bayern*, S. 166.

7 Hans Fenske, *Konservatismus und Rechtsradikalismus in Bayern nach 1918*, S. 71.

8 Ernst Müller-Meiningen, *Aus Bayerns schwersten Tagen*, S. 49.

9 Oswald Spengler, *Briefe 1913–1936*, hrsg. v. Anton M. Koktanek, S. 112f.

10 Reinhard Baumann, »Die Revolution von 1918/19 im schwäbischen Marktflecken Buchloe«, S. 67, in: Reinhard Baumann, Paul Hoser (Hg.), *Die Revolution von 1918/19 in der Provinz*, S. 61–81.

11 Rudolf von Sebottendorf, *Bevor Hitler kam*, S. 57ff.

12 ebd., S. 7f.

13 ebd, S. 62.

Kapitel 5
Bayern, Deutschland und die Welt

1 Karl-Alexander von Müller, *Mars und Venus*, S. 272f.

2 Josef Hofmiller, *Revolutionstagebuch*, S. 74.

3 Oskar Maria Graf, *Wir sind Gefangene*, S. 405.

4 Karl Schweizer, *Die Revolutions- und Rätebewegung in Lindau/Bodensee von November 1918 bis Juni 1919*, S. 115.

5 Bernd Zinner, »Revolution in Bayreuth? Die Stadt in den Jahren 1918/19«, in: *Archiv für die Geschichte von Oberfranken*, Bd. 53 (1973), S. 374.

6 Josef Hofmiller, a.a.O., S. 79, S. 72.

7 ebd., S. 108.

8 Karl-Alexander von Müller, a.a.O., S. 278.

9 Herbert Kapfer/Carl-Ludwig Reichert, *Umsturz in München. Schriftsteller erzählen die Räterepublik*, S. 54f.

10 *Revolution und Räterepublik in München 1918/19 in Augenzeugenberichten*, S. 155.
11 Wilhelm Mattes, *Die bayerischen Bauernräte. Eine soziologisch-historische Untersuchung über bäuerliche Politik*, S. 134.
12 Kurt Eisner, »Die Aufgabe der Räte«, in: Eisner, *Die halbe Macht den Räten*, S. 283.
13 Wilhelm Mattes, a.a.O., S. 135.
14 Thomas Mann, *Tagebücher 1918–1921*, S. 79.
15 Gustav Landauer, Rede vor den bayerischen Arbeiterräten am 9. Dezember 1918, in: Ulrich Linse (Hg.), *Gustav Landauer und die Revolutionszeit 1918–1919*, S. 71.
16 Werner T. Angress, »Juden im politischen Leben der Revolutionszeit«, S. 243, in: *Deutsches Judentum in Krieg und Revolution 1916–1923*, S. 137–315.
17 *Die deutsche Revolution 1918/19 – Dokumente*, hrsg v. Gerhard A. Ritter/Susanne Miller, S. 306ff.
18 Ernst Toller, *Eine Jugend in Deutschland*, S. 82f.
19 Wilhelm Groener, *Lebenserinnerungen*, hrsg. v. Friedrich Freiherr von Gaertringen, S. 468
20 Franz Schade, *Kurt Eisner und die bayerische Sozialdemokratie*, S. 67f.
21 Pius Dirr, *Bayerische Dokumente zum Kriegsausbruch und zum Versailler Schuldspruch*, S. 41f.
22 ebd., S. 72.
23 ebd., S. 45.

Kapitel 6
Krise und Ende der Regierung Eisner

1 Martin Müller-Aenis, *Sozialdemokratie und Rätebewegung in der Provinz. Schwaben und Mittelfranken in der bayerischen Revolution 1918–1919*, S. 239.
2 Josef Hofmiller, *Revolutionstagebuch 1918/19*, S. 93.
3 Tilla Durieux, *Eine Tür steht offen. Erinnerungen*, S. 243.
4 *Revolution und Räterepublik in München 1918/19 in Augenzeugenberichten*, S. 190.
5 Oskar Maria Graf, *Wir sind Gefangene*, S. 409.
6 Josef Hofmiller, a.a.O., S. 114f.
7 Franz Schade, *Kurt Eisner und die bayerische Sozialdemokratie*, S. 82.
8 *Revolution und Räterepublik in München 1918/19 in Augenzeugenberichten*, S. 182.
9 *Münchner Beobachter* vom 22. Februar 1919, zitiert in: Hermann Gilbhard, *Die Thule-Gesellschaft*, S. 86.
10 Allan Mitchell, *Revolution in Bayern 1918/1919*, S. 200.

11 Josef Hofmiller, a.a.O., S. 134f.
12 ebd., S. 136f.
13 Freya Eisner, *Kurt Eisner. Die Politik des libertären Sozialismus*, S. 168.
14 *Revolution und Räterepublik in München 1918/19 in Augenzeugenberichten*, S. 205.
15 Conrad Lotter in einer Rede vor dem provisorischen Nationalrat am 13. Dezember 1918; zitiert in: Schade, a.a.O., S. 78f.
16 Franz Schade, a.a.O., S. 87.
17 Felix Fechenbach, *Der Revolutionär Kurt Eisner*, S. 62.
18 Friedrich Hitzer, *Anton Graf Arco: Das Attentat auf Kurt Eisner und die Schüsse im Landtag*, S. 391f.
19 Ricarda Huch, *Kurt Eisners Todestag. Ges. Schriften*, S. 133.
20 Gustav Landauer, »Gedächtnisrede auf Kurt Eisner«, in: Ulrich Linse (Hg.), *Gustav Landauer und die Revolutionszeit 1918–1919*, S. 154.
21 *Revolution und Räterepublik in München 1918/19 in Augenzeugenberichten*, S. 246.
22 Ernst Müller-Meiningen, *Aus Bayerns schwersten Tagen*, S. 87.
23 Werner T. Angress, »Juden im politischen Leben der Revolutionszeit«, S. 243, in: *Deutsches Judentum in Krieg und Revolution 1916–1923*, S. 248.
24 Rudolf von Sebottendorf, *Bevor Hitler kam*, S. 82.

Kapitel 7
Auf dem Weg zur Räterepublik

1 Oskar Maria Graf, *Wir sind Gefangene*, S. 445f.
2 Ernst Müller-Meiningen, *Aus Bayerns schwersten Tagen*, S. 147
3 Josef Hofmiller, *Revolutionstagebuch 1918/19*, S. 167.
4 Ernst Müller-Meiningen, a.a.O., S. 148.
5 Hagen Schulze, *Freikorps und Republik 1918–1920*, S. 93.
6 Diethard Hennig, *Johannes Hoffmann. Sozialdemokrat und Bayerischer Ministerpräsident*, S. 219.
7 Josef Hofmiller, a.a.O., S. 170f.
8 Otto Neurath, *Bayerische Sozialisierungserfahrungen*, S. 3.
9 *Dokumente zur Geschichte von Staat und Gesellschaft in Bayern*, hrsg. v. Karl Bosl, Abt. III, Bd. 2, S. 165f.
10 Zitiert in: Gyula Tokody, *Außenpolitische Beziehungen zwischen der Ungarischen Räterepublik und Deutschland*, S. 14.

Kapitel 8
Die Republik der Anarchisten

1 Oskar Maria Graf, *Kalendergeschichten*, S. 318.
2 Ernst Müller-Meiningen, *Aus Bayerns schwersten Tagen*, S. 166.
3 ebd., S. 173.
4 Ernst Niekisch, *Gewagtes Leben*, S. 67f.
5 Ernst Toller, *Eine Jugend in Deutschland*, S. 90.
6 Thomas Mann, *Tagebücher 1918–21*, S. 188.
7 Allan Mitchell, *Revolution in Bayern 1918/19*, S. 274.
8 Diethard Hennig, *Johannes Hoffmann. Sozialdemokrat und Bayrischer Ministerpräsident*, S. 273.
9 Abgedruckt in: Diethard Hennig, a.a.O., S. 287.
10 ebd, S. 280.
11 Rudolf von Sebottendorf, *Bevor Hitler kam*, S. 107f.
12 Gustav Landauer in einem Brief an Fritz Mauthner vom 7. April 1919, in: *Gustav Landauer, Sein Lebensgang in Briefen*, hrsg. v. Martin Buber, Bd. 2, S. 413f.
13 Gustav Landauer, *Aufruf zum Sozialismus*, S. 65.
14 ebd., S. 109.
15 Ernst Müller-Meiningen, a.a.O., S. 332.
16 Ernst Toller, a.a.O., S. 91.
17 Bayerischer Kurier vom 12. April 1919, in: Max Gerstl, *Die Münchener Räte-Republik*, S. 29.
18 Rolf Engert, Silvio Gesell in München 1919, S. 25.
19 ebd., S. 26.
20 Max Gerstl, a.a.O., S. 35.
21 Ernst Toller, a.a.O., S. 92f.
22 Erich Mühsam, *Von Eisner bis Leviné*, S. 67.
23 Oskar Maria Graf, a.a.O., S. 488f.

Kapitel 9
Die Republik der Kommunisten

1 Grußschreiben Lenins an die Bayrische Räterepublik vom 27. April 1919, abgedruckt in: W. I. Lenin, *Werke*, Bd. 29 (März–August 1919), Berlin 1961.
2 Hans Beyer, *Die Revolution in Bayern 1918/1919*, S. 107f.
3 *Die Münchner Räterepublik. Zeugnisse und Kommentar*, hrsg. v. Tankred Dorst, S. 140.

4 Erich Wollenberg, *Als Rotarmist vor München*, S. 27f.
5 Ernst Toller, *Eine Jugend in Deutschland*, S. 104f.
6 ebd., S. 106f.
7 Erich Wollenberg, a.a.O., S.8.
8 Diethard Hennig, *Johannes Hoffmann. Sozialdemokrat und Bayrischer Ministerpräsident*, S. 299.
9 Hermann Gilbhard, *Die Thule-Gesellschaft*, S. 111.
10 Josef Hofmiller, a.a.O., S. 203.
11 Ernst Toller, a.a.O., S. 109.
12 *Revolution und Räteherrschaft in München. Aus der Stadtchronik 1918/19*, zusammengestellt und bearbeitet von Ludwig Morenz, S. 85.
13 Max Gerstl, *Die Münchner Räte-Republik*, S. 119.
14 Ernst Niekisch, *Gewagtes Leben*, S. 77; s. auch Oskar Maria Graf, *Wir sind Gefangene*, S. 497; Thomas Mann, *Tagebücher 1918–21*, S. 218; Ernst Toller, a.a.O., S. 114; Josef Hofmiller, a.a.O., S. 209.
15 Josef Karl, *Die Schreckensherrschaft in München und Spartakus im bayerischen Oberland*, S. 90f.
16 Rudolf von Sebottendorf, *Bevor Hitler kam*, S. 226.
17 Josef Hofmiller, a.a.O., S. 225.
18 Rudolf von Sebottendorf, a.a.O., S. 7.

Kapitel 10
Der Sieg der Gegenrevolution

1 Ernst Röhm, *Die Geschichte eines Hochverräters*, S. 90.
2 Josef Karl, *Die Schreckensherrschaft in München und Spartakus im Bayerischen Oberland*, S. 100f.
3 ebd, S. 101.
4 Oskar Maria Graf, *Wir sind Gefangene*, S. 499f.
5 Manfred von Killinger, *Ernstes und Heiteres aus dem Putschleben*, S. 14.
6 Heinrich Hillmayr, *Roter und Weißer Terror in Bayern nach 1918*, S. 119f.
7 Thomas Mann, *Tagebücher 1918–21*, S. 221.
8 Oskar Maria Graf, a.a.O., S. 505f.
9 Emil Julius Gumbel, *Vier Jahre politischer Mord*, S. 40.
10 Dominik Venner, *Ein deutscher Heldenkampf. Die Geschichte der Freikorps 1918–1923*, S. 99.
11 Josef Karl, a.a.O., S. 153.
12 Hans Beyer, *Von der Novemberrevolution zur Räterepublik in München*, S. 150f.

13 Emil Julius Gumbel, *Zwei Jahre Mord*, S. 33.
14 *Der Ziegelbrenner*, 3. Jahr, Heft 18/19 (3. Dez. 1919), S. 19f.
15 Levinés Rede vor Gericht, S. 263, in: Rosa Meyer-Leviné, *Leviné. Leben und Tod eines Revolutionärs. Erinnerungen*. Mit einem dokumentarischen Anhang, S. 263–273.
16 ebd., S. 272.
17 Die ausführliche Urteilsbegründung ist abgedruckt in: Paul Werner, *Eugen Leviné*, S. 54.
18 Ernst Toller, *Eine Jugend in Deutschland*, S. 122f.
19 Joachim C. Fest, *Hitler. Eine Biographie*, S. 123.
20 Ernst Deuerlein, »Hitlers Eintritt in die Politik und die Reichswehr«, S. 204, in: *Vierteljahrshefte für Zeitgeschichte*, 7 (1959), S. 177–227.
21 ebd., S. 203.
22 Rainer Maria Rilke, *Briefe*, Bd. 2 (1919–1926), hrsg. v. Horst Nalewski, S 289.

Literaturhinweise

Die Attentate im Bayerischen Landtag. Der Prozeß gegen Alois Lindner und Genossen vor dem Volksgericht München, München 1919.

Ay, Karl Ludwig, *Die Entstehung einer Revolution. Die Volksstimmung in Bayern während des Ersten Weltkriegs*, Berlin 1968.

Ders. (Hg.), *Appelle einer Rev. Dokumente aus Bayern zum Jahr 1918/19*, München 1968.

Bauer, Franz J. (Hg.), *Die Regierung Eisners 1918/19. Ministerratsprotokolle und Dokumente*, Düsseldorf 1987.

Baumann, Reinhard/Hoser, Paul (Hg.), *Die Revolution von 1918/19 in der Provinz*, Konstanz 1996.

Benz, Wolfgang (Hg.), *Politik in Bayern 1919–1933. Berichte des württembergischen Gesandten Carl Moser von Filseck*, Stuttgart 1971.

Beyer, Hans, *Von der Novemberrevolution zur Räterepublik in München*, Berlin 1957.

Ders., *Die Revolution in Bayern 1918/19*, Berlin 1988.

Binn, Felix G., *Silvio Gesell. Der verkaufte Prophet*, Hann. Münden 1978.

Bosl, Karl (Hg.), *Bayern im Umbruch. Die Revolution von 1918, ihre Voraussetzungen, ihr Verlauf und ihre Folgen*, München/Wien 1969.

Ders. (Hg.), *Dokumente zur Geschichte von Staat und Gesellschaft in Bayern*, 4 Bde., München 1976.

Bracher, Karl–Dietrich, *Die deutsche Diktatur. Entstehung, Struktur, Folgen des Nationalsozialismus*, 7. Aufl., Köln 1993.

Buber, Martin, *Gustav Landauer. Sein Lebensgang in Briefen*, 2 Bde., Frankfurt a. M. 1929.

Carsten, Francis L., *Revolution in Mitteleuropa 1918–1919*, Köln 1973.

Christen, Theophil, *Aus den Münchner Revolutionstagen*, Bern 1919.

Dell, Hanna (Hg.), *Gustav Landauer, Dichter, Ketzer, Außenseiter. Essays und Reden zu Literatur, Philosophie und Judentum*, Berlin 1997.

Demokratische Bildungsgemeinschaft Ostbayern (Hg.), *»Vorwärts immer, rückwärts nimmer!« Ein Bilderlesebuch zur Geschichte der ostbayerischen Arbeiterbewegung*, Regensburg 1985.

Deuerlein, Ernst (Hg.), *Der Aufstieg der NSDAP in Augenzeugenberichten*, München 1974.

Ders., »Hitlers Eintritt in die Politik und die Reichswehr«, in: Vierteljahrshefte für Zeitgeschichte 7 (1959), S. 177–227.

Deuringer, Karl, *Die Niederwerfung der Räteherrschaft in Bayern 1919*, Berlin 1939. (Darstellungen aus den Nachkriegskämpfen deutscher Truppen und Freikorps, hrsg. v. d. Forschungsanstalt für Kriegs- und Heeresgeschichte, Bd. IV)

Dirr, Pius (Hg.), *Bayerische Dokumente zum Kriegsausbruch und zum Versailler Schuldspruch*, 2. Auflage, München/Berlin 1924.

Doeberl, Michael, *Sozialismus, Soziale Revolution, Sozialer Volksstaat*, München 1920.

Dorst, Tankred (Hg.), *Die Münchner Räterepublik*, Frankfurt a. M. 1966.

Dove, Richard, *He was a German. A Biography of Ernst Toller*, London 1990.

Durieux, Tilla, *Eine Tür steht offen*, Berlin 1954.

Ehrlich, Johannes, *München 1918/1919 – Das Scheitern einer Utopie, Anarchistische Strömungen in der Bayrischen Revolution*, Klagenfurt 1997.

Eisner, Freya, *Kurt Eisner. Die Politik des libertären Sozialismus*, Frankfurt a. M. 1979.

Dies., »Erwiderung zu Johannes Merz«, in: Vierteljahrshefte für Zeitgeschichte 46 (1998), S. 487–496.

Eisner, Kurt, *Sozialismus als Aktion. Ausgewählte Aufsätze und Reden*, hrsg. v. Freya Eisner, Frankfurt a. M. 1975.

Ders., *Die halbe Macht den Räten*, hrsg. v. Renate und Gerhard Schmolze. Köln 1969.

Ders., *Gesammelte Schriften*, 2 Bde., Berlin 1919.

Engert, Rolf, *Silvio Gesell in München*, Hann. Münden 1986.

Epp, Franz Ritter von, *Ein Leben für Deutschland*, hrsg. v. Josef Krumbach. München 1939.

Fechenbach, Felix, *Der Revolutionär Kurt Eisner*, Berlin 1929.

Fenske, Hans, *Konservatismus und Rechtsradikalismus in Bayern 1918*, Bad Homburg 1969.

Fest, Joachim C., *Hitler. Eine Biographie*, Frankfurt a. M./Berlin 1987.

Frühwald, Wolfgang/Spalek, John, *Der Fall Toller. Kommentar und Materialien*, München/Wien 1979.

Fuld, Werner/Ostermaier, Albert (Hg.), *Die Göttin und ihr Sozialist. Christiane Grautoff – ihr Leben mit Ernst Toller*, Bonn 1996.

Gerstl, Max (Hg.), *Die Münchener Räte–Republik*, München 1919.

Gesell, Silvio, *Die natürliche Wirtschaftsordnung durch Freiland und Freigeld*, 5. Auflage, Berlin–Friedenau 1922.

Geyer, Martin H., *Verkehrte Welt. Revolution, Inflation und Moderne: München 1914–1924*, Göttingen 1998.

Gilbhard, Hermann, *Die Thule–Gesellschaft*, München 1994.

Godin, Marie Amelie v., *Unser Bruder Kain. Ein Roman aus der Münchner Räterepublik*, Berlin 1919.

Graf, Oskar Maria, *Wir sind Gefangene*, München 1982.

Ders., *Gelächter von außen*, München 1983.

Groener, Wilhelm, *Lebenserinnerungen*, hrsg. v. Friedrich Freiherr von Gaertringen. Göttingen 1957.

Gumbel, Emil Julius, *Zwei Jahre Mord*, Berlin 1921.

Ders., *Vier Jahre politischer Mord*, Berlin–Fichtenau 1922.

Haffner, Sebastian, *Der Verrat. 1918/19 – als Deutschland wurde, wie es ist*, 2. Auflage, Berlin 1994.

Hartmann, Peter Claus, *Bayerns Weg in die Gegenwart*, Regensburg 1989.

Hautmann, Hans, *Geschichte der Rätebewegung in Österreich 1918–1924*, Wien 1987.

Heimpel, Hermann, *Die halbe Violine*, Eine Jugend in München. Hamburg/München 1965.

Hennig, Diethard, *Johannes Hoffmann. Sozialdemokrat und Bayerischer Ministerpräsident*, München 1990.

Herz, Rudolf/Halfbrodt, Dirk, *Fotografie und Revolution. München 1918/19*, Berlin 1988.

Herzog, Wilhelm, *Menschen, denen ich begegnete*, Bern/München 1959.

Hess, Willy, *Silvio Gesell. Sein Leben und seine Persönlichkeit*, Bern 1978.

Hillmann, Günter (Hg.), *Die Rätebewegung I: Texte des Sozialismus und Anarchismus*, Reinbek 1971.

Hillmayr, Heinrich, *Roter und Weißer Terror in Bayern nach 1918*, München 1974.

Hitzer, Friedrich, *Anton Graf Arco: Das Attentat auf Kurt Eisner und die Schüsse im Landtag*, München 1988.

Hofmiller, Josef, *Revolutionstagebuch 1918/19*, Leipzig 1938.

Huch, Ricarda, *Gesammelte Schriften*, Freiburg 1964.

Hundhammer, Alois, *Geschichte des Bayerischen Bauernbundes*, München 1924.

Kapfer, Herbert/Reichert, Carl–Ludwig, *Umsturz in München. Schriftsteller erzählen die Räterepublik*, München 1988.

Karl, Josef, *Die Schreckensherrschaft in München und Spartakus im bayerischen Oberland*, München 1919.

Killinger, Manfred v., *Ernstes und Heiteres aus dem Putschleben*, 3. Auflage, Berlin 1928.

Koch, Hansjoachim W., *Der deutsche Bürgerkrieg. Eine Geschichte der deutschen und österreichischen Freikorps 1918–1923*, Berlin/Frankfurt a. M./Wien 1978.

Kögl, Otto, *Revolutionskämpfe im südostbayerischen Raum*, Rosenheim 1969.

Köttnitz–Porsch, Bettina, *Novemberrevolution und Räteherrschaft 1918/19 in Würzburg*, Bamberg 1983.

Kolb, Eberhard, *Die Arbeiterräte in der deutschen Innenpolitik 1918–19*, Frankfurt a. M. 1978.

Kreiler, Kurt, *Die Schriftstellerrepublik*, Berlin 1978.

Krell, Max, *Das alles gab es einmal*, Reinbek 1965.

Kreybig, Karl, *Die Entstehung der Räterepublik Ungarn*, Berlin 1919.

Kritzer, Peter, *Die bayerische Sozialdemokratie und die bayerische Politik in den Jahren 1918 bis 1923*, München 1969.

Landauer, Gustav, *Aufruf zum Sozialismus*, Frankfurt a. M. 1967.

Laschitza, Annelies, »Kurt Eisner – Kriegsgegner und Feind der Reaktion. Eine Dokumentation«, in: *Beiträge zur Geschichte der Arbeiterbewegung* 9 (1967), S. 454–489.

Lenin, W. I., *Werke*, Berlin 1961.

Leviné, Rosa, *Aus der Münchener Rätezeit*, Berlin 1925.

Lindner, Alois, *Abenteuerfahrten eines revolutionären Arbeiters*, Berlin 1924.

Linse, Ulrich, *Gustav Landauer und die Revolutionszeit 1918–1919*, Berlin 1974.

Lixl, Andreas, *Ernst Toller und die Weimarer Republik 1918–1933*, Heidelberg 1986.

Lotterschmid, Michael/Mann, Klaus, *Kind der Zeit*, Reinbek 1967.

Mann, Thomas, *Tagebücher 1918–1921*, hrsg. v. Peter de Mendelssohn, Frankfurt am Main 1979.

Ders., *Betrachtungen eines Unpolitischen*, Frankfurt a. M. 1956.

Mann, Viktor, *Wir waren fünf. Bildnis der Familie Mann*, Konstanz 1949.

Marut, Ret, »Im freiesten Staat der Welt«, in: *Der Ziegelbrenner*, Jg. 1919, H. 18/19, S. 9–23.

Maser, Werner, *Der Sturm auf die Republik. Frühgeschichte der NSDAP*, Stuttgart 1973.

Mattes, Wilhelm, *Die bayerischen Bauernräte. Eine soziologisch–historische Untersuchung über bäuerliche Politik*, Stuttgart 1921.

Matzigkeit, Michael (Hg.), *»Die beste Sensation ist das Ewige«. Gustav Landauer – Leben, Werk und Wirkung*, Düsseldorf 1995.

Mehringer, Hartmut, »Erhard Auer – ein bayerischer Sozialdemokrat« , in: *Von der Klassenbewegung zur Volkspartei. Wegemarken der bayerischen Sozialdemokratie 1892–1992*, München 1992.

Mennekes, Friedhelm, *Die Republik als Herausforderung. Konservatives Denken in Bayern zwischen der Weimarer Republik und antidemokratischer Reaktion (1918–1925)*, Berlin 1972.

Mensing, Björn/Prinz, Friedrich, *Irrlicht im leuchtenden München? Der Nationalsozialismus in der »Hauptstadt der Bewegung«*, Regensburg 1991.

Merz, Johannes, »Freistaat Bayern. Metamorphosen eines Staatsnamens« , in: *Vierteljahrshefte für Zeitgeschichte* 45 (1997), S. 121–142.

Meyer–Leviné, Rosa, *Leviné. Leben und Tod eines Revolutionärs. Erinnerungen*, München 1972.

Mitchell, Allan, *Revolution in Bayern 1918/19*, München 1967.

Mihalyhegyi, Andras, *Die ungarische Räterepublik im Spannungsfeld zwischen Weltrevolution und nationalen Egoismen*, Bochum 1974.

Morenz, Ludwig (Hg.), *Revolution und Räteherrschaft in München. Aus der Stadtchronik 1918/1919*, München 1968.

Mosse, Werner E. (Hg.), *Deutsches Judentum in Krieg und Revolution 1916–1923*, Tübingen 1971.

Mrose, Johannes, *Räterepublik Ungarn*, Leipzig 1919.

Mühsam, Erich, *Von Eisner bis Leviné*, Berlin–Britz 1929.

Müller, Gerhard, *Das Wirken der Räte in den wichtigsten Industrieorten der Oberpfalz*, München 1980.

Müller, Karl–Alex, *Mars und Venus. Erinnerungen 1914–1919*, Stuttgart 1954.

Müller–Aenis, Martin, *Sozialdemokratie und Rätebewegung in der Provinz Schwaben und Mittelfranken in der bayerischen Revolution 1918–1919*, München 1986.

Müller–Hartmann, Fritz, *Die Sammlung Rehse*, München 1938.

Müller–Meiningen, Ernst, *Aus Bayerns schwersten Tagen*, Berlin/Leipzig 1923.

Neubauer, Helmut, *München und Moskau 1918/1919*. (Jahrbücher für die Geschichte Osteuropas, Beiheft 4), München 1958.

Neuhaus, Helmut, »Das Ende der Monarchien in Deutschland 1918«, in: *Historisches Jahrbuch* 111 (1991), S. 102–136.

Neurath, Otto, *Bayerische Sozialisierungserfahrungen*, Wien 1920.

Niekisch, Ernst, *Gewagtes Leben*, Köln/Berlin 1958.

Noske, Gustav, *Von Kiel bis Kapp. Zur Geschichte der deutschen Revolution*, Berlin 1920.

Oertzen, Friedrich W., *Die deutschen Freikorps*, München 1939.

Pohl, Karl Heinrich/Grau, Bernhard, »Kurt Eisners Volksstaat«, in: *Beiträge zur Geschichte der Arbeiterbewegung* 37 (1995), H. 4, S. 3–21.

Pranckh, Hans v., *Der Prozeß gegen den Grafen Anton Arco–Valley*, München 1920.

Regler, Gustav, *Das Ohr des Malchus*. Köln/Berlin 1958, Frankfurt a. M. 1975.

Richter, Armin, *Der Ziegelbrenner*, Bonn 1977.

Rilke, Rainer Maria, *Briefe*, hrsg. v. Horst Nalewski, 2 Bde., Frankfurt a. M. 1991.

Ritter, Gerhard A./Miller Susanne (Hg.), *Die deutsche Revolution 1918/19. Dokumente*, Frankfurt a. M. 1968.

Röhm, Ernst, *Die Geschichte eines Hochverräters*, München 1928.

Rupprecht (Kronprinz), *Mein Kriegstagebuch*, 3 Bde., Berlin 1929.

Rothe, Wolfgang, *Ernst Toller in Selbstzeugnissen und Bilddokumenten*, Reinbek 1983.

Sailer, Josef Benno, *Des Bayernkönigs Revolutionstage. Ein Beitrag zur Geschichte des Umsturzes in Bayern*, München 1919.

Schade, Franz, *Kurt Eisner und die bayerische Sozialdemokratie*, Hannover 1961.

Schmid, Werner, *Silvio Gesell. Die Lebensgeschichte eines Pioniers*, Bern 1954.

Schmidt–Pauli, Edgar v., *Geschichte der Freikorps 1918–1924*, Stuttgart 1936.

Schmolze, Gerhard, *Revolution und Räterepublik in München 1918/19 in Augenzeugenberichten*, München 1978.

Schueler, Hermann, *Auf der Flucht erschossen. Felix Fechenbach 1894–1933*, Köln 1981.

Schulze, Hagen, *Freikorps und Republik 1918–1920*, Boppard 1969.

Schwarz, Klaus–Dieter, *Weltkrieg und Revolution in Nürnberg*, Stuttgart 1971.

Schwend, Karl, *Bayern zwischen Monarchie und Diktatur*, München 1954.

Schweizer, Karl, *Die Revolutions- und Rätebewegung in Lindau/Bodensee von November 1918 bis Juni 1919*, Lindau 1978.

Sebottendorf, Rudolf v., *Bevor Hitler kam*, München 1933.

Seligmann, Michael, *Aufstand der Räte. Die erste bayerische Räterepublik vom 7. April 1919*, Grafenau 1989.

Sendtner, Kurt (Hg.), *Rupprecht von Wittelsbach. Kronprinz von Bayern*, München 1954.

Spengler, Oswald, *Briefe 1913–1936*, hrsg. v. Anton M. Koktanek, München 1963.

Sperl, Gabriela, *Wirtschaft und Staat in Bayern 1914–1924*, Berlin 1996.

Sternsdorf–Hauck, Christiane, *Brotmarken und rote Fahnen, Frauen in der bayerischen Revolution und Räterepublik 1918/19*, Frankfurt a. M. 1989.

Thoma, Ludwig, »Die große Münchner Revolution anno 1919«, in: *Ludwig Thoma/Dietrich Eckart/Klaus Eck, So ein Saustall!* München 1938.

Tokody, Gyula, *Außenpolitische Beziehungen zwischen der Ungarischen Räterepublik und Deutschland*, Budapest 1980.

Toller, Ernst, *Eine Jugend in Deutschland*, Hamburg 1963.

Venner, Dominik, *Ein deutscher Heldenkampf. Die Geschichte der Freikorps 1918–1923*, Kiel 1989.

Viesel, Hansjörg, *Literaten an der Wand. Die Räterepublik und ihre Schriftsteller*, Frankfurt a. M. 1980.

Volkmann, Erich Otto, *Revolution über Deutschland*, Oldenburg 1930.

Weigand, Wilhelm, *Die rote Flut*, München 1935.

Werner, Paul, *Die Bayrische Räterepublik. Tatsachen und Kritik*, Leipzig 1920 (Nachdruck Frankfurt a. M. 1971).

Ders., *Eugen Leviné*, Berlin 1922.

Wolf, Siegbert, *Silvio Gesell*, Hann. Münden 1983.

Ders., *Gustav Landauer zur Einführung*, Hamburg 1988.

Wollenberg, Erich, *Als Rotarmist vor München*, Berlin 1929.

Zinner, Bernd, »Revolution in Bayreuth? Die Stadt in den Jahren 1918/1919«, in: *Archiv für Geschichte von Oberfranken* 53 (1973), S. 337–412.

Zorn, Wolfgang, *Bayerns Geschichte im 20. Jahrhundert. Von der Monarchie zum Bundesland*, München 1986.

Quellennachweis

Felix Fechenbach, Der Revolutionär Kurt Eisner
© Verlag J.H.W. Dietz Nachf., Bonn 1929

Oskar Maria Graf, Wir sind Gefangene
© 1994 Paul List Verlag, München

Josef Hofmiller, Revolutionstagebuch
© 1938 Karl Rauch Verlag, Düsseldorf

Ulrich Linse (Hg.), Gustav Landauer und die Revolutionszeit
© Karin Kramer Verlag, Berlin 1974

Thomas Mann, Tagebücher 1918–1921
© S. Fischer Verlag, München

Ernst Niekisch, Gewagtes Leben
© 1958 by Kiepenheuer & Witsch, Köln

Gerhard Schmolze (Hg.), Revolution und Räterepublik in München 1918/19 in Augenzeugenberichten
© 1969 Karl Rauch Verlag, Düsseldorf

Oswald Spengler, Briefe 1913–1936, hrsg. v. Anton Mirko Koktanek
© C. H. Beck'sche Verlagsbuchhandlung München 1963

Ernst Toller, Gesammelte Werke in 5 Bänden, Band IV, Eine Jugend in Deutschland
© 1978 Carl Hanser Verlag, München-Wien

Abbildungsnachweis:

Die Abbildungen aus dem Bildteil stammen aus der Sammlung

Leider war es nicht in allen Fällen möglich, die Inhaber der Rechte festzustellen. Wir bitten daher Rechteinhaber, die hier und im Quellennachweis nicht genannt werden, sich an den Verlag zu wenden.

AtV

Band 8011

Juri Buranow/ Wladimir Chrustaljow Die Zarenmörder

Vernichtung einer Dynastie

Aus dem Russischen von Alfred Frank

365 Seiten
ISBN 3-7466-8011-5

Als im Juli 1991 in der Nähe von Jekaterinburg neun Skelette gefunden wurden, begannen jahrelange Untersuchungen zur Identifizierung der Gebeine der Zarenfamilie. Internationale Konferenzen befaßten sich mit dem Thema, Sonderkommissionen tagten, die Staatsanwaltschaft schaltete sich ein. Schließlich fand am 17. Juli 1998 in der Peter-und-Pauls-Kathedrale in St. Petersburg die Beisetzungszeremonie statt. Von den Ermordeten waren neun identifiziert worden: Nikolai II., die Zarin Alexandra Fjodorowna, drei Töchter, der Leibarzt und drei Bedienstete.
Was sich vor 80 Jahren, in der Nacht zum 17. Juli 1918, zugetragen hatte, enthüllt die spannungsgeladene Chronik der beiden russischen Historiker. Der Mord an der Zarenfamilie war das Resultat einer planmäßig betriebenen Vernichtungsaktion.

AtV

Band 8032 **Die deutschen Kanzler**

Von Bismarck bis Kohl

Herausgegeben von Wilhelm von Sternburg

488 Seiten
Mit 28 Abbildungen
ISBN 3-7466-8032-8

28 Kanzler haben Deutschland seit der Reichsgründung im Januar 1871 regiert. Ihre politischen Biographien, geschrieben von Rudolf Augstein, Joachim Fest, Fritz Fischer, Klaus Harpprecht, Heinz Höhne, Jürgen Leinemann, Theo Sommer und anderen renommierten Historikern, Politologen und Publizisten, bieten einen »Überblick über die jüngere deutsche Geschichte, der seinen Ausgangspunkt bei den Kanzlerpersönlichkeiten nimmt, aber nicht bei ihnen steckenbleibt«.

Süddeutscher Rundfunk

»Ein lesenswertes Buch«

Westdeutsche Allgemeine

AtV

Band 8038

Wolfgang Dreßen
Gesetz und Gewalt

1848: Revolution als Ordnungsmacht

Originalausgabe

240 Seiten
ISBN 3-7466-8038-7

**»Regieren heißt nicht mehr, die Völker durch Zwang und Gewalt beherrschen, sondern sie einer besseren Zukunft entgegenzuführen, indem man sich an ihre Einsicht und ihr Herz wendet«, erklärte Napoleon III. in der Abhandlung über die »Vertilgung des Pauperismus«.
Der Historiker Wolfgang Dreßen stellt ebenso wie Walter Benjamin und Michel Foucault Geschichte nicht als Opfer- bzw. Fortschrittsgeschichte dar. Seine Chronik und Analyse der Ereignisse in Berlin im Jahre 1848 zeigt, daß die Revolution in Deutschland zum Ordnungsfaktor wurde, der Revolten vereiteln und eine allgemeine Selbstregulierung durchsetzen half, die Macht intensivierte. Nach der Revolution zählten Agitation, Aufklärung, Organisation zu den Disziplinierungs- und Integrationsinstrumenten. Sie verhinderten, daß künftig soziale Konflikte die Legitimation des Staates in Frage stellten.**

AtV

Band 1588

Erich Kuby
Mein Krieg

Aufzeichnungen aus 2129 Tagen

512 Seiten

ISBN 3-7466-1588-7

Erich Kuby hat vom 27. August 1939 bis zum 24. Juni 1945 Tag für Tag seine Erlebnisse ohne Rücksicht auf eine mögliche Zensur notiert. Gleichsam unter dem Diktat leidenschaftlicher Humanität entstand ein scharfsinniges Dokument des Zweiten Weltkriegs, verfaßt von einem jungen Mann, der sich innerlich verweigerte und die Realität aus nie aufgehobener Distanz beobachtete, der schreiben mußte, um zu überleben.

Eines der hellsichtigsten und ernüchterndsten Kriegsbücher. Hier ist die Wehrmacht keinen Augenblick sauber.

taz

Erich Kubys Zynismus, Frivolität (und auch ein gut Teil Eitelkeit) sind als Tarnung eines äußerst empfindsamen Herzens zu verstehen. Ein Nestbeschmutzer von Rang.

Heinrich Böll